복 있는 사람

오직 여호와의 율법을 즐거워하여 그 율법을 주야로 묵상하는 자로다.
저는 시냇가에 심은 나무가 시절을 좇아 과실을 맺으며 그 잎사귀가 마르지 아니함 같으니
그 행사가 다 형통하리로다. (시편 1:2-3)

그동안 신학이 신앙 현장에 깊이 접목되지 못하고 간과되었던 것은 이 분야에 균형을 갖춘 이들이 의외로 많지 않았기 때문이다. 우병훈 교수는 신학적 깊이와 더불어 교회 현장을 잘 이해하고 공감하는 학자로, 삼위일체 신학에 기반을 둔 교회론과 더불어 직분론을 이 책에서 심도 있고 실제적으로 다루고 있다. 한국 교회 직분자들의 열심은 가히 세계적이며, 그런 의미에서 그 열심은 성경적 지식을 담은 건강한 열심이어야 한다. 코로나 팬데믹으로 몇 년 동안 어수선하고 혼란스런 시기를 보낸 지금, 한국 교회는 이 책이 절실하게 필요하다.

이규현 수영로교회 담임목사

교회는 단순히 인간의 모임이 아니며 직분은 명목이 아니다. 저자는 교회 공동체의 근원을 삼위일체 하나님에게서 찾는다. 교회는 인간적 모임을 넘어서는 하나님의 신적 모임이다. 목회를 하면서 생기는 큰 고민거리 중 하나는 직분자 교육이다. 그런 의미에서 이번에 출간된 우병훈 교수의 『교회를 아는 지식』은 직분에 대한 성경적 이해가 절실히 필요한 작금의 한국 교회에 참으로 귀한 안내서다. 저자에게 감사한 이유는, 그가 줄곧 교회 현장의 목소리를 듣고자 애쓰는 신학자이기 때문이다. 이러한 정신이 이 책 안에 고스란히 담겨 있다. 성경적 교회론을 가르치면서도 동시에 직분론을 놓치지 않는 이 책의 신학적·목회적 관점은 그야말로 수많은 목회자와 성경 교사들의 갈증을 해소해 줄 것이다. 성경과 교회 전통이 말하는 올바른 교회론을 알기 원하는 모든 그리스도인에게 이 책을 적극 추천하고 싶다.

이찬수 분당우리교회 담임목사

코로나19는 조국 교회로 하여금 복음과 성경으로 돌아가라고 부르짖는 것 같다. 조국 교회의 큰 아픔 가운데 하나는 교회란 무엇인가에 대한 성경적이고 복음적인 대답에 익숙하지 않다는 점이다. 이 책은 교부들의 작품들과 16-17세기의 개혁주의 신학자들의 글들을 참고하여 성경에 충실한 교회론을 보여준다. 성부 하나님의 백성, 성자 예수님의 몸, 성령 하나님의 성전이라는 삼위일체적 관점에서 교회를 정의하고, 직분론, 예배 등을 함께 다룸으로써 공허한 이상주의에 머물지 않고 구체적이고 실천적인 교회론에까지 이르도록 돕는다. 어려운 시간을 통과하고 있는 조국 교회를 복되게 하고 많은 성도들에게 유익을 끼치는 책이므로 모든 이들이 즐겨 읽어야 할 필독서로 적극 추천한다.

화종부 남서울교회 담임목사

교회론을 쓰는 것은 저자의 의도와는 별개로 분열의 결과를 낳기가 쉽다. 올바른 교회의 이상과 본질을 지나치게 완강한 자세로 전할 때, 대부분의 현실 교회 모습에 대해서 잘못되었다고 일갈하기 일쑤이기 때문이다. 우병훈 교수의 『교회를 아는 지식』은 몇 가지 이유로 분열적 교회관과는 거리가 먼 '사랑의 교회론'을 말해 준다. 첫째, 교회의 본질을 삼위 하나님의 가족이라는 정체성으로 제시함으로써, '다른 어떤 교회와는 구별된' 방식의 교회론을 제시하기보다 보편교회가 공통적으로 추구할 수 있는 정체성을 교회론의 본질로 제시하기 때문이다. 둘째, 교회를 실질적으로 치리하는 직분을 제시할 때, 왕이자 제사장이며 선지자인 그리스도를 모범으로 제시하며 보편교회가 공통으로 추구할 수 있는 직분론을 제시하기 때문이다. 마지막으로, 그동안 한국 교회 직분론을 제시할 때 소외되었던 권사에 대한 장을 추가하여 교회 내 여성 사역에 대한 실천적인 신학을 제시함으로써, 한국 교회를 세우는 데 거대한 기여를 한 권사직에 대한 이상을 제시하기 때문이다. 본서는 신학적이고 성경적인 동시에, 목회자와 성도들을 위한 실천적 적용들로 가득하다. 조직신학 교과서와 같은 교회론 책들과 도무지 실현할 수 없을 정도로 이상적이기만 한 교회론 책들 사이에서, 저자의 교회론은 한국 교회 현실에 가장 적실한 대안을 제시한다.

이정규 시광교회 담임목사

교회를 아는 지식

교회를 아는 지식

2022년 3월 29일 초판 1쇄 발행
2025년 10월 31일 초판 6쇄 발행

지은이 우병훈
펴낸이 박종현

(주) 복 있는 사람
주소 서울특별시 마포구 연남동 246-21(성미산로23길 26-6)
전화 02-723-7183(편집), 7734(영업·마케팅)
팩스 02-723-7184
이메일 hismessage@naver.com
등록 1998년 1월 19일 제1-2280호

ISBN 979-11-91987-38-6 03230

ⓒ 우병훈 2022

이 책의 저작권은 저자와 (주) 복 있는 사람이 소유합니다.
신저작권법에 의하여 한국 내에서 보호를 받는 저작물이므로 무단전재와 복제를 금합니다.

교회를 아는 지식

삼위일체적 교회와 영광스러운 직분

우병훈

복 있는 사람

들어가는 말: 교회란 무엇인가?

교회란 무엇인가, 하는 질문이 많이 쏟아지지만 그 누구도 제대로 된 답변을 주기 힘든 시대에 우리는 살고 있습니다. 교회론은 기독교의 수많은 교리가 한데 엮여서 나타나는 최종 결과물입니다. 그렇기에 기독교의 본질에 대한 이해가 흔들리는 시대에 교회론이 갈피를 잡지 못하는 것은 어쩌면 당연한 일일지도 모릅니다. 후켄다이크[J. C. Hoekendijk]는 "역사 속에서 교회론에 대한 예리한 관심은 거의 예외 없이 영적 퇴폐의 징조였다"고 말했습니다.[1] 교회론에 대한 오늘날 한국 교회의 높아진 관심은 우리 시대의 어두운 영적 자화상을 도리어 보여주고 있다고 생각합니다. 참된 교회는 성경과 위대한 전통을 바탕으로 시대의 질문에 응답하고 과제를 풀어 가면서 사명을 완수합니다.

    이 책은 개혁주의 신학에 근거한 교회론을 제시함으로써 교회의 본질과 사명을 다시금 성경에서 찾아보려고 한 시도입니다. 16-17세기에 활동한 개혁주의 신학자는 2,600명이 넘습니다. 그들 가운데 교회에 관해 언급하지 않은 사람은 단 한 사람도 없을 것입니다. 중세 로마 가톨릭교회로부터 나온 개신교(프로테스탄트)는 처음부터 교회론에 대한 고민을 모든 성도와 함께했습니다. 로마 가톨릭은 이미 체계적인 교회의 시스템을 가지고 있었습니다. 그리고 사제 중심으로 교회가 움직였습니다. 그러나 개신교는 달랐습니다. 프로테스탄트라는 말 자체에는 기존 교회에 대항한다는 의미가 담겨 있습니다. 따라서 개신교는 무엇보다 교회가 무엇인가, 하는 문제에 있어서 로마 가톨릭과 다른 답변을 내놓아야 했습니다. 이 책은 성경과 교회사적 자료에 근거한 개혁파 교회론, 특히 장로교의 교회론을 다룹니다.

전통적으로 개혁파 교회론은 교회의 표지를 말씀의 신실한 선포와 성례와 권징의 올바른 시행으로 보았습니다.² 또한 교회의 속성을 단일성, 거룩성, 보편성, 사도성으로 정의합니다. 저는 이 내용을 존중하며 본문에서 다루었습니다. 하지만 전체적인 전개 방식에 있어서는 삼위일체적 구조를 부각하는 길을 택했습니다. 성경을 중심으로 성부 하나님의 백성, 성자 예수님의 몸, 성령 하나님의 성전이라는 삼위일체적 교회론을 살피면서 교회의 표지와 속성이 그 안에 자연스럽게 녹아들도록 구성했습니다. 그렇게 함으로써 교회의 표지와 속성이 한 항목에만 고립되지 않고 삼위일체론과 더불어 전체에 골고루 스며 있는 성경적 교회론을 그려 보았습니다. 교회의 표지만을 강조하면 구체적인 교회의 모습을 설명할 수 있으나 자칫 분리주의로 빠질 수 있습니다. 반대로 교회의 속성만을 강조하면 교회의 하나 됨을 설명할 수 있으나 자칫 교회를 추상적인 곳으로 만들 수 있습니다. 그렇기 때문에 저는 이 두 가지가 잘 조화하는 방식인 삼위일체적 접근법을 추구했습니다.

무엇보다 이 책의 독특성은 직분론을 매우 중요하게 취급한다는 점입니다. 삼위일체적 교회론이 직분론을 통해 드러나지 않으면 공허한 이상주의나 맹목적인 구호에 그칠 수밖에 없습니다. 그렇게 되지 않으려면 구체적으로 목사, 장로, 집사, 권사라는 직분들 안에서 삼위일체적 교회론이 실제적으로 구현되어야 합니다. 직분론을 다루는 데는 몇 가지 어려움이 있습니다. 첫째, 성경 안에 직분에 대한 가르침이 많이 나오지 않습니다. 둘째, 직분에 대한 해석이 교단과 교파마다 다릅니다. 셋째, 직분론 자체가 공허하고 실속 없는 이상주의에 그칠 위험이 있습니다. 하지만 저는 이런 어려움에도 불구하고 교회론을 직분론과 연결하지 않으면 안 된다고 생각합니다. 직분이야말로 교회의 생명과 같기 때문입니다.

예배에 관해서도 다루었습니다. 예배의 핵심은 하나님과 백성 사이의 언약적 교제입니다. 하나님이 우리에게 오시고 우리도 하나님께 나아갑니다. 이를 통해 하나님이 우리의 하나님이 되시고, 우리가 하나님의 백성이 되는 것을 확인하고 인(印)을 치는 과정이 예배입니다. 다른 말로 표현하면, 모든 예배에는 '형성적 요소'와 '표현적 요소'가 있습니다. 하나님이 그분의 말씀과 성령으로 그리스도의 구원을 우리에게 주시면, 우리는 찬송과 기도와 헌금으로 그분을 향한 믿음과 순종을 표현합니다. 교회의 가장 중요한 목적이 예배라면 교회론에 있어서 예배는 깊이 다루어야 할 주제입니다. 그 외에도 세례, 성찬, 권징과 같은 주제들을 곳곳에서 언급했습니다.

본서를 구성하면서 참조한 많은 자료가 있지만, 주로 교부들의 작품과 개혁주의/복음주의 성경 주석들, 16-17세기 신학자들의 작품에 의존했습니다. 제가 참조한 신학자들과 목회자들의 교회론은 성부, 성자, 성령, 삼위 하나님의 관점에서 교회를 이해한 성경에 충실한 교회론입니다. 특히 독자들은 제가 칼뱅의 교회론의 여러 장점을 현대 교회의 필요에 맞게 두루 끌어온 것을 확인할 수 있을 것입니다.

저는 여러 교회와 선교 단체에서 강의한 내용을 바탕으로 이 책을 집필했습니다. 특별히 그린스보로 장로교회, 시카고 갈보리교회, 그랜드래피즈 한인교회, 수영로교회, 부산동일교회, 덕두교회, 서머나교회, 성안교회, 거제교회, SFC 수련회 및 동문 모임에서 했던 강의와 설교에서 많은 내용을 취했습니다. 현장의 사역자들과 직분자들, 성도들과 학생들과 함께 구체적인 고민과 대화를 나눈 것이 이 책을 집필하는 데 큰 도움이 되었음을 밝히면서 그분들께 감사의 인사를 전합니다. 그리고 바쁘신 중에도 귀한 추천사를 써 주신 이규현 목사님, 이찬수 목사님, 화종부 목사님, 이정규 목사님께 진심으로 감사드립니다.

본서에서 성경을 인용할 때는 개역개정판 한글 성경을 기본으로 했습니다. 하지만 필요한 경우 성경 원어에서 제가 직접 번역하기도 했습니다.

　종교개혁자 칼뱅은 교회를 가리켜 "자녀 삼으심의 은혜를 입은 하나님의 자녀들이자 성령의 거룩하게 하심을 입은, 하나님 앞에 실제로 존재하는 그리스도의 참된 지체들"이라고 했습니다. 성부, 성자, 성령 하나님께서 시대의 위기와 개인의 고난 가운데 성경이 가르치는 참된 교회를 세워 나가고자 꿋꿋하게 고투하는 모든 이에게 주님의 능력을 베풀어 주실 줄 믿습니다.

2022년 3월
우병훈

차례

들어가는 말: 교회란 무엇인가? 007

1장. 삼위일체적 교회 015

성부 하나님이 세우신 교회 019
값싼 예정, 값진 예정 | 예정, 성도의 언약적 삶의 근거 |
어머니로서의 교회 | 교회의 4대 속성

성자 예수님의 몸, 교회 033
예수님이 승천하신 이유 | 교회와 그리스도와의 연합 | 교회와 그리스도의 다스림 |
목사직의 의미 | 교회와 성도의 연합 | 몸으로서의 교회

성령 하나님의 성전, 교회 065
성령 하나님 | 성령과 교회 | 성령의 성전인 교회 | 성령과 성경 | 성령을 통한 교회의 성화 |
성도의 교제를 통한 성령의 성화 사역 | 세상을 위한 거룩한 교회 | 삼위 하나님의 영광스러운 교회

2장. 영광스러운 직분 083

그리스도의 세 직분 086
제사장 그리스도 | 왕 그리스도 | 선지자 그리스도 | 참 하나님, 참 인간

그리스도인의 세 직분 093
개인적-사회적 적용 | 가정적 적용 | 교회적 적용

직분의 의미와 성격 101
직분의 의미 | 그리스도인의 세 직분과의 관계 | 소명과의 관계 |
은사와의 관계 | 직분의 한정성 | 직분의 중요성

3장. 장로직 109

장로직의 역사 111
구약에서의 장로직 112
선출 방식 | 두 가지 과업

신약에서의 장로직 114
구약과 신약의 차이점 | 목자로서의 장로 | 감독으로서의 장로 | 언약 공동체의 파수꾼

교회사에 나타난 장로직 124

장로의 자격 126
기본 덕목 1. "책망할 것이 없으며" | 기본 덕목 2. "한 아내의 남편이 되며" | 개인의 성숙 3. "절제하며" | 개인의 성숙 4. "신중하며" | 개인의 성숙 5. "단정하며" | 직무에 관한 덕목 6. "나그네를 대접하며" | 직무에 관한 덕목 7. "가르치기를 잘하며"

주의 사항 140
타인과 관련한 덕목 1. "술을 즐기지 아니하며" | 타인과 관련한 덕목 2. "구타하지 아니하며" | 타인과 관련한 덕목 3. "오직 관용하며" | 타인과 관련한 덕목 4. "다투지 아니하며" | 경제생활에서의 덕목 5. "돈을 사랑하지 아니하며" | 가정생활에서의 덕목 6. "자기 집을 잘 다스려" | 신앙의 경력 7. "새로 입교한 자도 말지니" | 점검 사항. 교회 밖 사람들의 평판

장로의 사역 151
교회의 표지 | 교회의 표지로서 치리와 권징 | 영적 목양 | 심방, 위로, 교훈, 권면 | 양육, 기도, 전도 | 목사와의 협력

4장. 집사직 161

구약에서의 집사직 163
장로직과 집사직 | "가난한 자들"의 의미 | 가난한 사람의 부류 | 가난한 사람을 돌볼 책임

신약에서의 집사직 166
집사직의 기원과 예수의 집사적 사역 | 신약성경에 나타난 집사직 | 자비와 자유의 직분

집사의 자격 171
도덕적 자격 1. "정중하고" | 도덕적 자격 2. "일구이언을 하지 아니하고" |
도덕적 자격 3. "술에 인박히지 아니하고" | 도덕적 자격 4. "더러운 이익을 탐하지 아니하는" |
신앙적 자격 5. "깨끗한 양심" | 신앙적 자격 6. "믿음의 비밀을 가진 자" |
개인적 성품 7. "책망할 것이 없으면" | 가정적 자격 8. "한 아내의 남편이며" |
가정적 자격 9. "자녀를 잘 다스리는 자" | 가정적 자격 10. "자기 집을 잘 다스리는 자"

집사의 사역 183

5장. 권사직 185

권사직의 역사 187

권사의 법적 자격 190

권사의 자격 191
개인적 성품 1. "정숙하고" | 개인적 성품 2. "모함하지 아니하며" |
개인적 성품 3. "절제하며" | 개인적 성품 4. "모든 일에 충성된 자"

권사의 사역 198

영광스러운 교회, 영광스러운 직분 199

나가는 말: 삼위일체 하나님의 가족, 교회 205
질의응답 207
주 221
성구 색인 267

약어표

ANF	The Ante-Nicene Fathers.
BDAG	*A Greek-English Lexicon of the New Testament and Other Early Christian Literature*. W. Bauer, F. W. Danker, W. F. Arndt, and F. W. Gingrich. Chicago: University of Chicago Press, 2000.
CCL	Corpus Christianorum Series Latina.
CO	Calvini Opera. *Ioannis Calvini Opera quae supersunt omnia*. 59 vols. Eds. G. Baum, E. Cunitz, and E. Reuss. Brunsvigae 1863-1900 (=Corpus Reformatorum 29-87).
CSEL	Corpus Scriptorum Ecclesiasticorum Latinorum.
EDNT	*Exegetical Dictionary of the New Testament*. 3 vols. Eds. Horst Balz and Gerhard Schneider. Grand Rapids: Eerdmans, 1990.
LW	Martin Luther, *Luther's Works*. Trans. Jaroslav Pelikan, Helmut T. Lehmann, and Christopher Boyd Brown. Philadelphia: Fortress Press; St. Louis: Concordia Publishing House, 1955-2009.
MPL	Migne, J. P., Patrologiae cursus completus, series Latina.
NPNF	The Nicene and Post-Nicene Fathers.
TDNT	*Theological Dictionary of the New Testament*. 10 vols. Eds. G. Kittel and G. Friedrich. Trans. G. W. Bromiley. Grand Rapids: Eerdmans, 1964-76.
WA	Martin Luther, *Luthers Werke*. Kritische Gesamtausgabe. Weimar: Hermann Böhlaus Nachfolger, 1883-2009.

1장.
삼위일체적 교회

성경은 처음부터 끝까지 하나님의 사역으로 이루어져 있습니다. 창조부터 시작해서 종말의 심판과 새로운 창조에 이르기까지 모든 과정이 하나님의 사역입니다. 사실상 이 모든 사역은 하나님의 백성과 무관하지 않습니다. 그렇기 때문에 성경을 가리켜 하나님의 백성인 교회에 관한 이야기라고도 부를 수 있습니다. 실제로 성경은 스무 개가 넘는 비유와 상징으로 교회를 매우 강조합니다. 교회를 하나님의 백성(출 6:7; 히 4:9; 계 21:3), 하나님의 자녀(눅 20:36; 롬 8:16, 21; 요일 3:1-2), 하나님의 양 떼(시 80:1; 렘 31:10; 겔 34:2; 요 10:11, 14), 하나님의 밭(고전 3:9), 하나님의 집(고전 3:9; 딤전 3:15; 히 3:2, 6; 10:21),[1] 하나님의 가족(요 1:12-13; 요일 3:9),[2] 하나님의 성전(고전 3:16), 하나님의 이스라엘(갈 6:16), 하나님의 눈동자(신 32:10; 슥 2:8), 하나님의 작품(엡 2:10), 하나님의 분깃과 기업(신 32:9), 하나님의 특별 소유(출 19:5), 그리스도의 신부(요 3:29; 계 21:9), 그리스도의 몸(롬 12:5; 고전 12:27; 엡 1:23), 선한 목자의 양 떼(벧전 5:2; 요 10:21), 성령 안에서 거하실 하나님의 처소(엡 2:22), 성령의 전(고전 6:19), 진리의 기둥과 터(딤전 3:15), 만물을 충만케 하시는 자의 충만(엡 1:23), 하나의 새로운 사람(골 3:10), 거룩한 성 새 예루살

렘(계 21:2, 10)으로 묘사합니다.³

성경에 나오는 교회에 대한 가르침은 모두 우리에게 큰 소망을 주는 가르침들입니다. 에베소서 3:10을 보면 "이제 교회로 말미암아 하늘에 있는 통치자들과 권세들에게 하나님의 각종 지혜를 알게" 하신다는 말씀이 나옵니다. 교회는 하늘에 있는 천사들에게도 놀라운 지혜를 보여줄 수 있는 하나님의 계획이라는 의미입니다. 그런데 오늘날의 많은 교회가 이런 진리를 망각하고 있습니다. 기억 상실증에 걸린 공주처럼 자신의 신분을 망각한 채 교회답지 못한 삶을 살아가고 있습니다.⁴

이럴 때 우리는 교회의 근본을 다시 생각하지 않을 수 없습니다. 성경에 나오는 교회에 대한 풍부한 가르침을 정리하는 방식은 여러 가지가 있습니다. 그중 성부, 성자, 성령 하나님의 사역이라는 삼위일체적 관점에서 살펴볼 때 전체를 가장 잘 정리할 수 있습니다. 성경은 성부, 성자, 성령, 곧 삼위 하나님과 교회를 연결하여 아래와 같이 표현합니다.⁵

> 첫째는 "성부 하나님께서 택하신 백성인 교회"라는 가르침입니다.⁶
> 둘째는 "성자 예수님의 몸 된 교회"라는 가르침입니다.
> 셋째는 "성령 하나님의 성전인 교회"라는 가르침입니다.

한 가지 기억할 것은 성경에 나오는 교회에 대한 가르침을 성부, 성자, 성령이라는 순서로 다룰 때 세 위격의 사역을 절대 분리해서는 안 된다는 사실입니다. 아우구스티누스의 가르침처럼 하나님의 외적 사역은 분리되지 않기 때문입니다. 우리가 성부의 사역장으로서 교회를 살필 때 성자와 성령의 사역을 같이 언급할 수밖에 없는 이유가 여기에 있습니다.⁷

성부 하나님이 세우신 교회

찬송하리로다. 하나님 곧 우리 주 예수 그리스도의 아버지께서 그리스도 안에서 하늘에 속한 모든 신령한 복을 우리에게 주시되 곧 창세 전에 그리스도 안에서 우리를 택하사 우리로 사랑 안에서 그 앞에 거룩하고 흠이 없게 하시려고 그 기쁘신 뜻대로 우리를 예정하사 예수 그리스도로 말미암아 자기의 아들들이 되게 하셨으니 이는 그가 사랑하시는 자 안에서 우리에게 거저 주시는 바 그의 은혜의 영광을 찬송하게 하려는 것이라. 우리는 그리스도 안에서 그의 은혜의 풍성함을 따라 그의 피로 말미암아 속량 곧 죄 사함을 받았느니라. 이는 그가 모든 지혜와 총명을 우리에게 넘치게 하사 그 뜻의 비밀을 우리에게 알리신 것이요 그의 기뻐하심을 따라 그리스도 안에서 때가 찬 경륜을 위하여 예정하신 것이니 하늘에 있는 것이나 땅에 있는 것이 다 그리스도 안에서 통일되게 하려 하심이라. 모든 일을 그의 뜻의 결정대로 일하시는 이의 계획을 따라 우리가 예정을 입어 그 안에서 기업이 되었으니 이는 우리가 그리스도 안에서 전부터 바라던 그의 영광의 찬송이 되게 하려 하심이라. 그 안에서 너희도 진리의 말씀 곧 너희의 구원의 복음을 듣고 그 안에서 또한 믿어 약속의 성령으로 인치심을 받았으니 이는 우리 기업의 보증이 되사 그 얻으신 것을 속량하시고 그의 영광을 찬송하게 하려 하심이라 (엡 1:3-14).

에베소서 1장은 교회가 하나님의 택하심과 예정, 그리고 그분의 기쁘신 뜻에 따라 세워진 것임을 가르칩니다. 성경은 교회를 단순히 사람들의 모임으로 규정하지 않습니다. 왜냐하면 교회는 언제나 삼위 하나님으로부터 시작하기 때문입니다. 종교개혁자들은 교회의 기초가 하나님의 은밀한 선택arcana electio Dei임을 강조했습니다.[8] 교회의 기원은 하나님께 있습니다. 교회는 인간이 만들어 낸 하나의 사회 현상이 아니라, 하나님의 사역에 기인하는 공동체입니다.[9]

교회의 근거와 기원은 하나님의 값없이 주시는 사랑입니다. 종교개혁자 칼뱅은 그의 요리문답과 1536년 초판 『기독교 강요』에서 "거룩한 공교회는 선택받은 자의 총수總數"이고, "교회의 기반은 하나님의 은밀한 선택"이며, "교회는 그리스도 안에 있는 택자들의 불가시적 총체"임을 여러 차례 강조했습니다.[10] 그리고 이 주장은 최종판까지 이어집니다.[11]

교회를 논할 때는 다른 어떤 것을 화두로 삼지 않고 하나님의 선택을 가장 먼저 언급해야 합니다. 왜냐하면 교회의 본질과 사명은 하나님의 부르심과 그 목적에 의해 좌우되어야 하기 때문입니다.[12] 교회는 사람들이 마음대로 세워 가는 곳이 아닙니다. 교회의 시작이 하나님의 선택에 달렸다면 교회의 모든 것 또한 하나님의 뜻대로 이루어져야 합니다. 이처럼 하나님의 선택은 교회가 누릴 수 있는 모든 복이 흘러나오는 원천입니다.[13]

하나님은 교회에 대한 주권뿐만 아니라, 이 세상 전체에 대한 주권을 가진 분입니다. 천지의 창조주이신 하나님은 "하늘과 모든 하늘의 하늘과 땅과 그 위의 만물"(신 10:14)을 주관하고 다스리는 분이기 때문입니다. 우리는 모두 하나님 나라의 백성입니다. 하나님 나라는 하나님의 주권적, 포괄적, 역동적, 종말론적 통치를 뜻합니다. 그분의 나라가 주권적인 이유는 하나님만이 전적 주권을 가지고 절대적으로 통치하시기 때문입니다. 포괄적인 이유는 전 우주의 보이는 세계와 보이지 않는 세계에 영향을 미치기 때문입니다. 역동적인 이유는 하나님은 언제나 적극적으로 자신의 뜻을 이루시기 때문입니다. 종말론적인 이유는 하나님의 통치가 종말의 시대인 지금 예수 그리스도의 인격과 사역 안에서 이 땅에 이미 임했기 때문입니다. 따라서 우리는 교회의 기초를 하나님의 절대 주권과 통치에 정초시켜야 합니다. 그럴 때에야 우리는 교회를 세우는 일이 하나님의 일하심이라는 것을 깨닫고, 이 사역에 보다 건전한 정서와 태도로 임하게 될 것입니다.

값싼 예정, 값진 예정

이어서 기억해야 할 것이 있습니다. 과연 선택이란 무엇인가, 하는 것입니다. 성경에서 "선택하다", "택정하다", "예정하다"라는 말이 여러 번 나옵니다. 이러한 하나님의 택하심에는 크게 두 가지 의미가 있습니다.

첫째는 구원으로의 선택입니다(골 3:12; 살후 2:13).[14] 데살로니가후서 2:13은 "하나님이 처음부터 너희를 택하사 성령의 거룩하게 하심과 진리를 믿음으로 구원을 받게 하셨다"고 말합니다. 인간은 죄 아래 갇혀 가만히 있으면 모두 멸망받을 수밖에 없습니다. 그러나 자비하신 하나님은 은혜로 주님의 백성을 선택하셔서 구원의 길로 인도해 주셨습니다. 바로 이것이 선택의 첫 번째 의미입니다.

두 번째 의미는 특별한 목적과 사명을 위한 선택입니다. 바울은 자신이 이방인의 사도가 된 것이 하나님의 택정하심 때문이라고 말합니다(롬 1:1; 갈 1:15-16).

에베소서 1장은 하나님의 선택과 예정이 하나님의 은혜의 영광을 찬송하기 위한 것이라고 말씀합니다(6, 12절). 이는 그리스도 안에서 세상 만물이 통일되는 것, 곧 최고의 목적지이자 머리이신 그리스도 안에서의 완전한 결합을 가리킵니다(10절).

　한국 교회는 여태껏 첫 번째 의미로서의 예정, 단순히 "구원받아 천국 가는 예정"만을 줄곧 강조해 왔습니다. 하지만 성경은 일관적으로 하나님의 택하심과 예정하심은 언제나 특별한 목적과 사명을 지향한다고 가르칩니다. 예정을 언급하는 성경 본문들을 살펴보면, 언제나 첫째 의미의 예정과 둘째 의미의 예정이 결합해 있음을 알 수 있습니다.

　이런 사실을 망각하고 첫째 의미의 예정만을 단순하게 강조하는 것은 하나님의 고귀한 택하심을 "값싼 예정"으로 만드는 것이 될 수 있습니다. 하나님의 택정하심이 진정 "값진 예정"이 되기 위해서는 반드시 우리를 부르신 하나님이 주신 특별한 사명을 찾아야 하고, 그 사명을 위해 전심전력해야 합니다.

　바로 그렇게 될 때, 하나님의 예정은 값진 예정, 그 높고 거룩한 부르심을 채워 드리는 예정이 될 것입니다. 그 사명을 밝히 깨닫고 전진해 가는 삶의 여정에는 긴 시간과 노력과 고민이 필요합니다. 하지만 하나님의 값진 예정을 받은 자는 누구나 기꺼이 그 길을 가려고 할 것입니다.

　하나님은 허투루 은사와 소명을 주시지 않습니다(롬 11:29). 우리를 구원의 자리로 부르신 하나님께서 주신 특별한 사명을 찾아가는 인생이야말로 가장 복된 인생입니다.

예정, 성도의 언약적 삶의 근거

하나님의 선택을 떠올릴 때 한 가지 더 기억해야 할 것은, 선택은 개인적이지만 그것이 실제로 나타나는 모습은 언제나 공동체적이라는 사실입니다. 하나님은 우리를 구원하기 위해 한 사람, 한 사람을 선택하십니다. 그만큼 구원은 개인적입니다. 부모가 선택받았다고 해서 자식이 자연스럽게 선택받는다든지, 아내가 선택받았다고 하여 남편도 덤으로 선택받는 그런 일은 없습니다. 하지만 선택받은 백성은 반드시 교회를 이루어 살아가야 합니다. 그래서 어떤 경우에는 하나님의 택하심을 공동체적으로 표현하기도 합니다. 하나님은 이스라엘 백성을 다 함께 택하셨습니다.[15]

교회를 선택하는 분은 오직 하나님이십니다. 그분은 사람들의 활동을 이용하십니다.[16] 여기에 지역 교회인 가시적 교회의 활동이 나옵니다.[17] 성경을 보면 하나님께서 자기 백성을 부르시고 구원의 약속을 체결하는 장면이 많이 나옵니다. 노아와 아브라함과 야곱과 모세와 훗날 다윗에게 그렇게 하셨습니다. 이렇게 하나님께서 자기 백성을 불러 약속과 사명을 주시는 것을 "언약"이라고 합니다. 하나님의 예정은 영원 전에 일어난 일입니다. 그런데 이 예정은 실제로 시간과 역사 속에서 "언약"을 통해 실현됩니다.[18] 하나님은 자기 '백성'을 택하시고, 이 백성에게 은사를 주셔서 섬기는 자를 세우시고 질서를 보여주십니다.[19] 하나님의 예정은 역사와 공동체 속에서 언약의 옷을 입고 드러납니다.

이것을 기억한다면 우리는 교회 내에서 서로를 돌보고 권면하는 일을 열심히 행할 것입니다. 구원으로서의 예정은 개인적이지만, 그것이 실제로 나타나는 구원의 언약은 언제나 공동체적이었습니다. 우리가 교회의 성숙과 발전을 위해 애쓸 때, 하나님은 그 수고를 사용하셔서 주님의 예정을 이 땅 가운데 실현하십니다. 우리가 한 영혼의 구원을 위해 노력하고, 교회 내의 한 영혼을 사랑하고 섬기기 위해 몸부림칠 때, 우리는 하나님의 언약을 믿으며 행하는 것입니다.

이는 성도의 사회생활에도 적용할 수 있습니다. 언약은 한 성도에게 속한 모든 것, 그의 가정, 재물과 소유, 영향력과 권세, 직분과 직업, 지성과 마음, 학문과 예술, 사회와 국가 안에서 실현됩니다. 나만 홀로 선택받았다고 만족할 것이 아니라, 내가 속한 직장과 학교, 일터와 삶의 모든 자리가 언약 백성의 선한 영향력이 발휘되는 장소임을 기억해야 합니다.[20]

하나님이 한 사람을 구원하신 다음 즉시로 그를 데려가지 않고 이 땅에 남겨 두신 까닭이 있습니다. 그로 인하여 이 땅과 사회, 국가와 세계 전체가 선한 영향을 받도록 하기 위함입니다. 우리가 이 땅 가운데 하나님의 선택을 받은 자로서, 언약 백성으로서, 하나님의 자비와 은혜를 받은 자로서 이 세상 전체를 떠받들고 살아가도록 하기 위함입니다. 이런 일을 깊이 묵상하다 보면 공동체의 소중함을 벅찬 감격과 함께 깨닫게 됩니다.

어머니로서의 교회

우리가 성부 하나님과 교회를 생각할 때 떠올릴 수 있는 또 하나의 이미지는 어머니로서의 교회입니다. 교부 키프리아누스Cyprianus는 "교회를 어머니로 모시지 않은 자는 하나님을 아버지로 모실 수 없다"고 말했습니다.[21] 칼뱅은 『기독교 강요』에서 교회론을 다루는 첫 부분을 통해 "하나님이 아버지가 되는 사람에게는 교회가 어머니가 되어야 한다"고 주장했습니다.[22]

"어머니로서의 교회"라는 말에는 성경적 근거가 있습니다.[23] 갈라디아서 4:26에서 사도 바울은 "오직 위에 있는 예루살렘은 자유자니 곧 우리 어머니라"고 말합니다. 교회를 어머니로 표현한 것입니다. 바울은 갈라디아서 4:19에서 자신이 교회를 위해 어머니처럼 해산하는 수고를 한다고 고백합니다. 어머니로서의 교회는 말씀으로 성도들을 낳을 뿐 아니라, 그들이 그리스도의 형상에 이르기까지 자라도록 돕는 역할을 합니다.

또한 요한계시록 12장을 보면, 한 여자와 아이가 나옵니다. 여자는 교회를 표상하고 아이는 예수 그리스도를 상징합니다. 5절에 이런 내용이 나옵니다. "여자가 아들을 낳으니 이는 장차 철장으로 만국을 다스릴 남자라. 그 아이를 하나님 앞과 그 보좌 앞으로 올려가더라." 예수 그리스도께서 교회의 품에서 나셨지만, 장차 그가 온 세상을 통치하실 것이라는 뜻입니다. 하나님께서 그리스도를 보내실 때 교회를 사용하셨다는 사실은 하나님이 교회를 얼마나 소중한 기관으로 여기시는지를 분명하게 보여줍니다.

"어머니로서의 교회"의 또 다른 근거는 교회를 자신의 신부라고 부른 예수님의 선언에서 찾을 수 있습니다(아 4:8-12; 요 3:29; 계 21:2, 9 참조). 그리스도의 신부로서 교회는 교회에 속한 이들을 어머니처럼 돌봅니다.

어머니 교회론에 대한 구약의 근거는 시편 87:5입니다.[24] "시온" 곧 하나님의 교회는 "이 사람, 저 사람이 거기서 났다"고 표현됩니다. 특별히 4절과 6절은 이스라엘뿐 아니라 열방 가운데 하나님의 백성 역시 시온에서 나왔다고 말함으로써 교회의 선교적 비전을 아름답게 묘사합니다.[25]

어머니 교회론은 위대한 교부 아우구스티누스Augustinus도 사용한 이미지입니다. 그가 카프라리아 섬의 수도사들에게 보낸 글에 이런 말이 있습니다. "교우 여러분, 여러분의 결심을 끝까지 지키기를 권합니다. 어머니인 교회가 여러분의 수고를 요구할 때 아무 생각 없이 맡아서도, 나태한 마음으로 거절해서도 안 됩니다. 온순한 마음으로 하나님께 순종하십시오. 게으른 생활 때문에 교회의 요구를 거부해서는 안 됩니다. 어머니인 교회의 해산을 도우려는 선한 사람들이 없다면 여러분 자신도 태어날 수 없었을 것입니다."[26]

여기서 마지막 말이 중요합니다. 교회는 영적 생명을 잉태하고 해산하는 어머니와 같습니다.[27] 모든 성도가 이 일을 힘써 도와야 합니다. 만일 교회의 유익만 누리고 자신은 그 은혜를 흘려보내지 않는다면, 그는 어머니의 사랑을 많이 받았으나 다른 사람을 전혀 사랑하지 않는 배은망덕한 자식과 같다고 할 수 있습니다.

특히 오늘날과 같이 개인주의가 만연한 시대에는 어머니로서의 교회의 역할이 절실히 필요합니다. 이러한 어머니 교회론을 신자의 삶에 적용한다면, 삶의 기본자세와 구체적 지향점을 발견할 수 있다고 생각합니다. 한국 사회는 경쟁과 물질주의, 무관심과 폭력으로 심하게 병들어 있습니다. 우리나라의 경우 2019년 일 년간 우울증을 경험한 사람이 75만 명 정도였으나, 2020년에는 코로나 여파로 인해 100만 명이 넘었습니다. 국민 52명 중 한 명이 우울증을 앓고 있는 셈입니다.[28] 요즘 마음이 아픈 사람이 그토록 많다는 것입니다. 정신과 의사 선생님이 쓴 책이나 글을 보니, 우울증이나 공황장애, 조울증과 같은 질병이 치료되기 위해서는 옆에 있는 사람들이 인정해 주고 격려해 주는 것이 매우 필요하다고 합니다.[29] 우리는 교회에서 다른 사람들을 있는 모습 그대로 받아 주고, 인정해 주고, 세워 주어야 합니다. 성도들은 이웃을 어머니처럼 돌보고, 이 사회의 구조 자체가 보다 어머니화가 되도록 노력할 필요가 있습니다. 그럴 때에야 비로소 마치 어머니의 품에서 사람이 살아나고 무조건적 사랑으로 참된 인간 대접을 받듯, 이 사회 전체가 인간성의 본질을 회복할 것입니다.

성경은 어머니를 자녀가 지혜롭게 행하도록 돕는 존재로 묘사합니다(잠 10:1; 15:20; 17:25 참조). 이를 위해서 어머니다운 사랑이 필요합니다. 어머니는 부드럽지만 강합니다. 이와 같이 교회는 연약한 자를 품어 주면서 동시에 세상으로부터 그들을 지켜야 합니다. 또한 어머니는 큰 사랑으로 담대하게 섬깁니다. 교회는 큰 헌신으로 신자들과 이웃들을 섬겨야 합니다.

하나님은 무지하고 나태하며 진리를 꺼리는 우리 인간을 그리스도와의 교제로 부르시고, 그 교제 안에 머물 수 있도록 어머니인 교회를 통해 우리를 돌보십니다.[30] 하나님은 교회 질서의 창설자이시기 때문에 자신의 임재가 그분의 정하신 제도 안에서 나타나도록 뜻하셨습니다.[31] 그렇기에 어머니의 품과 같은 교회는 그리스도와 우리의 만남의 광장이요, 계시하시는 성령님의 활동 장소입니다.[32]

교회의 4대 속성

381년에 작성된 니케아-콘스탄티노폴 신경은 "우리는 하나의 거룩하고 보편적이며 사도적인 교회를 믿습니다"라고 고백합니다.[33] 이 고백을 따라서 지구상의 모든 참된 교회는 "하나의 거룩한 보편적 사도적 교회"를 믿습니다. 여기서 "믿는다"는 것은 교회를 숭상한다는 뜻이 아니라, 교회에 대한 삼위 하나님의 사역을 믿는다는 의미입니다. 여기서부터 교회의 4대 속성인 단일성, 거룩성, 보편성, 사도성이 나옵니다. 이 속성들은 교회가 그리스도 안에 있기에, 다시 말해 머리이신 그리스도의 몸이기 때문에 갖는 속성입니다.[34]

그중 가장 기본적 속성은 "사도성^{Apostolicity}"입니다. 다른 속성들은 사도성에서부터 나오는 것이라 보아도 무방합니다. 교회의 교회 됨은 사도성에 기인합니다. 교회는 온 세계에 걸쳐 흩어져 있지만, 사도들이 전해 준 하나의 신앙을 선포하기에 교회라고 주장할 수 있습니다.[35] 사도성은 로마 가톨릭교회의 수위권을 주장하는 것이 아닙니다. 사도권이 로마의 교황을 따라 계승된 것이 아니기 때문입니다. 오히려 사도성은 사도들의 가르침에 대한 일치를 뜻합니다. 여기서는 교회가 지닌 사도성에서부터 출발하여 교회의 보편성, 거룩성, 단일성이 어떻게 파생하는지 살펴보겠습니다.

보편성^{Universality}은 사도성에서부터 나옵니다. 교회의 보편성은 개별 회중이 지닌 지역성과 대비되는 개념입니다. 어느 시대에나 항상 존재해 온 그 하나의 교회가 보편교회普遍敎會, universal church입니다.[36] 그리고 개별 지역교회는 보편교회의 일원입니다. 교회사를 보면 주후 2세기 후반, 아주 이른 시기에 보편교회가 참된 교회의 의미를 지녔음을 알 수 있습니다.[37]

종교개혁자 불링거 Heinrich Bullinger는 「거룩한 공교회에 관하여」라는 설교에서 공교회 catholic church라는 말과 보편교회라는 말이 동일하다고 지적합니다.[38] 보편교회란 아담 때부터 시작하여 이 세상 끝날까지 있는 교회, 인종과 나이와 성별 등에 묶이지 않고 언제나 어디서나 존재해 왔던 그 유일한 참된 교회를 가리킵니다.[39]

교회의 시작을 오순절 성령님의 강림으로부터 생각할 수도 있고, 예수님과 열두 제자로부터 시작되었다고 말할 수도 있습니다. 또한 모세 시대의 광야 교회나 이스라엘 국가를 교회의 시작으로 생각할 수도 있지만, 가장 근원적으로는 아담과 하와를 교회의 원형으로 볼 수 있습니다. 특별히 예수 그리스도의 놀라운 새 언약 가운데 천상과 지상의 모든 교회는 하나의 긴밀한 연합을 이룹니다(히 12:18-24).[40] 이 보편교회 혹은 공교회가 하나인 까닭은 교회를 세우신 하나님이 그들 모두를 "하나님의 한 백성"으로 세우셨기 때문입니다.[41]

유형교회 有形敎會, visible church와 무형교회 無形敎會, invisible church, 그리고 개체교회와 보편교회의 구분이 헷갈릴 수 있습니다. 유형교회란 보이는 교회로서, 지역교회를 뜻합니다.[42] 이는 "모든 시대와 세계 모든 곳에서 참된 신앙을 고백하는 모든 사람과 그들의 자녀들로 구성된 공동체"입니다.[43] 한마디로 말하면 "참된 신자와 그들의 자녀들"이 바로 유형교회입니다. 유형교회는 구체적인 지역교회들이며 개별교회들입니다.

무형교회란 보이지 않는 교회로서, "과거와 현재와 미래에 머리이신 그리스도 아래 하나로 모이는 택함 받은 사람들의 전체"입니다.[44] 한마디로 "택자들의 총수"가 바로 무형교회입니다. 히브리서 기자는 12:23에서 "하늘에 기록된 장자들의 모임과 교회와 만민의 심판자이신 하나님과 및 온전하게 된 의인의 영들과"라고 썼습니다. 이것이 무형교회에 대한 성경적 근거입니다. 또한 신약의 교회를 가리켜 "아브라함의 자손"으로 보는 것 역시 보편교회와 무형교회의 개념이 없다면 온전히 이해하기 힘들 것입니다.[45] 칼뱅에 따르면, 우리는 비가시적 교회를 오직 하나님만이 식별하신다고 믿어야 하듯, 사람들의 견지에서 '교회'라고 불리는 유형교회와의 교제를 돈독하게 하고 존중하라는 명령을 하나님으로부터 받습니다.[46]

보편교회는 정확한 위치와 장소를 말할 수 없다는 점에서 무형교회라고 볼 수 있습니다.[47] 보편교회나 공교회라는 용어는 교회의 특징 중 '보편성'이라는 측면을 강조합니다. 어떤 특수한 성격의 교회가 아니라, 모든 교회가 가지고 있어야 하는 보편적 성격을 지닌 교회가 바로 보편교회입니다. 사실 모든 교회는 보편교회의 특징을 반드시 지니고 있어야 하고, 그런 의미에서 보편교회의 일원이어야 합니다. 반면에 무형교회라는 용어는 그것의 보이지 않는 특성인 비가시성을 강조합니다.

"거룩성^{Holiness}"도 역시 사도성에서부터 나옵니다. 거룩한 교회는 사도적 가르침을 따르는 순수한 교회입니다. 교회가 거룩한 이유는 교회를 이루고 있는 그리스도인 한 사람, 한 사람이 거룩하기 때문입니다. 얼핏 생각하면 교회가 거룩하기에 그 안에 속한 신자가 거룩한 것처럼 보이지만, 사실 성경의 가르침에 따르면 거룩한 신자들로 인해 교회를 거룩하다고 지칭하는 것입니다.

"거룩"의 의미가 무엇일까요? 이사야 6:3을 보면 스랍들이 하나님 앞에서 이렇게 외칩니다. "서로 불러 이르되 거룩하다, 거룩하다, 거룩하다. 만군의 여호와여, 그의 영광이 온 땅에 충만하도다 하더라."

이 구절에서 "거룩"은 "영광"과 밀접한 관련이 있습니다.[48] 따라서 "거룩"이란 "하나님의 영광", "영광스러운 하나님", "하나님 자신"을 뜻합니다.

구약성경은 "카도쉬 이스라엘"이라고 해서 하나님을 "이스라엘의 거룩한 자"라고 표현합니다.[49]

하나님께서 거룩하시다는 것은 하나님은 선과 의, 자비와 진리, 은혜와 사랑에 있어서 조금도 부족함이 없이 온전하시다는 의미입니다. 하나님은 이 모든 속성과 성품에 있어서 무한한 분이며 이 모든 속성은 하나님 안에서 조화를 이루어 굳건하게 연합해 있습니다.[50]

거룩하신 하나님은 창조와 구원의 역사 속에서 자신의 거룩성을 드러내십니다. 무엇보다 하나님은 하나님의 백성에게 거룩을 명령하십니다.

마태복음 5:48과 베드로전서 1:15-16은 하나님을 '온전하신 분', '거룩한 이'로 묘사합니다.[51] 그 하나님이 거룩을 명하십니다. 따라서 교회가 거룩하다는 것은 구원받은 하나님의 자녀들이 온전하신 하나님을 본받아 선과 의, 자비와 진리, 은혜와 사랑에 있어서 온전해지는 것을 뜻합니다. 물론 우리는 이 땅에서 하나님처럼 온전해질 수 없습니다. 심지어 우리는 저 천국에서도 하나님처럼 무한히 거룩한 존재가 될 수 없습니다. 이것이 바로 창조주이신 하나님과 우리 인간 사이의 질적 차이입니다. 하지만 우리는 하나님을 본받아 조금씩 거룩해질 수 있습니다. 이를 신학에서는 "성화의 과정"이라고 부릅니다. 예수님을 믿고 이미 의롭다 함을 받은 성도가 이제 실제의 삶 속에서 점점 거룩해지는 과정을 뜻합니다. 그리고 우리는 저 영원한 천국에서 성화의 완성을 맛보게 될 것입니다.

마지막으로 "단일성Unity" 역시 사도성에 기인합니다. 이 지구상에 살았고, 살고 있으며, 앞으로 살아갈 사람들 가운데 성부, 성자, 성령 하나님에 대한 동일한 사도적 신앙 고백을 가진 모든 사람을 한 교회로 여길 수 있습니다. 구체적으로 교회의 모습은 지역교회나 교파의 모습으로 나타나지만, 하나님의 선택과 구원, 그리고 언약이라는 관점에서 본다면 지상의 모든 교회는 하나입니다.

    교회가 하나라고 고백하기 위해서는 우리의 신앙이 필요합니다. 실제로 지구상의 교회가 상당히 분열되어 있기 때문입니다. 하지만 한분 하나님에 대한 참된 믿음을 가진 사람은 하나의 교회에 대한 신앙 또한 가질 수 있습니다. 우리 모두는 "하나님의 한 백성"으로서 교회를 이루고(에클레시아), 봉사의 일을 하며(디아코니아), 세상 가운데 증인으로 살아가고(마르투리아), 성도들 사이의 긴밀한 연합을 이룹니다(코이노니아).[52]

    교회의 하나 됨은 실제적으로 나타나야 합니다. 자기 교회만 챙기는 이기주의적 교회관이 한국 교회를 심히 병들게 했습니다. 우리가 진정으로 하나님의 한 백성이라는 의식이 있다면 교회 연합을 위해서도, 또한 연약한 교회를 돌보는 일을 위해서도, 선교지의 교회를 위한 사역에도 부단히 힘쓸 것입니다. 하나님의 한 백성인 교회는 하나이기 때문입니다.

    교회에서 이러한 통일성과 연합성을 동시에 경험한 신자야말로 우리 사회를 도울 수 있습니다. 반목과 갈등을 먹고사는 한국의 정치 현실에 교회가 대안을 제시하려면 통일성과 연합성의 비밀을 전달해 줄 필요가 있습니다.

생각해 볼 질문

1. 하나님이 교회와 세상의 주인이라는 사실은 교회를 세우고 세상 속에서 살아가는 데 어떤 태도를 갖게 해주는가?

2. 성도 각 개인이 교회와 사회에서 부르심과 사명을 깨닫게 하기 위해서 어떤 노력들이 필요하며, 교회 교육은 어떻게 변화해야 하는가?

3. 언약은 유기적 특성이 있다. 교회 안팎의 삶이 유기적으로 밀접하게 관련이 있다는 것을 경험한 적이 있는가?

4. 어머니의 위대함을 느껴 본 기억이 있는가? 교회가 어머니의 역할을 한다는 것은 오늘날 한국 사회에서 어떤 의미를 가지는가?

5. 이 땅의 교회가 어떻게 하면 서로가 하나라는 사실을 드러내며 동시에 사회를 하나로 만드는 데 기여할 수 있는가? 예배와 관련해서 생각해 보라.

성자 예수님의 몸, 교회

예수님이 승천하신 이유

이제 예수 그리스도의 몸으로서의 교회에 관해 살펴보겠습니다. 하나님의 선택으로 말미암아 구원과 사명을 받은 성도들에게 가장 먼저 주시는 명령은 바로 그리스도의 몸인 교회 공동체를 이루라는 것입니다. 예수님은 땅과 하늘을 연결하는 위대한 구원을 각 개인이 이룰 수 없음을 아셨습니다. 우리가 이 세상에서 하늘 사다리의 역할을 제대로 감당하기 위해서는 교회를 이루어야 합니다.

예수님은 이 땅에서의 사역을 마치고 승천하셨습니다. 이는 예수님께서 하신 일들 중 가장 이해하기 어려운 부분입니다. 죽음을 이기신 주님은 어째서 우리와 함께 계시지 않고 하늘로 승천하셨을까요? 예수님이 승천하지 않으셨다면 정말 좋았을 것입니다. 우리의 질병도 고쳐 주시고, 우리에게 설교도 해주시고, 우리와 함께 선교도 가고, 기적도 행하셨을 것입니다. 그런데 주님은 승천하셔서 지금 하나님 보좌 우편에 앉아 계십니다. 도대체 주님은 왜 승천하신 것일까요?[53]

만일 주님께서 이 땅에 그대로 계셨다면 어떻게 되었을지 한번 생각해 봅시다. 아마도 사람들은 무슨 일이 생기면 시도 때도 없이 주님을 찾아가 부탁할 것입니다. 우리가 할 수 있는 일조차 주님이 대신 해결해 주시길 바라면서 말입니다. 그렇게 되면 결국 우리는 아무 일도 하지 않고 가만히 앉아 주님이 모든 일을 해주시기만을 기다리는 게으르고 무능한 사람이 될 것입니다. 승천하신 주님이 교회를 자신의 몸이라고 부른 까닭은 우리가 주님의 몸이 되어 그분의 사역에 동참하도록 하기 위함입니다. 요한복음 14장을 보면, 예수님은 보혜사 성령을 보내 주시겠다고 약속하십니다(16절, 요 16:7 참조). 성령을 받은 교회는 예수님이 행하신 일뿐 아니라, 그보다 더 큰 일을 합니다 (12, 26절). 교회는 주님께서 활동하셨던 팔레스타인 지역을 벗어나 온 세상에 하나님 나라 소식을 전파하며 선포할 것이기 때문입니다. 주님은 우리에게 기회를 주셔서 그분의 그 위대한 구원의 서사시에 우리가 동참하도록 하십니다. 예수님이 교회를 세우신 까닭이 여기 있습니다.

하이델베르크 교리문답 제46문답은 이렇게 말합니다. 승천하신 그리스도는 "우리의 유익을 위하여 하늘에 계시며, 장차 살아 있는 자들과 죽은 자들을 심판하러 다시 오실 것입니다." 승천하신 그리스도께서 주시는 유익에 대한 성경 구절들을 인용하면서, 하이델베르크 교리문답은 '그리스도께서 하나님 보좌 우편에서 우리를 위해 중보하심'과 '그의 몸 된 지체들을 통하여 만물을 충만하게 채우심'을 가르칩니다(제46, 49문답과 인용된 구절들 참조).[54] 바로 이 두 사역 모두가 교회와 연관이 있습니다. 승천하신 그리스도는 이제 교회를 통하여 만물을 충만하게 하십니다. 이는 에베소서 4:8-12에 잘 나와 있습니다. 바울은 승천하신 그리스도께서 교회에 직분을 주셔서 만물을 충만하게 하시는 사역을 하신다고 밝히 말합니다. 바로 이 일을 위해 그리스도는 대제사장으로서 교회를 위해 중보하고 계십니다.

교회와 그리스도와의 연합

교회가 성부 하나님의 우선적 선택에 의해 생긴 공동체라는 것을 고백하는 사람은 또한 교회가 그리스도의 몸 된 교회라는 사실까지 믿을 수 있어야 합니다. 이는 성부(아버지) 하나님에 대한 믿음을 가진 사람은 당연히 성자(아들) 하나님에 대한 믿음을 고백해야 하는 것과 동일한 이치입니다.

그리스도를 인정하지 않는 곳에서는 모든 외적 형태와 제도가 있을지라도 교회가 생겨날 수 없습니다.[55] 바울은 여러 본문에서 교회를 "그리스도의 몸"이라고 표현합니다. 이 가르침에서 중요한 것은 "그리스도와의 연합"과 "그리스도의 다스리심"과 "신자들의 지체 됨"이라는 개념입니다.

먼저, 그리스도의 몸인 교회는 그리스도와 성도가 영적으로 연합해 있다는 사실을 알려 줍니다. 그리스도와의 연합은 신약성경에서 직접적으로 때로는 간접적으로 자주 나타나는 가르침입니다. 사도 바울은 로마서 6장에서 세례를 받은 성도들이 그리스도 예수와 합하여 세례를 받았다고 말합니다.[56] 세례는 모든 그리스도인이 받는 것이므로 사실상 모든 그리스도인은 그리스도와 연합한 상태라고 볼 수 있습니다.[57] 그리스도와 연합한 성도들은 그리스도의 죽으심의 효력과 부활의 능력을 직접 경험합니다. 그것의 일차적 효과가 칭의입니다. 그리스도와 연합한 자는 그리스도의 의를 덧입습니다(롬 6:7). 그와 함께 주어지는 또 다른 중요한 효과는 성화의 삶입니다. 그리스도와 연합한 성도들은 죄에 대해 죽고 새 생명 가운데 행합니다(롬 6:2, 4). 더 이상 죄와 사망의 이중 권세에 종노릇하지 않게 된 것입니다(롬 6:6, 9). 이것은 소극적으로 볼 때, 죄를 지어도 무감했던 이전 상태에서 벗어나 죄를 거부할 수 있게 되었다는 뜻입니다. 또한 동일한 죄를 계속해서 짓지 않는다는 뜻이기도 합니다. 죄의 지배에서 벗어나는 것입니다(롬 6:12). 그런데 보다 적극적으로 볼 때는, 의의 무기로 우리 자신을 하나님께 드릴 수 있게 된다는 뜻입니다(롬 6:13). 의의 종이 되어 거룩함에 이르는 열매를 맺을 수 있게 되었다는 뜻입니다(롬 6:18).

에베소서에서 바울은 그리스도와 연합한 몸인 교회가 그리스도로부터 은혜를 받아 서로 더욱 강하게 연결되는 모습을 매우 아름답게 묘사합니다

(엡 4:16). 그리스도는 자신과 연합한 교회를 양육하고 보호하십니다(엡 5:29-30). 더 놀라운 사실은 그리스도께서 교회와 연합함으로써 만물을 충만하게 하시고, 또한 만물의 으뜸이 되신다는 가르침입니다(엡 1:23; 골 1:18).

그리스도와의 연합은 칭의와 성화의 원천이자 성도들 사이의 교제와 상호 성장의 근거이며 교회의 안전한 토대입니다. 더 나아가 그리스도와의 연합은 교회에 우주적 사역의 비전을 제공합니다.

이러한 이유로 많은 청교도는 그리스도와의 연합이 하나님께서 그리스도인에게 주시는 최고의 복이라고 말했습니다.[58] 조나단 에드워즈[Jonathan Edwards]에 따르면, 그리스도와 성도의 연합은 죄의 결과를 오히려 사랑하신 선하신 하나님의 지혜로 말미암은 일입니다.[59] 에드워즈는 하나님께서 이 세상에 죄가 들어오도록 놓아 두셨지만, 동시에 아들의 속죄를 통해 악한 세상을 구원하심으로써, 더욱 큰 하나님의 사랑이 드러났다고 주장합니다.[60] 왜냐하면 그리스도의 십자가를 통해서 인간은 하나님의 무한한 사랑, 곧 자신을 내어 주시는 사랑을 알게 되었고, 더 나아가 그리스도께서 성도들과 연합 관계에 들어오셨기 때문입니다.[61] 칼뱅은 성령께서 우리를 그리스도와 연합시켜 주심으로써 구원을 위해 필요한 은혜들을 제공하신다고 주장했습니다.[62] 우리를 자신과 연합시킨 그리스도께서는 자신의 모든 성품을 우리에게 전달해 주십니다. 날마다 성령께서 이 일을 가능하게 하십니다.[63] 교회는 정적인 제도가 아니라 살아 움직이는 역동적 공동체입니다. 교회는 피차 섬김과 도움을 주는 공동체로서 그리스도의 몸으로 기능합니다. 따라서 교회가 성도의 어머니라는 가르침과 교회가 그리스도의 몸이라는 가르침은 필수적으로 결부됩니다.[64]

교회와 그리스도의 다스림

직분자들을 통해 다스리는 그리스도

다음으로 그리스도의 몸인 교회는 그리스도의 다스리심과 관련이 있습니다. 그리스도의 다스리심은 모든 것을 포괄합니다. 예수님께서 주권을 행사하지 않는 곳은 없습니다.⁶⁵ 창조 때 아담과 하와를 대리 통치자로 세워서 이 세계를 다스리셨던 하나님은 이제 교회의 직분자를 세워 그리스도의 몸을 세우시고 주님의 주권을 선포하고 확립해 나가십니다. 이는 고린도전서 12장과 에베소서 4장에 매우 분명하게 나타납니다. 그리고 주후 60년 초반에 기록된 문헌으로 추정되는 빌립보서 1:1-2을 보면, 바울이 세운 빌립보 교회에 이미 감독들과 집사들이 있었음을 알 수 있습니다.⁶⁶ 칼뱅은 하나님이 다른 도움이나 기구가 없어도 스스로 친히 일하실 수 있지만, 자신의 교회가 직분자에 의해 통치되기를 원하셨다고 말했습니다.⁶⁷

그리스도께서 직분자를 통하여 교회를 다스리시고, 교회를 통하여 세상을 다스리신다는 사실에서, 교회란 한 개인이나 몇몇 사람이 마음대로 취급할 수 없는 공동체라는 결론에 이르게 됩니다. 교회를 다스리는 분은 오직 그리스도입니다. 우리는 모두 무익한 종에 불과할 뿐입니다.⁶⁸ 하나님은 교회를 세우기 위한 은사와 물질을 공급해 주십니다.⁶⁹ 목사, 장로, 집사는 그 은사와 물질을 받아 성도들에게 공급합니다.⁷⁰ 하나님께서 직책을 떠맡은 사람을 우리 위에 두신 것은 "하나님의 권리가 손상 없이 지속되게 하시려는 것뿐"이지, 사람에게 어떤 고유한 다스림의 권한이 있기 때문이 아닙니다.⁷¹

그리스도는 교회를 통하여 이 세상을 다스려 가십니다. 하나님께서 이 세상에 영향을 미치는 가장 중요한 두 공동체는 가정과 교회입니다. 신자의 가정과 교회는 그리스도의 다스림을 가시적으로 보여주는 모델이 되어야 합

니다. 기독교 가정과 교회는 그 자체로 하나의 대안 공동체입니다.[72]

에베소서 1장은 그리스도의 다스리심이 교회를 통해서 드러난다고 가르칩니다. 그리고 에베소서 4장은 그것이 구체적으로 교회 안에서 은사와 직분을 통해서 실현된다고 가르칩니다. 디모데전서 3장은 그리스도의 다스리심이 직분자들을 통해서 구체적으로 이루어질 수 있도록 직분자들을 뽑는 규정을 정하고, 또한 그들의 직무에 관해서도 가르칩니다.[73]

우리는 이러한 순서를 소홀히 여겨서는 안 됩니다. 특별히 구약성경에 나오는 "사랑, 정의, 공의, 구제, 부패 개혁" 등에 대한 메시지를 적용할 때 교회론적으로(구체적으로 직분론적으로) 먼저 적용하지 않고 성도들의 사회생활에 바로 적용하려는 것은 신약성경의 가르침을 따르지 않는 성급함입니다. 구약의 이스라엘은 하나님의 백성이었고 교회였습니다. 그들이 국가 형태를 지녔기에 "사회 윤리"가 많이 나오는 것처럼 보이지만, 이러한 사회 윤리를 오늘날 적용할 때는 반드시 교회론적, 직분론적 적용 단계를 거친 다음에 적용해야 합니다. 그렇지 않을 경우 하나님의 나라와 이 세상 나라를 혼동하는 실수를 범할 수 있습니다. 이런 실수는 1세기의 많은 유대인처럼 하나님 나라 개념과 메시아 개념을 정치적으로 속화하여 이해하는 것과 맥락상 잇닿아 있습니다. 그러나 예수님과 바울이 갔던 길은 그런 길이 아니었습니다. 이것은 신명기나 예언서에 나오는 가르침이 사회 윤리적 함의를 갖지 못한다는 뜻이 아닙니다. 다만 그 방식에 있어서 질서와 순서가 중요하다는 점을 강조하고 싶을 뿐입니다. 그렇지 않으면 교회는 교회대로 세속화되고, 신학은 정치 이데올로기의 도구로 전락할 것입니다. 교회가 사회를 개혁하는 방식은 성경적으로 사고하고 실천하는 직분자들을 통해 교회가 새롭게 되고, 그런 교회가 성도들을 사회로 배출함으로써 이루어지는 "직분적 방식"이어야 합니다. 교회와 사회의 연결고리는 직분자들의 직무 수행에서부터 발견되어야 합니다.

설교의 의미와 중요성

교회는 학교로서, 그의 학생들인 성도들을 가르칩니다. 여러 직분 중에서도 가장 중요한 봉사직은 말씀을 선포하고 성례를 집행하는 목사직입니다.[74] 하나님은 말씀의 사역자와 성례의 집례자를 통해 일하시기 때문입니다.[75] 하나님은 말씀과 성례를 통해 매 예배에서 언약을 새롭게 갱신하십니다.

제가 유학 시절 살았던 그랜드래피즈는 눈이 많이 오는 동네입니다. 눈이 많이 내린 어느 날 비행기를 탈 일이 있었습니다. 공항에 가니, 그 넓은 비행장에서 활주로만큼은 깨끗하게 치워져 있었습니다. 활주로가 제대로 치워져 있지 않으면 비행기는 뜰 수도 내릴 수도 없습니다. 비유하자면, 목사의 말씀 사역은 비행장의 활주로와 같습니다. 말씀 사역이 제대로 행해져야 성도들이 하늘 보좌로 올라가서 하나님을 만날 수도 있고, 땅으로 내려와 다른 이들을 섬길 수도 있습니다.

말씀이 함께하는 성례는 공동체가 동시에 경험하는 지극히 신비로운 체험입니다.[76] 말씀과 성례의 집례자인 목사는 교회가 세워지는 데 가장 근본적인 역할을 하는 직분입니다.[77] 장로나 집사나 권사가 없는 교회는 있을 수 있지만, 목사가 없는 교회는 있을 수 없습니다.[78] 칼뱅은 사람들을 서로 합하여 사랑으로 올바르게 양육하는 하나의 끈이 바로 목사라고 했습니다.[79]

하나님은 말씀의 선포를 통해 교회를 다스리십니다. 성경은 믿음은 들음에서 오며 들음은 그리스도의 말씀에서 온다고 했는데(롬 10:17), 칼뱅은 이 그리스도의 말씀을 설교라고 보았습니다.[80] 그에게 있어서 설교는 하나님이 죄인을 그리스도를 믿는 믿음과 영적 성숙으로 인도하기 위해서 사용하는 가장 중요한 수단이었습니다.[81]

하나님의 말씀을 듣는 교회는 거만한 태도를 내려놓습니다.[82] 하나님은 질그릇에 선물을 담아 주십니다. 질그릇처럼 천하고 보잘것없는 목사에게 순종하는 여부를 두고 하나님은 성도들의 겸손을 테스트하십니다. 하나님은 우리가 말씀 사역자의 말에 귀를 기울일 때 우리의 복종을 철저히 검토하십니다.[83] 칼뱅은 "하나님이 우리와 비슷한, 때로는 우리보다 품위가 떨어지는 사람들을 통해 자신의 말씀이 선포될 때마다 우리를 말씀에 순종하는 데 익숙해지도록 길들이시는 것은 최고로 유용한 겸손의 훈련이 된다"라고 했습니다.[84] 그는 이사야 50:10 주석에서 "하나님은 직접 말씀하기를 원하지 않으시고, 우리를 가르치기 위해서 고용한 사역자의 음성을 통해서 말씀하신다"라고 주장했습니다.[85]

그렇기 때문에 설교자의 진실함도 중요하지만, 설교를 듣는 성도들의 태도 역시 매우 중요합니다. 초대 교회 문서 『디다케』(4장 1절)를 보면, "하나님의 말씀을 설교하는 이를 밤낮으로 기억하고, 그를 주님처럼 존경하라. 주님의 주권이 설교되는 자리에 바로 주님이 계시기 때문이다"라고 기록되어 있습니다. 설교단은 주님의 주권이 머무는 자리입니다.

"설교가 하나님의 말씀인가, 사람의 말인가?"라는 질문에 종교개혁자들은 "설교가 하나님의 말씀을 대언하는 한 그것은 하나님의 말씀이다"라고 답했습니다. '제2 스위스 신앙고백서'(1566)를 작성한 하인리히 불링거는 "하나님 말씀의 설교는 하나님 말씀이다 $^{Praedicatio\ verbi\ Dei\ est\ verbum\ Dei}$"라고 고백적으로 선언했습니다. 설교자는 무엇보다도 하나님의 말씀을 대언해야 합니다. 설교자가 가진 권위는 어디까지나 그리스도의 대사로서 가진 파생적 권위이기 때문입니다.[86] 반대로, 설교자가 진실하게 하나님의 말씀을 선포할 때 성도들은 그 말씀을 하나님의 말씀으로 여기며 온전히 주의해서 들어야 합니다. 그리고 하나님의 말씀을 올바르게 선포하는 이들을 존경해야 합니다. 특별히 성도들은 설교자를 위해 기도를 많이 해야 합니다. 설교자를 위해 기도를 많이 할수록, 그의 설교가 더 은혜롭게 들릴 것입니다.

우리가 성경을 배운다고 했을 때 목사의 설교를 통해서 성경을 배우는 것은 매우 중요합니다. 성경을 알아 가는 방식에는 여러 가지 접근법이 있습니다. 개인적으로 성경을 통독할 수도 있고, 소그룹 모임에서 성경을 공부할 수도 있으며, 경건 서적을 읽음으로써 성경을 배울 수도 있습니다.[87] 하지만 성경이 제시하는 성경 학습의 온전한 방식은 설교입니다.[88] 목사가 강단에서 선포하는 설교를 통해서 우리는 가장 올바르게 성경을 배울 수 있습니다. 이는 우리가 교회의 공식 모임에 참여하기를 게을리해서는 안 되는 이유입니다. 에베소서 4:11-14을 보면, 하나님이 교회의 가르치는 직분 곧 목사의 설교를 통해서 우리를 그리스도의 장성한 분량에 이르기까지 자라게 하신다는 사실을 알 수 있습니다.[89]

종교개혁 신앙이 제시한 참된 교회의 표지는 말씀과 성례였지만 결국 설교에 집중되었습니다.[90] 성경이 가르치는 직분자들에게 고상한 지위를 부여했기 때문입니다. 종교개혁 당시 당회가 목사들에 대한 비난을 충분한 징계 사유로 취급한 까닭이 여기에 있습니다.[91] 종교개혁자들이 만인제사장직을 주장했다고 해서 목사직을 경솔하게 취급한 것은 아닙니다. 도리어 가르치는 장로인 목사직의 권위를 강조했습니다.[92]

하나님의 말씀은 대중에게 무차별적으로 살포되는 공허한 메아리가 아니라, 우리의 이름을 불러 말씀하시며 우리의 특정 상황에 정확하게 적용되는 말씀입니다.[93] 누구든지 하나님의 말씀을 멸시한다면 그것은 곧 하나님을 멸시하는 행위입니다.[94] 제도 개혁조차도 루터와 칼뱅에게 있어서는 설교에 수반하는 열매였습니다.[95] 설교자는 성도들의 전체 삶을 지탱하는 원리를 가르쳐 주는 역할을 합니다. 따라서 신자의 공적 삶의 기본 방향을 잡아 주는 것은 목사의 설교입니다. 이것은 목사가 만물박사가 되어 삶의 모든 영역에 답을 제공해 주어야 한다는 뜻이 아닙니다. 비록 설교가 정치, 경제, 교육, 문화, 예술 등에 관해 구체적으로 말하고 있지 않더라도 복음에 대한 참된 설교는 이 모든 영역에서 가장 참된 것을 분별할 수 있는 안목을 심어 줄 것입니다. 성도가 듣는 말씀의 깊이에서 나오는 경건의 힘이 공적 삶의 범위와 수준을 결정할 것입니다.

목사직의 의미

설교의 중요성은 설교를 준비하고 선포하는 목사들의 책임이 그만큼 크다는 사실을 보여줍니다. 칼뱅은 "목사들이 교회를 감독하게 되는 것은 한가한 품위를 누리는 데 있지 않고 그리스도의 교리로 회중을 교육시켜 참된 경건에 이르게 하고, 거룩한 성례들을 거행하며, 올바른 권징을 존속시키고 시행하는 데 있다"라고 말했습니다.[96] 목사의 직무는 설교, 성례 거행, 권징 시행을 담당하는 것이며, 그 직무의 중요성은 아무리 강조해도 지나치지 않습니다.

말씀의 선포자는 하나님의 아들 예수 그리스도의 인격을 대표해야 합니다.[97] 그러나 이것은 교회의 지배권을 뜻하지 않습니다. 목사는 다만 성령의 도구에 불과하기 때문입니다.[98] 목사는 지체의 일부분으로 다른 지체를 섬기는 자입니다. 그렇기에 목사직은 종의 직분입니다. 목사직이 중요한 것은 그 사역 때문이지, 어떤 고유한 권한 때문이 아닙니다. 이를 혼동하여 한국 교회에 수많은 문제가 일어나고 있습니다. 교회의 모든 직분도 마찬가지입니다. 개인이 아닌 사역에 따라 지위와 권한이 부여됩니다. 지위와 권한은 직분의 역할을 제대로 수행하기 위해 필요한 것이지, 권리 주장을 하기 위해 필요한 것이 아닙니다.

말씀을 가르치는 목사는 그리스도의 마음을 지녀야 합니다(고전 2:16).[99] 그리스도의 마음은 무엇보다 사랑의 마음(엡 3:17-19)[100]이며, 겸손과 복종의 마음(빌 2:5-8)[101]이고, 거룩하고 선한 마음(벧전 3:15)[102]이며, 고난도 달게 받겠다는 마음(벧전 4:1)[103]입니다.

첫째, 그리스도를 닮은 목사는 반드시 사랑 가운데 행합니다. 온유한 목사가 가르치기도 잘합니다(딤후 2:24). 목사가 사랑하는 데 실패하면 사역의 모든 영역에서 그리스도의 영광을 드러내지 못할 것입니다. 반대로, 사랑은 모든 목회 사역의 최종 완성입니다(롬 13:10 참조).

둘째, 그리스도의 마음을 지닌 목사는 언제나 겸손과 복종의 정신으로 행합니다. 겸손이란 자신을 우선시하지 않고 다른 사람을 자신보다 더 높게 여기는 태도입니다(빌 2:3). 겸손한 마음에서 나오는 사람의 태도가 바로 복종입니다. 목사가 먼저 하나님과 사람들 앞에서 복종할 줄 모른다면 어떻게 성도들에게 복종을 요구하겠습니까? 가르침을 받는 사람들은 말씀을 가르치는 자와 좋은 것을 함께하기 마련입니다(갈 6:6 참조).

셋째, 목사는 언제나 거룩하고 선한 마음을 가져야 합니다. 목사가 겸손히 사람들에게 복종한다는 것은 언제나 하나님께 복종하는 것을 전제로 하기 때문입니다. 목사가 거룩할 때 비로소 선한 주인 앞에 합당한 사람이 될 것입니다(딤후 2:21).

넷째, 이런 태도를 가지고 살아가는 목사는 반드시 역경과 고난을 겪게 됩니다. 예수 그리스도와 더불어 고난받는 목사만이 그리스도의 좋은 병사가 됩니다(딤후 2:3). 전도자의 직무에는 반드시 고난이 뒤따릅니다(딤후 4:5). 그리스도께서 먼저 고난받으신 것은 우리 역시 십자가를 지고 그리스도의 본과 자취를 따라오게 하기 위함입니다(벧전 2:21). 목사는 성도들의 죄성과 싸우는 사람입니다. 그렇기 때문에 고난을 받는 것이고 그래야만 죄를 이길 수 있습니다(벧전 3:14; 4:1, 16). 때로는 가장 복음에 신실한 사역자인 목사가 오히려 복음의 대적자로 오해받을 수 있으며, 심지어 가족에게 이해를 받지 못하는 경우까지 발생합니다(마 10:21, 24-25). 하지만 끝까지 낙심하지 않고 복음에 매진할 때 하나님은 반드시 선을 이루십니다(갈 6:9; 살후 3:13, 16). 루터가 "앎, 독서, 사색으로가 아니라 삶, 죽음, 저주받음으로 신학자가 된다"[104]라고 역설한 것도 그런 까닭입니다. 고난 속에서 십자가의 깊은 비밀을 깨닫는 사람만이 참된 목사입니다.[105]

이처럼 목사직은 예수 그리스도의 몸인 교회를 세우는 데 있어서 너무나 중요한 직분이므로 그만큼 큰 책임이 요구됩니다. 하지만 교회는 목사 혼자서 세우는 몸이 아니라, 그리스도께서 주신 모든 직분자가 함께 세워 가는 몸입니다. 이런 맥락에서 종교개혁자들과 그들의 후예들은 "직분이 있는 곳에 교회가 있다"라는 사실을 강조했습니다.[106] 예수 그리스도께서 목사직 외의 다른 직분들, 곧 장로직, 집사직, 권사직을 통하여 어떻게 교회를 세우고 다스리시는지에 관해서는 이후에 자세히 설명하겠습니다.

교회와 성도의 연합

삼위일체 하나님의 모상, 교회

교회가 그리스도의 몸이라는 선언은 성도들 사이의 긴밀한 연합 관계를 강조합니다. 그리스도의 몸 된 교회의 모습을 가장 잘 설명한 본문이 바로 고린도전서 12:12-27입니다.

> 몸은 하나인데 많은 지체가 있고 몸의 지체가 많으나 한 몸임과 같이 그리스도도 그러하니라. 우리가 유대인이나 헬라인이나 종이나 자유인이나 다 한 성령으로 침례를 받아 한 몸이 되었고 또 다 한 성령을 마시게 하셨느니라. 몸은 한 지체뿐만 아니요 여럿이니 만일 발이 이르되 나는 손이 아니니

몸에 붙지 아니하였다 할지라도 이로써 몸에 붙지 아니한 것이 아니요 또 귀가 이르되 나는 눈이 아니니 몸에 붙지 아니하였다 할지라도 이로써 몸에 붙지 아니한 것이 아니니 만일 온 몸이 눈이면 듣는 곳은 어디며 온 몸이 듣는 곳이면 냄새 맡는 곳은 어디냐. 그러나 이제 하나님이 그 원하시는 대로 지체를 각각 몸에 두셨으니 만일 다 한 지체뿐이면 몸은 어디냐. 이제 지체는 많으나 몸은 하나라. 눈이 손더러 내가 너를 쓸 데가 없다 하거나 또한 머리가 발더러 내가 너를 쓸 데가 없다 하지 못하리라. 그뿐 아니라 더 약하게 보이는 몸의 지체가 도리어 요긴하고 우리가 몸의 덜 귀히 여기는 그것들을 더욱 귀한 것들로 입혀 주며 우리의 아름답지 못한 지체는 더욱 아름다운 것을 얻느니라. 그런즉 우리의 아름다운 지체는 그럴 필요가 없느니라. 오직 하나님이 몸을 고르게 하여 부족한 지체에게 귀중함을 더하사 몸 가운데서 분쟁이 없고 오직 여러 지체가 서로 같이 돌보게 하셨느니라. 만일 한 지체가 고통을 받으면 모든 지체가 함께 고통을 받고 한 지체가 영광을 얻으면 모든 지체가 함께 즐거워하느니라. 너희는 그리스도의 몸이요 지체의 각 부분이라(고전 12:12-27).

12절에 보면, 몸은 하나이지만 많은 지체가 있고, 몸에 지체들이 많이 있지만 한 몸이라고 말합니다. 하나이지만 여럿이고, 여럿이지만 하나라는 뜻입니다. 이런 표현을 들으면 삼위일체의 연합이 떠오릅니다. 실제로 교회가 어떠해야 하는가에 대해서 삼위일체의 연합만큼 분명한 지침을 주는 것은 없습니다.

삼위일체가 무엇입니까? 하나님은 한분이시면서 삼위로 존재하는 분, 곧 성부 성자 성령이신 삼위 하나님이 한분이시라는 말입니다. 어떻게 하나가 셋이 되고, 셋이 하나가 됩니까? 이를 설명하기 위해서 예수님은 "나는 아버지 안에, 아버지께서 내 안에 있다"라는 표현을 자주 사용하셨습니다(요 10:38; 14:10-11).

이처럼 성부, 성자, 성령 하나님은 서로가 서로 안에 계십니다. 이것을 신학 용어로 상호내주Mutual Indwelling, 상호침투Mutual Penetration, 상호참여Mutual Participation라고 부릅니다. 교부인 나지안주스의 그레고리우스Gregory of Nazianzus는 이 신비한 관계를 이렇게 표현했습니다. "나는 한분을 인식하자마자 삼위의 휘광으로 둘러싸인다. 세 분을 구분하려 하자마자 한분에게로 옮겨 간다."[107] 하나님은 성부, 성자, 성령 삼위로 계십니다. 하지만 실제로 하나님은 언제나 서로 안에 계십니다. 하나님은 사랑이시기 때문입니다. 이렇게 온전한 사랑과 놀라운 친밀함으로 서로 안에 계시기 때문에 삼위 하나님은 한분이십니다. 우리는 육체가 있기 때문에 서로 사랑한다 해도 완전히 하나가 될 수 없습니다. 하지만 영이신 성부, 성자, 성령 하나님은 사랑 안에서 영원 전부터 영원까지 하나이십니다. 이것이 바로 삼위일체입니다.

그런데 예수님은 이렇게 기도하십니다. "아버지여, 아버지께서 내 안에, 내가 아버지 안에 있는 것 같이 그들도 다 하나가 되어 우리 안에 있게 하사 세상으로 아버지께서 나를 보내신 것을 믿게 하옵소서"(요 17:21).

예수님과 하나님 아버지의 그 깊은 사랑의 관계성, 곧 서로 구분되면서도 분리되지 않고, 서로 구별되면서도 하나인 그 깊은 관계성을 우리 안에서 이루고자 하십니다. 물론 성도들 사이의 연합 및 성도들과 하나님의 연합은 삼위 하나님의 위격적 연합과 결코 동일할 수 없습니다. 하지만 요한복음 말씀을 통해서 예수님은 삼위 하나님의 연합이 성도들의 연합과 긴밀한 관련성이 있음을 보여주셨습니다. 성도들이 복음 안에서 하나 됨을 누릴 때 삼위 하나님의 교제에 참여하게 됩니다. 영생은 하나 됨을 누리는 것인데, 그 안에는 성도들의 수평적 하나 됨과, 하나님과의 수직적 하나 됨이 언제나 같이 일어납니다. 고린도전서 12:12에서 사도 바울이 강조하는 것이 바로 이런 관계성입니다. 그리스도의 몸 된 교회는 하나이면서도 여럿이고, 여럿이면서도 하나입니다.

교회가 하나인 이유

"우리가 유대인이나 헬라인이나 종이나 자유인이나 다 한 성령으로 세례를 받아 한 몸이 되었고 또 다 한 성령을 마시게 하셨느니라"(고전 12:13). 바울은 먼저 우리가 "하나이다"라고 말합니다. 두 가지 이유에서 교회는 하나입니다.

첫째, 한 성령으로 세례를 받았기 때문입니다. 세례란 옛 자아가 죽고 새로운 자아로 태어나는 것을 뜻합니다. 당시는 대체로 물에 들어가서 몸이 완전히 잠기는 침례 방식으로 세례를 받았습니다.[108] 침례를 받는 사람의 몸이 물에 완전히 잠겼다가 다시 나오는 것처럼, 구원이란 옛 자아가 죽고 새로운 자아가 탄생하는 사건입니다. 구원받기 전, 옛 사람으로 보자면 우리는 서로 전혀 관계가 없습니다. 너는 너고 나는 나입니다. 그러나 이제 구원받은 우리는 새 사람이 되었습니다. 모두 동일한 새 사람이 된 것입니다. 이 세상에 우리 주 예수 그리스도를 믿고 그분을 우리 삶의 주인으로 받아들이는 길 외에는 구원의 길이 없습니다. 따라서 구원을 받았다면 한 종류의 사람밖에 없습니다. 그것은 그리스도 안에 있는 새 사람입니다. 따라서 우리가 성령으로 세례를 받았다면, 다시 말해 우리가 구원을 받았다면 우리는 하나입니다.

둘째로, 한 성령을 마시게 되었기 때문에 우리는 하나입니다. 아우구스티누스는 삼위일체를 여러 가지 비유로 설명했습니다.[109] 그중 사랑의 비유가 가장 유명합니다. 성부는 사랑하시는 하나님이십니다. 성자는 사랑받는 하나님이십니다. 그렇다면 성령은 어떤 분이십니까? 성령은 사랑하시는 하나님과 사랑받는 하나님을 하나로 묶는 사랑의 띠가 되시는 하나님이십니다. 우리가 한분 성령님을 모시고 산다면 우리는 하나입니다. 세상에 온전한 사랑의 띠는 한분 성령님밖에 없기 때문입니다. 그렇기에 성령 안에서 행하는 사람은 모두 하나가 됩니다. 성령의 강력한 사랑의 띠로 하나가 되기 때문입니다.

바울은 여기서 "성령"을 매우 강조합니다. 예수님을 믿을 때 성령을 받는 것을 "성령으로 세례를 받는다"라고 표현합니다. 이처럼 믿는 자는 모두 성령으로 감싸입니다. 또한 바울은 "성령을 마신다"는 표현도 사용하는데, 사실 이 또한 믿을 때에 성령을 받는 것을 뜻합니다. 그렇게 보자면 믿는 자는 안과 밖이 모두 성령으로 가득 찬 존재입니다. 성령으로 안팎이 온통 가득 찬 사람들이 모였는데 어떻게 하나되지 않겠습니까? 그렇기에 교회는 하나입니다.

교회의 다양성

교회가 한 세례와 한 성령으로 하나가 되었다는 것을 먼저 강조한 다음, 바울은 교회의 다양성을 몸의 비유를 통해 가르칩니다. 고린도전서 12:14은 "몸은 한 지체뿐만 아니요 여럿이니"라고 말합니다.

교회는 어떤 곳입니까? 교회는 온갖 사람이 모인 곳입니다. 세상에 교회처럼 다양한 사람이 모인 곳은 없습니다. 가정은 혈연으로 엮여 있습니다. 초중고등학교에는 나이의 제한이 있습니다. 대학교는 합격한 사람만 들어올 수 있습니다. 직장도 마찬가지입니다. 입사 시험이나 면접을 통과한 사람만이 그 회사에 다닐 수 있습니다. 군대도 일정 조건을 갖춘 사람으로 구성되어 있습니다. 하지만 교회는 그렇지 않습니다. 교회는 혈연으로 묶인 곳도, 나이의 제한과 남녀 차별이 있는 곳도, 시험을 치러야 하는 곳도, 면접을 통과해야 하는 곳도 아닙니다. 교회는 말 그대로 남녀노소 불문하고 누구나 공동체의 일원이 될 수 있습니다. 그러니 교회만큼 다양성을 가진 단체나 모임은 없습니다. 그런데 사도가 말하는 것은 무엇입니까? 교회는 하나라는 사실입니다. 교회에 그렇게 다양한 사람이 있더라도 교회는 한 몸이라는 사실입니다.

다양성은 결코 나쁜 가치가 아닙니다. 서로 사랑해서 만난 부부도 살다 보면 각자가 아주 다르다는 것을 점차 깨닫게 됩니다. 하지만 서로의 차이를 인정하면서 살다 보면 상대방의 장점을 발견할 수 있고, 서로의 부족함을 채워 주면서 행복하게 살 수 있습니다. 스타일이 서로 다른 배우자를 받아들이는 부부는 살면서 자신과 다른 사람을 만나더라도 너무 당황하거나 놀라지 않고 그들을 대할 수 있는 마음의 너비가 생깁니다. 이와 유사하게 교회도 역시 다양성을 잘 발휘하면 더욱 큰 생명력을 얻게 될 것입니다.

로마서 16장은 사도 바울이 로마 교회에 보낸 서신의 끝인사입니다. 그는 29명 이상의 이름을 열거합니다. 그중 절반 이상이 이방인이며, 또한 절반 이상이 노예 혹은 자유민(이전에 노예였다가 해방된 사람)입니다. 이러한 로마 교회의 구성비는 로마 사회 전체의 구성비와 상당히 근접합니다.[110] 그리고 그중 9명이 여성입니다. 여기서 알 수 있는 사실은 로마 교회가 인종, 계층, 성별 면에서 다양했다는 것입니다. 이처럼 로마 교회가 매우 다양한 사람들로 구성되어 있다는 것은 우리에게 큰 교훈을 줍니다. 이토록 다양한 사람들의 이름을 기억하면서 자신이 한 번도 본 적 없는 29명 이상의 사람들에게 문안 인사를 하는 바울의 모습은 우리에게 큰 감동을 줍니다. 로마서 16장을 주석하면서 존 스토트 John Stott는 "이질성은 교회의 본질이다"라고 단언했습니다.[111] 획일화된 교회는 오늘날과 같은 다원적 사회에서 그리스도의 진리를 효과적으로 전달할 수 없을 뿐 아니라, 그리스도의 진리를 제대로 드러낼 수조차 없습니다. 신약성경의 가르침은 교회의 다양성을 기본 전제로 하고 있기 때문입니다.

교회의 공공성

교회에서 다양성을 훈련한 성도들은 공적 삶의 영역에서도 보다 더 큰 공공선을 위해 활동할 수 있습니다.[112] 그리스도의 몸에 속한 성도들은 사회의 각 영역에서도 다양성이 저주가 아니라 복이라는 사실을 알려 줄 수 있습니다. 한국 사회는 지나치게 획일화되어 있습니다. 특별히 교육과 정치가 그것을 더욱 강화하고 있습니다. 하지만 서양의 민주적 사회들은 긴 역사를 통해 함양되고 축적된 다양한 민주주의 정신을 구현하고 있습니다. 고대 그리스로부터 자유민의 평등사상, 로마의 귀족적 공화정, 교회사에서의 경험, 근대 철학자들의 이론적 근거, 프랑스 혁명, 근대 국가의 성립에 따른 진통, 세계 대전의 경험들, 20세기 들어서야 비로소 정착된 선거 제도 등이 다양한 민주화 감각을 성장시켜 왔다고 볼 수 있습니다.

이에 비하면 우리나라는 민주적 덕성이 개인의 내면에 제대로 안착할 수 있는 기회가 매우 적었을 뿐 아니라, 이를 다양하게 표출하고 수용할 수 있는 여지 또한 좁았다고 볼 수 있습니다. 더구나 민주주의의 역사가 너무나 짧았습니다. 민주주의가 더욱 성숙하기 위해 지금 우리에게 필요한 것은 민주 제도의 외적 확립뿐 아니라, 민주주의 문화의 내적 축적입니다. 이를 위해서는 무엇보다 건전한 토론 문화가 정착되어야 합니다. 토론 과정에서 사람들은 다양한 의견과 정보를 적절하게 분별하며 통합하는 법을 배울 수 있습니다. 그런데 이런 토론 문화의 안착을 위해 중요한 것은 다양한 관점의 통합을 통해 더 나은 결과가 도출될 수 있다는 신념입니다. 바로 이 지점에서 그리스도의 몸 된 교회가 기여할 수 있는 바가 많다고 생각합니다. 교회는 몸이 가진 다양성의 신비를 가장 깊이 경험할 수 있는 곳이기 때문입니다. 교회 내에서 나와 생각이 다른 사람들을 용납하고 이해하는 훈련을 하는 신자들은 사회에서도 동일한 태도를 취할 것입니다. 그리고 분열과 대립보다는 화해와 상생을 위해 정치적 상상력을 발휘할 것입니다.

교회와의 강력한 연결

교회의 성도들은 모두 다 그리스도라는 머리에 붙어 있고 서로 연결되어 있습니다. 자신을 교회의 지체가 아니라고 생각할지라도 어쩔 수 없이 우리는 교회의 지체입니다. 자신과 교회가 별로 상관이 없는 것 같아 보일지라도 우리는 사실 매우 끈끈하고, 밀접하고, 강력하게 연결되어 있습니다. 그렇기 때문에 여러분의 개인행동은 반드시 교회에 영향을 미칩니다. "나 하나쯤이야" 하면서 기도하지 않으면, 여러분의 공동체는 기도가 부족한 공동체가 됩니다. "나 하나쯤이야" 하면서 말씀을 읽지 않으면, 여러분의 모임에 말씀이 부족해집니다. "나 하나쯤이야" 하면서 예배와 모임에 빠지면, 예배와 모임이 그만큼 약해집니다. "나 하나쯤이야" 하면서 죄를 지으면, 여러분이 속한 몸 전체를 더럽히게 됩니다.

주 예수 그리스도께서는 지금도 교회를 통하여 이 땅과 하늘을 연결하길 원하십니다. 그런데 여러분이 "나 하나쯤인데, 뭐 어때?"라고 생각하면서 신앙생활을 등한히 여긴다면, 하나님의 위대한 구원의 서사를 망치는 일에 가담하게 될 수도 있습니다.

고린도전서 12:18은 "그러나 사실 하나님께서는 그분이 원하시는 대로 몸 안에 각각 다른 기능을 하는 여러 지체를 두셨습니다"라고 말합니다. 여기서 우리는 하나님께서 우리를 이 교회에 속하게 하셨다는 것을 깨닫습니다. 여러분이 지금 다니는 교회에 오게 된 여러 까닭이 있을 것입니다. 부모님과 친구의 권유, 인터넷 정보, 가까운 거리 등 이유는 다양할 것입니다. 하지만 여러분이 기억해야 할 것이 있습니다. 여러분이 어떤 개인적 이유에서 지금 다니는 교회에 오게 되었든지 간에 궁극적으로 여러분을 그 교회로 인도하신

분은 하나님입니다.

원문을 보면, 하나님께서 "주님의 뜻을 따라" 여러분을 지금 다니는 교회에 "배정해 놓으셨다^{tithemi, 티쎄미}"라고 말합니다. 마치 지휘관이 전쟁에서 승리하기 위해서 아주 세심하게 고민하여 병사들을 배치하는 것처럼, 하나님은 우리 각 사람을 주님의 뜻에 따라 교회로 인도하셨습니다. 겉으로 보기에는 우리의 결정으로 지금 이 교회에 온 것 같지만, 사실은 그렇지 않고 하나님의 뜻이 작용했다는 것입니다.

여기서 "각각 다른 기능을 하는 여러 지체를 두셨습니다"라고 할 때 "두셨다"라는 말을 바울 사도는 "직분을 부여하셨다"라는 말을 할 때도 전문적으로 사용합니다(고전 12:28; 딤전 1:12; 2:7; 딤후 1:11). 특히 고린도전서 12장에서 한 단어가 이렇게 두 맥락으로 사용되고 있다는 사실에 주의해야 합니다. 이것은 28절에서 사용된 "두다"라는 의미만큼 진중한 의미가 18절에서 사용된 "두다"라는 단어에도 포함되어 있음을 시사합니다. 하나님이 나를 이 교회에 두신 것이 마치 직분을 세우는 것처럼 엄중하고 중요한 일이라는 사실을 알려 줍니다. 성도라는 이름이 직분의 이름만큼 존귀하다는 사실을 기억해야 합니다.

자신이 속한 교회와 공동체와 소모임이 마음에 들면 이 말이 아무런 부담 없이 다가올 것입니다. 하지만 교회와 공동체와 소모임이 마음에 들지 않을 경우, 이 말은 큰 부담일 것입니다. 저는 많은 후배와 친구들로부터 "교회 옮기고 싶다"라는 말을 많이 들었습니다. 교회에 문제가 많아서 못 다니겠다는 것입니다. 요즘처럼 인터넷이 발달하고 교통이 편리한 시대에 마음에 드는 교회를 찾아 옮기는 것은 문제도 아닐 것입니다. 하지만 저는 그런 이야기를 들을 때마다 조금 더 신중하게 고민해 볼 것을 권면했습니다. 물론 목사님의 설교가 성경적이지 않고, 교회 전체에 문제가 너무 많다면 옮길 수도 있습니다. 하지만 어쩌면 여러분을 문제 많은 그 교회에 두신 하나님의 뜻이 있을 수도 있습니다. 문제가 많고 부족한 교회일수록, 진실하고 참된 하나님의 사람들이 필요합니다.[113] 여러분이 속한 교회 공동체에 문제가 있다면, 어쩌면 하나님은 여러분을 통해서 그 공동체를 변화시키고자 하시는지도 모릅니다. 그렇기 때문에 교회에 어려운 문제가 있을지라도, 쉽게 교회를 떠나기보다는 기도하고 하나님께서 이런 공동체에 나를 두신 뜻이 무엇인지 고민해 볼 필요가 있습니다.

이런 원리는 다른 사람을 향한 태도에도 적용됩니다. "그러나 이제 하나님이 그 원하시는 대로 지체를 각각 몸에 두셨으니 만일 다 한 지체뿐이면 몸은 어디냐. 이제 지체는 많으나 몸은 하나라. 눈이 손더러 내가 너를 쓸 데가 없다 하거나 또한 머리가 발더러 내가 너를 쓸 데가 없다 하지 못하리라"(고전 12:18-21).

우리 온 몸이 눈이면 어떻게 되겠습니까? 끔찍할 것입니다. 우리 온 몸이 귀라면, 정말 무서울 것입니다. 우리의 신체 기관 중 똑같은 기능을 하는 부위는 없습니다. 귀는 양쪽에 있지만 각각 하는 역할이 다릅니다. 한쪽 귀가 들리지 않는 사람은 어느 쪽에서 소리가 나는지 잘 알지 못합니다. 우리 몸의 각 지체는 맡은 역할과 기능이 있어서 그 전체가 함께 있을 때 하나의 인간 구실을 할 수 있습니다.

교회도 마찬가지입니다. 하나님께서 "나"를 우리 교회에 두신 이유가 있는 것처럼, 하나님께서 "다른 사람"을 우리 교회에 두신 이유도 있습니다. 그렇기 때문에 우리는 교회에서 다른 사람을 판단할 수 없습니다. 우리가 다른 사람을 판단할 때, 그것은 그 사람을 판단하는 것이 아니라 하나님의 뜻을 판단하는 것입니다.

우리는 교회에 다니는 사람들을 "지체"라고 부릅니다. "지체"라는 말은 바로 고린도전서 12장에서 나왔습니다. 몸의 각 부분이라는 뜻입니다. 머리 되신 그리스도와 연결되어 그만큼 소중하고 중요하기 때문입니다. 아우구스티누스는 "저 따위가 주님께 무엇이라고 저 같은 것에게 주님을 사랑하라고 명하십니까? 또 주님을 사랑하지 않으면 저에게 진노하시고, 엄청난 비참을 내리시겠다고 으르십니까? 제가 주님을 사랑하지 않는다고 해서 주님께 아주 사소한 문제라도 생긴다는 말입니까?"[114]라고 고백했습니다. 너무나 부족한 우리를 택하셔서 그리스도의 눈과 귀, 손과 발이 되게 하셨다는 것이 얼마나 큰 은혜인지 모릅니다.

나만 그리스도의 지체가 된 것이 아니라, 다른 성도들도 그리스도의 지체가 되었습니다. 우리가 교회 사람들을 지체라고 부르면서도 진정 내 몸의 지체처럼 소중하게 여기지 않는다면 우리는 거짓말쟁이입니다. 그것은 그 사람에 대한 인격 모독이기 이전에 우리의 머리이신 주 예수 그리스도에 대한 배신입니다.

우리가 교회의 형제자매들을 사랑하고 섬겨야 하는 이유가 무엇입니까? 만일 그 이유가 나에게 있다면 그 사랑은 금방 식을 것입니다. 만일 그 이유가 상대방에게 있다 하더라도 사랑은 금방 식어 버릴 것입니다. 우리가 교회의 형제자매를 사랑하고 섬겨야 하는 이유는 그들이 주님의 몸이기 때문입니다. 주님이 그들을 사랑하사 십자가에 죽으셨기 때문에 우리 역시 그들을 사랑하고 섬겨야 합니다.

본회퍼 Dietrich Bonhoeffer라는 신학자는 이렇게 말했습니다. "우리가 이 죄악 많은 세상을 살아야 할 이유가 무엇입니까? 그 이유는 우리 주 예수 그리스도께서 이 세상을 사셨기 때문입니다. 이 세상이 예수 그리스도께서 사시고, 또한 우리를 위하여 자신을 주실 가치가 있었다면, 우리에게도 역시 그런 가치가 있습니다."[115] 우리가 교회를 사랑하고 섬기는 이유는 예수 그리스도 때문입니다. 주님께서 성도 각 사람을 주님 몸의 지체로 받으셨기 때문에 우리가 사랑하는 것입니다. 다른 이유는 없습니다. 그래서 아우구스티누스는 하나님 때문에 친구를 사랑하고 하나님 때문에 원수도 사랑하라고 했습니다.[116]

    성도들이 사회의 다양한 영역에서 그리스도인다운 모습을 드러내고 영향력을 발휘해야 하는 이유 역시 그리스도께서 이 세상을 소유하고 아끼시기 때문입니다. 자신이 부름 받은 자리가 가정이든, 학교든, 직장이든, 어떤 기관이든 관계없이 그리스도께서 인도하셨다면 그 자리를 꿋꿋하게 지킬 필요가 있습니다.

    그렇기에 교회는 성도가 사회에서의 자신의 위치 또한 잘 지킬 수 있도록 도와야 하는 의무가 있습니다. 오늘날 한국 교회는 성도들이 교회와 연결될수록 그들을 사회와 담을 쌓고 지내도록 만드는 경향이 있습니다. 이는 잘못된 이원론을 극복하지 못한 가장 큰 결과입니다. 우리는 그리스도께서 죄인들과의 만남 속에서 하나님의 거룩하심을 가장 잘 드러내셨다는 사실을 기억해야 합니다(막 2:16-17).

몸으로서의 교회

바울 사도는 우리가 교회를 어떻게 구체적으로 사랑해야 하는지 설명하기 위해서 이렇게 말씀합니다.

> 그뿐 아니라 더 약하게 보이는 몸의 지체가 도리어 요긴하고 우리가 몸의 덜 귀히 여기는 그것들을 더욱 귀한 것들로 입혀 주며 우리의 아름답지 못한 지체는 더욱 아름다운 것을 얻느니라. 그런즉 우리의 아름다운 지체는 그럴 필요가 없느니라. 오직 하나님이 몸을 고르게 하여 부족한 지체에게

> 귀중함을 더하사 몸 가운데서 분쟁이 없고 오직 여러 지체가 서로 같이 돌보게 하셨느니라(고전 12:22-25).

이것은 우리가 늘 경험하는 일입니다. "몸에서 더 약해 보이는 부분"은 아마도 우리 몸의 내장 기관을 가리킬 것입니다. "몸의 덜 귀히 여기는 그것들, 곧 몸에서 고귀하지 못하다고 생각하는 지체"는 아마도 성적 기관을 가리킬 것입니다. "아름답지 못한 지체, 곧 볼품없는 부분들"은 우리 몸에서 조금 못나 보이는 부분일 것입니다. 사람들은 이런 부분을 옷으로 가리거나 더 꾸밉니다.[117] 이처럼 우리 몸은 약할수록 더 챙김을 받습니다. 겉으로 보기에 부족한 부분, 연약한 부분도 여전히 중요하기 때문입니다.

저는 복막염에 걸린 적이 있습니다. 맹장염이 심해져서 결국 맹장이 터지는 질병이 복막염입니다. 저는 수술을 한 뒤 2주 동안 병원에 입원해야 했습니다. 그때 저는 제 몸의 그 어느 부분도 중요하지 않은 곳이 없다는 사실을 알게 되었습니다. 맹장은 어찌 보면 몸에서 필요 없는 부분인 것 같지만, 그게 말썽을 일으키니 꼼짝도 할 수 없었습니다. 누워 있다가 일어나는 것도 힘들고, 침을 삼키는 것조차 버거웠으며, 화장실 가는 것 역시 무척 고역이었습니다.

교회도 마찬가지입니다. 없어도 되는 것처럼 보이는 사람이 사실은 교회에서 가장 중요한 존재입니다. 마태복음 25장에 보면 마지막 심판 때의 이야기가 나옵니다. 예수님은 마지막 날 목자가 양과 염소를 나누듯이 사람들을 나눈다고 하십니다. 우리가 흔히 생각하는 양과 염소는 완전히 다르게 생겼습니다. 하지만 팔레스타인에서 양과 염소는 아주 비슷하게 생긴 경우가 많습니다. 하지만 목자는 그 비슷하게 생긴 양과 염소를 정확히 종류별로 나눌 수 있습니다. 마지막 심판 때 예수님은 양과 염소를 각각 오른쪽과 왼쪽에 두십니다. 양은 구원받은 사람을, 염소는 구원받지 못한 사람을 상징합니다. 주님은 양들에게 이렇게 말씀하십니다. "내가 주릴 때에 너희가 먹을 것을 주었고 목마를 때에 마시게 하였고 나그네 되었을 때에 영접하였고 헐벗었을 때에 옷을 입혔고 병들었을 때에 돌보았고 옥에 갇혔을 때에 와서 보았느니라"(마 25:35-36).

그러자 그 사람들이 이렇게 대답합니다. "……주여, 우리가 어느 때에 주께서 주리신 것을 보고 음식을 대접하였으며 목마르신 것을 보고 마시게 하였나이까. 어느 때에 나그네 되신 것을 보고 영접하였으며 헐벗으신 것을 보고 옷 입혔나이까. 어느 때에 병드신 것이나 옥에 갇히신 것을 보고 가서 뵈었나이까?……"(마 25:37-39).

그때 주님이 대답하십니다. "……내가 진실로 너희에게 이르노니 너희가 여기 내 형제 중에 지극히 작은 자 하나에게 한 것이 곧 내게 한 것이니라"(마 25:40).

여기서 예수님이 하시는 말씀은 가장 연약한 자가 곧 예수님이라는 것이 아닙니다. 예수님은 예수님이지, 인간들 중에 어떤 이가 예수님이 되는 것이 아닙니다. 예수님은 우리 가운데 영으로 임재하십니다. 그 영으로 임재하신 예수님을 여러분이 교회 생활을 하면서 언제 만날 수 있을까요? 아무도 거들떠보지 않고 친해지고 싶어 하지 않는 사람, 오히려 다른 사람들이 꺼리고 가까이 다가가기 싫어하는 그런 사람에게 가까이 가서 그들의 이야기를 들어주고, 그들의 친구가 되어 주고, 그들의 필요를 채워 줄 때, 여러분은 예수님의 마음을 가장 많이 닮게 됩니다. 바로 그때 여러분은 예수님을 실제적으로 만나고 경험할 수 있습니다. 예수님이 여러분의 교회에서 가장 보잘것없는 사람의 모습으로 계신다고 생각해 보십시오. 그렇다면 가장 낮은 곳에서 사람들을 섬기는 일이 더욱 귀하게 여겨질 것입니다.

본회퍼는 "기독교 공동체에서는 한 사람 한 사람이 공동체의 전체 연결에서 필수적인가 아닌가 하는 것에 모든 것이 달려 있다. 가장 작은 연결이라도 전체 연결에 확실하게 결합되어 있을 때에만 전체 연결이 깨어지지 않는다"라는 의미심장한 말을 남겼습니다.[118] 잘난 사람들끼리, 서로 마음 맞는 사람들끼리 모여서 서로 재미있게 지내면 기분은 좋겠지만 그것은 교회가 아닙니다. 교회는 이 세상에서 예수 그리스도의 몸으로서, 그리스도가 어떤 분인지를 실제적으로 나타내는 공동체입니다. 오늘날 기독교가 세상으로부터 비난을 받는 이유가 무엇입니까? 예수님을 믿는 사람들이 예수님처럼 낮아져서 섬기지 못하기 때문에 그런 것입니다. 예수님을 믿는다고 하면서도 서로 편 가르고, 잘난 척하고, 끼리끼리 모여서 놀고, 자기 유익만 챙기기 때문에 그런 것입니다.

반대로 우리가 정말 주님의 마음으로 낮아지고 서로를 섬기면 어떻게 될까요? 우리 모두가 서로 정말 사랑하고, 교회에서 연약한 사람들을 돌봐 주고, 새 가족이 오면 크게 환영해 주고, 친구가 없는 사람에게 다가가 친구가 되어 준다면 어떤 일이 벌어질까요? 하나님의 영광이 세상에 드러날 것입니다. 예수 그리스도께서 살아 계심이 모든 사람에게 밝히 보일 것입니다.

교회의 기능을 이렇게 약한 자를 위한 섬김의 관점에서 파악한다면, 기독교가 얼마나 사회 복지와 구제를 위해서 힘써야 하는지 알게 됩니다. 한국 교회사 초기에 선교 과정을 보면 학교와 병원을 세우는 일에 선교사들이 매우 힘쓴 것을 볼 수 있습니다. 이 또한 위와 같은 교회의 기능을 근거로 한 선교입니다. 교육이나 정치, 경제 영역에서 약자를 돌보는 일에 기독교인들이 힘쓰는 것은 교회가 가진 고유한 특성을 반영합니다. 사실상 구약성경에서의 '정의' 개념은 인간들끼리의 관계적 맥락에서 쓰일 때는 언제나 육체적, 정신적, 사회적, 경제적, 영적 약자에 대한 돌봄과 관련하여 쓰였습니다. 이런 점에서 볼 때 육체적, 정신적, 사회적, 경제적, 영적 약자들은 하나님의 백성의 존재 이유를 가장 잘 드러내는 사람들입니다.[119]

사랑으로 완성되는 그리스도의 몸

교회가 진정으로 그리스도의 몸이 되기 위해서는 우리에게 그리스도의 마음이 필요합니다. 예수 그리스도의 마음을 한 단어로 정의하면 "사랑"입니다. 고린도전서 13장은 위대한 사랑의 시입니다. 우리는 이 시가 교회를 설명하는 부분에 들어 있다는 사실을 기억해야 합니다. 바울은 위대한 사랑의 시를 연인들의 사랑 이야기나 부부 사이의 결혼에 대한 메시지 사이에 집어넣지 않았습니다. 바울은 예수 그리스도의 몸 된 교회의 모습을 논하면서 위대한 사랑의 시를 그 한가운데 넣었습니다. 이것은 교회가 교회다운 모습을 가지기 위해서는 사랑이 필요하다는 사실을 보여줍니다.

저는 이 시를 읽을 때마다 이런 사랑을 도대체 어디에서 발견할 수 있을지 고민했습니다. 그런데 어느 날 그 답을 깨닫게 되었습니다. 우리는 이 놀라운 사랑을 예수님 안에서 발견합니다. 그래서 고린도전서 13:4-8에 "사랑"이라는 말 대신에 "예수님"이란 말을 넣으면 정말 와닿습니다.

사랑(예수님)은 오래 참습니다.
사랑(예수님)은 친절합니다.
사랑(예수님)은 시기하지 않습니다.
사랑(예수님)은 자랑하지 않습니다.
사랑(예수님)은 교만하지 않습니다.
사랑(예수님)은 무례히 행동하지 않습니다.
사랑(예수님)은 자기 유익을 구하지 않습니다.

사랑(예수님)은 쉽게 성내지 않습니다.

사랑(예수님)은 원한을 품지 않습니다.

사랑(예수님)은 불의를 기뻐하지 않고 진리와 함께 기뻐합니다.

사랑(예수님)은 모든 것을 덮어 주며, 모든 것을 믿으며, 모든 것을 소망하며, 모든 것을 견뎌 냅니다.

사랑(예수님)은 영원합니다.

이처럼 교회가 온전한 사랑을 드러내기 위해서는 오직 예수 그리스도의 사랑을 바라보고 닮아 가야 합니다. 그리스도의 몸인 교회가 그 기능을 잘 감당할 때는 오직 머리이신 그리스도의 사랑으로부터 공급받고 그 사랑을 실천할 때입니다.

또 한 가지 기억해야 할 사실은 성경이 사랑을 말할 때 단지 개인적 삶의 영역에만 제한하는 것을 용납하지 않는다는 것입니다. 어떤 이는 사적 영역에서는 사랑이, 공적 영역에서는 정의가 주요 원리라고 보기도 합니다. 하지만 니콜라스 월터스토프 Nicholas Wolterstorff가 말하듯이 사랑과 정의는 함께 표현될 수 있습니다.[120] 따라서 공적 영역에서도 사랑이 항상 근원적 배경으로 작동해야 합니다. 헨리 스토브 Henry Stob가 말한 것처럼, 법이 적절하게 집행되기 위해서는 사랑이 반드시 필요합니다.[121] 바울은 국가의 기능을 다룬 로마서 13:1-7에 바로 이어서 사랑이 율법의 완성이며(8-10절), 또한 종말을 기억하는 삶이 윤리적 삶을 사는 데 꼭 필요함(11-14절)을 역설했습니다.

종말에 완성되는 그리스도의 몸

교회는 예수님의 몸입니다. 그리고 예수님은 교회의 머리이십니다. 그분이 교회의 주인이라는 말입니다. 우리 교회가 주님의 뜻대로 세워지기 위해서는 사랑이 필요합니다. 우리가 이 공동체에서 우리 자신의 위치와 의미를 발견하기 위해서는 사랑이 필요합니다. 우리가 다른 지체의 소중함을 알기 위해서는 사랑이 필요하며, 가장 연약한 지체를 돌보기 위해서도 사랑이 필요합니다. 우리가 교회의 머리와 주인이 되신 그리스도를 가장 영화롭게 섬기기 위해서는 사랑이 필요합니다.

한 가지 기쁜 소식이 있습니다. 주님께서 오시면 사랑이 완전해진다는 사실입니다. C. S. 루이스Clive Staples Lewis는 우리가 날마다 만나는 교회 가족들이 얼마나 소중한 사람들인지, 그들을 얼마나 귀하게 대해야 하는지 깨닫게 합니다.

> 각 사람이 장차 자기가 누리게 될 잠재적 영광에 대해 아주 많이 생각하는 일은 가능할지 모릅니다. 그러나 이웃 사람의 영광에 대해 꽤 많이 혹은 깊이 생각하기란 거의 불가능합니다. 그러므로 이웃의 영광의 짐, 무게, 부담이 우리 등에 얹혀야 합니다. 그 짐은 너무나 무거워서 겸손해야만 질 수 있습니다. 교만한 사람의 등은 그 짐에 눌려 부러지고 말 것입니다. 신이나 여신이 될 수 있는 사람들과 어울려 산다는 것은 보통 일이 아닙니다. 우리가 만나는 더없이 우둔하고 지루한 사람이라도, 미래의 그 모습을 우리가 볼 수 있다면 당장에라도 무릎 꿇고 경배하고 싶어질 존재가 되거나, 지금으로선 악몽에서나 만날 만한 소름 끼치고 타락한 존재가 되거나, 언젠가 이 둘 중 하나가 될 것입니다. 이 사실을 꼭 기억하고 살아야 합니다.
>
> 하루 종일 우리는 서로가 둘 중 한 목적지 쪽으로 다가가도록 어느 정도 돕고 있습니다. 우리는 이 두 가지 엄청난 가능성을 염두에 두고 모든 사람을 대해야 합니다. 서로에게 합당한 경외심과 신중함을 갖고 모든 우정, 사랑, 놀이, 정치 행위에 임해야 합니다. 평범한 사람은 없습니다. 우리가 대

화를 나누는 이들은 그저 죽어서 사라질 존재가 아닙니다. 국가, 문화, 예술, 문명과 같은 것들은 언젠가 사라질 것이며 그것들의 수명은 우리 개개인에 비하면 모기의 수명과 다를 바 없습니다. 그러나 우리가 농담을 주고받고, 같이 일하고, 결혼하고, 무시하고, 이용해 먹는 사람들은 불멸의 존재들입니다. 불멸의 소름 끼치는 존재가 되거나 영원한 광채가 될 이들입니다.

그렇다고 우리가 언제나 엄숙해야 한다는 뜻은 아닙니다. 우리는 놀 줄 알아야 합니다. 하지만 우리의 유쾌함은 처음부터 서로를 진지하게 받아들이는 사람들이 나누는 유쾌함이어야 합니다(사실 그래야 가장 유쾌합니다). 경박하거나 우월감을 갖거나 주제넘은 생각을 해서는 안 됩니다. 그리고 우리는 죄인을 사랑하되 죄는 더없이 미워하는 실질적이고 희생적인 사랑을 해야 합니다. 유쾌함을 흉내 낸 경박함이나 사랑을 흉내 낸 묵인이나 방치는 안 됩니다.

우리의 오감이 경험할 수 있는 가장 거룩한 대상은 성찬의 빵과 포도주이고, 그다음은 우리의 이웃입니다. 그 이웃이 그리스도인이라면 거의 성찬만큼이나 거룩합니다. 그 안에 참으로 숨어 내주시는 그리스도가 계시기 때문입니다. 그의 안에는 영광스럽게 하시는 분이자 영광을 받으시는 분, 영광 자체께서 참으로 숨어 계십니다.[122]

우리의 몸이 부활한 이후에 온전해지듯, 그리스도의 몸인 교회도 마지막 날 완전해질 것입니다. 지금은 여러분 곁의 지체들이 부족해 보일 수 있습니다. 하지만 주님께서 오시면 우리 모두는 세상에서 가장 아름답고 멋진 사람들이 될 것입니다. 그때 우리는 이렇게 생각할 것입니다. "이렇게 멋진 사람인 줄 알았다면 더욱 잘해 줄 걸."

성도의 사회적 삶 역시 종말론의 빛 아래에서 생각할 때 가장 온당할 수 있습니다. 이 세상의 궁극적 완성은 우리 손에 놓인 것이 아니라 그리스도의 다시 오심에 있다는 사실을 알 때 우리는 조촐함과 기대감과 확실성 속에서 하루를 살아갈 수 있습니다.[123] 우리의 공적 활동은 하나님께서 만드시는 종말적 사역에 비하면 매우 한계가 있습니다. 그러나 놀라운 것은 그럼에도 불구하고 하나님이 새 하늘과 새 땅을 이 땅에 임하게 하실 때 우리 손의 일들을 반영하신다는 사실입니다. 종말론의 요점은 진정으로 윤리적입니다.[124]

주께서 다시 오실 날이 다가오고 있습니다. 사적 영역에서 그리고 공적 영역에서 더욱 그리스도를 닮아 이웃을 사랑하고 섬깁시다.

생각해 볼 질문

1. 승천하신 예수님의 사역을 교회가 이어 간다는 것은 교회를 세우고 세상 속에서 살아가는 데 어떤 의미가 있는가?

2. 교회에서 목사직이 왜 중요한가? 설교가 나의 전반적 생활에서 정말 중요하다고 생각한 때를 나누어 보라.

3. 나를 우리 교회에 두신 하나님의 목적은 무엇인가? 직장에서 나의 존재 이유는 어디에 있는가?

4. 하나님은 왜 교회를 이렇게 다양한 사람의 모임으로 만드셨는가? 교회의 통일성과 다양성이 잘 구현될 때 이 사회에 어떤 기여를 할 수 있는가?

5. 내가 도와야 할 육체적, 정신적, 사회적, 경제적, 영적 약자들은 누구인가?

6. 사랑과 정의가 결합되기 위해 필요한 삶의 태도는 어떤 것이 있는가? 구체적인 예가 있다면 나누어 보라.

7. 종말론과 윤리는 어떤 연결성이 있는가?

성령 하나님의 성전, 교회

성령 하나님

교회 시대는 성령님의 시대라고 할 만큼 성령과 교회는 밀접합니다.[125] 성령 하나님을 이해하는 것은 바른 교회 생활의 필수 요소입니다. 교부 이레나이우스Irenaeus는 이렇게 말했습니다.

> 교회가 있는 곳에는 하나님의 성령이 존재한다. 그리고 하나님의 성령이 있는 곳에는 교회 및 모든 은혜가 존재한다. 성령은 진리이시다. 그러므로 성령에 참여하지 않는 자들은 그들의 어머니의 젖을 먹지도 못하고 그리스도의 몸으로부터 나오는 맑은 샘물을 마시지도 못한다.[126]

이처럼 교회를 이해할 때 성령께서 중요한 분이라면, 우리는 성령과 관련한 두 가지 사실을 알아야 합니다. 바로 '성령의 신성에 대한 이해'와 '성령의 역할에 대한 이해'입니다.[127]

교회 역사에서는 성령이 과연 하나님이신가에 대한 토론이 많이 있었습니다.[128] 오늘날에도 성령의 신성에 대해 의문을 갖는 이들이 있습니다. 어떤 이들은 성령을 마치 일종의 힘이나 능력, 바람과 같은 비인격적인 존재로 생각합니다. 하지만 전혀 그렇지 않습니다. 성령께서는 인격적인 하나님이십니다. 사도 베드로는 성령께서 하나님이심을 분명히 확신했습니다(행 5:3-4). 우리가 성령 하나님의 인치심을 받았음에도 불구하고 악한 행동을 할 때 성령께서는 근심하십니다(엡 4:30). 인격이 아니라면 어떻게 근심하겠습니까?

사도 바울은 성령께서 말할 수 없는 탄식으로 우리 성도들을 위해 기도하신다고 말합니다(롬 8:26). 우리 안에서 우리와 더불어 기도하시는 그분은 인격적인 성령 하나님이십니다. 히브리서 기자는 "영원하신 성령"이라고 표현하여 성령의 신성을 짧지만 확실하게 표현했습니다(히 9:14).[129]

교부 바실리우스Basil the Great는 성령의 신성神性을 인정하지 않았던 성령대항론자Pneumatomachian에 대항하여 성령께서 참 하나님이심을 잘 증명했습니다.[130] 바실리우스가 『성령론』에서 전개한 논법은 아래와 같습니다. 첫째, 그는 하나님과 피조물의 이분법을 주장했습니다. 그 가운데 중간 존재는 없습니다. 바실리우스는 성령의 사역은 피조물이 할 수 있는 사역이 아님을 보여주었고, 그럼으로써 성령께서 하나님이심을 증명했습니다. 둘째, 그는 성령 하나님의 이름에 주목했습니다. 성경에 나오는 성령의 명칭에 대한 표현은 모두 하나님에 관한 것입니다. 따라서 바실리우스는 성령께서 하나님이심을 주장했습니다. 이렇게 사역과 명칭으로 성령의 신성을 증명했습니다.

한편 종교개혁기와 그 후속 시기인 16-17세기에 일어난 소치니파 운동도 성령의 신성을 부인했습니다.[131] 이에 대해 존 오웬John Owen은 『복음 변호』를 써서 반박했습니다. 오웬은 이 책에서 삼위일체론을 중심으로 성령님의 신성을 성경적으로 확고하게 증명했습니다. 그도 성부, 성자, 성령의 사역의 긴밀한 연합을 근거로 성령 하나님의 신성을 드러내고자 했습니다.[132]

성령은 하나님이시므로, 우리는 성령께 찬송과 기도를 드릴 수 있습니다. 성경에는 성령께 찬송과 기도를 드리라는 명령이 명백하게 나오지 않습니다. 하지만 우리가 성령을 하나님이라고 고백한다면 그분을 예배하는 것은 당연한 일입니다. 특별히 성경에는 "성령 안에서 혹은 성령으로 기도하라"는 명령이 여러 번 나옵니다.[133] 이것은 인격이신 성령의 도움으로 드리는 기도를 뜻합니다. 성령 하나님이 자신을 잘 드러내지 않는 것을 두고, 신학자들은 성령을 "겸손의 영", "투명한 하나님"이라고 불렀습니다. 따라서 성령의 은사를 받은 사람이 교만하다면 아직까지 성령의 온전한 사역을 경험하지 못한 것입니다. 성령 충만한 사람일수록 자신을 낮추며 하나님과 이웃을 섬기기 때문입니다.

이처럼 성령의 신성은 성령 충만한 사람의 성품과 관련합니다. 교회를 바르게 세우려는 사람들이나 사회 개혁을 외치는 사람들이 교만하다면, 그것은 성령 안에서 행하는 것이 아닙니다. 어떤 일을 하느냐보다 더 중요한 것은 그 사람의 인격입니다. 사랑, 희락, 화평, 오래 참음, 자비, 양선, 충성, 온유, 절제라는 성령의 열매(갈 5:22-23)를 맺는 사람의 사역이 진정 성령 하나님으로부터 힘을 공급받는 사람의 사역입니다.

성령과 교회

성경은 교회가 성령의 성전聖殿이라는 점을 강조합니다.[134] 성령의 항구적인 임재가 교회의 성격을 결정합니다.[135] 물론 성령은 다만 교회 안에 갇히지 않고 교회 밖에서, 그리고 인간 밖에서 우주적으로 활동하십니다. 아우구스티누스는 말하길 "아주 많은 양이 밖에 있고, 아주 많은 이리가 안에 있다"라고 했습니다. 이는 사실입니다.[136] 그러나 교회 안에서 성령의 사역을 가장 분명하고 확실하게 경험할 수 있습니다.

개혁주의자, 특히 칼뱅의 교회론은 성령론에 정초해 있었습니다.[137] 칼뱅이 직분이나 제도를 유독 강조한 것은 맞지만, 그가 성령의 역동성을 교회론적으로 인식하지 못한 것은 아닙니다. 교회의 조직, 제도, 기구 안에는 성령의 역사와 은사가 늘 작용합니다. 칼뱅은 직분과 은사가 별개의 것이 아니라, 직분이 은사를 바탕으로 하여 기능을 발휘한다는 점을 강조했습니다. 그는 하나님이 직분을 명령하시고, 그 직무에 순종하도록 은혜를 부어하신 사역자들을 통해서 은사를 자기의 경륜에 따라서 교회에 나누어 주신다고 가르쳤습니다. 그는 이러한 제도 가운데 하나님은 성령의 능력을 드러내셔서 그 제도가 헛되거나 무익하게 되지 않도록 하신다고 말합니다.[138] 이는 교회론에서 제도적 측면과 성령론적 측면을 결합시키려는 칼뱅의 노력을 보여줍니다.[139]

성령께서는 교회 안에서 가장 분명하고도 활발하게 사역하십니다. 그렇기에 칼뱅은 하나님의 빛은 교회 안에서 일어나며, 교회를 떠나서는 어둠과 맹목만이 존재할 것이라고 말한 것입니다.[140] 초대 교회 교부였던 키프리아누스는 더욱 강하게 말하기를 "교회 바깥에는 구원이 없다Salus extra ecclesiam non est"라고 했습니다.[141] 이는 원래 이단을 경계하기 위해 나온 말입니다. 이단자들이 베푸는 세례는 의미가 없다는 뜻이었습니다. 하지만 키프리아누스의 말은 매우 심하게 오용되었습니다. 로마 가톨릭교회가 교회의 개혁자들을 탄압하는 데 근거로 사용되었기 때문입니다. 하지만 이 글의 맥락인 성령론의 관점에서 설명하자면, 키프리아누스의 말은 성령께서 교회 밖에서는 전혀 사역을 안 하신다는 의미라기보다는, 교회 안에서 성령께서 주시는 구원을 가장 확실하게 누릴 수 있다는 식으로 이해하는 것이 좋겠습니다.

구약성경은 성전을 하나님께 기도를 드리고(삼하 22:7; 왕상 8:27-52; 시 18:6), 하나님의 말씀을 듣는 장소로 여러 번 묘사합니다(렘 36:8; 눅 21:38). 성전은 이스라엘 백성의 신앙 중심지였습니다. 역대하 6장을 보면 성전을 짓고 언약궤를 성전으로 옮긴 후에 솔로몬은 기도를 드립니다(대하 6:12-42). 여기서 우리는 성전의 기능을 확인할 수 있습니다. 성전은 하나님의 임재가 있는 장소(41절), 인생의 길을 배우는 장소(27절), 제사를 드리는 장소(12, 22절), 죄를 회개하는 장소(22, 24절 등), 고통을 토로하는 장소(28절), 이방인을 위해 기도하는 장소입니다(33절). 비록 언약을 어길지라도 성전에서 회개하면 하나님은 다시 회복을 주십니다(42절).

　이러한 성전의 다양한 기능들은 참된 성전이신 예수 그리스도 안에서 모두 완성되었습니다.[142] 신약 시대의 하나님의 성전이 바로 교회입니다.[143] 교회는 구약 시대의 성전이 하는 기능들을 그리스도 안에서 감당해야 합니다. 교회는 진리와 인생의 길을 배우는 장소가 되어야 합니다. 교회는 죄를 회개하고 죄 사함을 받는 곳입니다. 교회는 고통을 토로하고 위로를 받는 곳입니다. 교회는 모든 민족을 위해 기도하는 곳입니다. 교회는 하나님 백성의 회복과 언약의 갱신을 위해서 기도하는 곳입니다.

　바로 이러한 사역들을 위해서 성령께서는 하나님의 말씀으로 교회를 거룩하게 세워 가십니다. 요한계시록에 나오는 일곱 교회에 성령 하나님은 직접 말씀을 주셔서, 사랑을 회복하시고(2:1-7, 에베소 교회), 시험을 견디게 하시며(2:8-11, 서머나 교회), 우상에 빠지지 않게 하시고(2:12-17, 버가모 교회), 영적 순수성을 지키게 하시며(2:18-29, 두아디라 교회), 살아 있는 신앙을 갖게 하시고(3:1-6, 사데 교회), 주님의 말씀을 지키게 하시며(3:7-13, 빌라델비아 교회), 주님을 향하여 문을 열게 하십니다(3:14-22, 라오디게아 교회). 이 일곱 교회에 주시는 편지는 가장 마지막에서 "귀 있는 자는 성령이 교회들에게 하시는 말씀을 들을지어다"라고 쓰며 성령과 말씀 사역을 긴밀하게 연결시킵니다.[144] 교회는 성령의 말씀이 머무는 장소이기에 성령 하나님의 전이라고 할 수 있습니다.

성령의 성전인 교회

고린도전서에는 크게 두 군데에서 성도가 집단적으로, 또한 개인적으로 하나님의 성전이라는 가르침이 나옵니다.[145] 먼저 3장에서 바울은 교회 내의 분열과 분파주의를 경계하면서 성도들이 하나님의 성전이라고 가르칩니다. "너희는 너희가 하나님의 성전인 것과 하나님의 성령이 너희 안에 계시는 것을 알지 못하느냐. 누구든지 하나님의 성전을 더럽히면 하나님이 그 사람을 멸하시리라. 하나님의 성전은 거룩하니 너희도 그러하니라"(고전 3:16-17).

고린도전서 3장의 중요한 주제는 교회 안 계파와 파벌을 경고하는 내용입니다. 고린도 교회는 바울파, 아볼로파, 게바파 등으로 갈라져 있었습니다(고전 1:12; 3:3-4, 22). 바울은 사역자보다는 사역자가 전하는 메시지, 곧 예수 그리스도의 복음의 중요성을 역설했고(3:11), 사람이 교회를 위해 일할지라도 결국 교회를 자라게 하시는 분은 하나님이시라는 점을 강조했습니다(3:7). 이 맥락에서 성령이 거하시는 성전으로서의 교회는 교회의 연합과 일치를 강조합니다. 성령은 교제와 하나 됨의 영이시기에 성령의 성전인 교회는 하나가 되어야 마땅합니다.

비슷한 맥락에서 바울은 유대인과 이방인, 곧 모든 사람이 그리스도 안에서 성령의 전이 되어야 함을 가르칩니다. "그의 안에서 건물마다 서로 연결하여 주 안에서 성전이 되어 가고 너희도 성령 안에서 하나님이 거하실 처소가 되기 위하여 그리스도 예수 안에서 함께 지어져 가느니라"(엡 2:21-22).

이 본문에서는 성전을 마치 자라나는 식물처럼 묘사함으로써 복음서에 나오는 예수님의 비유들 가운데 하나님의 나라가 식물과 같이 장성하는 것을 연상시킵니다(막 4:26-29).

많은 교회가 성도들 간, 특히 지도자들 사이의 갈등으로 인해 큰 고통을 겪고 있습니다. 교회의 리더십이 분열되면 교회는 갈라지기 쉽습니다. 그리스도의 교회를 분열하는 것은 그리스도의 몸을 찢는 큰 죄입니다. 그것은 일평생 상처로 남습니다. 그렇기 때문에 성령의 성전이 된 교회는 언제나 갈등을 풀고 하나가 되며 서로 연합하여 화목하기에 힘써야 합니다. 이것이 진정 성령을 모시고 살아가는 사람이 해야 할 일입니다.

바울은 고린도전서 6장에서 이것과는 조금 다른 의미에서 교회가 성령의 성전이라고 가르칩니다. "너희 몸은 너희가 하나님께로부터 받은 바 너희 가운데 계신 성령의 전인 줄을 알지 못하느냐. 너희는 너희 자신의 것이 아니라"(고전 6:19).

본문은 고린도 교회의 방종주의자들의 성적 타락을 꾸짖습니다. 바울은 18절에서 "음행을 피하라. 사람이 범하는 죄마다 몸 밖에 있거니와 음행하는 자는 자기 몸에 죄를 범하느니라"고 했습니다. 모든 죄는 우리 육체에 영향을 끼칩니다. 하지만 바울은 유독 음행만이 "몸에 죄를 짓는 것"이라고 말합니다. 그 이유는 성적인 죄가 아주 빠른 시간에 타락으로 이어질 수 있고, 한번 빠져들면 갈수록 점점 수위가 심해지기 때문입니다. 성적 타락은 다른 어떤 죄보다 우리의 몸에 가장 큰 해를 입힙니다. 그리고 그것은 다른 죄보다 영적으로 회복하는 데 더욱 어렵습니다. 순식간에 빠져들게 되고, 한번 빠져들면 벗어나는 것이 힘들다는 이 두 가지 특성으로 인해서 바울은 다른 죄들과 대비하여 음행을 우리 몸에 짓는 죄라고 표현합니다. 물론 다른 죄들도 몸에 영향을 끼칩니다. 그러나 성적인 죄악이야말로 몸에 가장 깊숙이 그리고 끈질기게 영향을 끼칩니다.

특히 성적 죄는 하나님과의 긴밀한 교제의 연합을 가장 강력하고도 빠르게 파괴합니다. 성경은 여러 곳에서 하나님(혹은 예수님)과 성도의 관계를 신랑과 신부의 관계로 표현합니다.[146] 성적 부정은 사람들 사이의 결혼 관계에서도 가장 치명적인 파괴 요소가 됩니다. 이처럼 성적 방종과 타락은 하나님(혹은 예수님)과 성도들 사이의 연합을 전체적이고도 즉각적으로 깨뜨리는 위험한 죄악입니다.

바로 이런 맥락에서 바울은 성도들을 "성령의 성전"이라 표현하며 "거룩과 성결"을 강조합니다. 성령은 거룩의 영이십니다. 따라서 성령께서 거하시는 장소인 성도들은 공동체적으로, 그리고 개인적으로 거룩을 추구해야 하는 성령의 성전입니다.

성전인 교회 안에서 활동하시는 성령의 역사는 다양합니다. 그중 위에서 살펴보았듯이 성경은 성령의 말씀 사역, 성화 사역, 교제 사역을 대표적으로 가르칩니다.

성령과 성경

먼저 성령 하나님의 말씀 사역을 살펴봅시다. 그분은 성경의 저자이십니다. 모든 성경은 성령 하나님의 감동으로 기록되었습니다(딤후 3:16; 벧후 1:21). 성경은 약 40명의 인간 저자에 의해 1500년 이상의 기간 동안 기록되었는데도 내적 일관성을 가집니다. 그리고 성경 한 구절 한 구절은 너무나 소중한 진리를 담고 있습니다. 이는 성경이 성령의 감동으로 기록되었음을 증명합니다.

성도로 하여금 성경 속 진리를 깨닫게 하는 일 역시 성령 하나님의 사역입니다. 성령께서 성경을 하나님의 말씀으로 깨닫도록 하시는 것을 "성령의 내적 증거"라고 말합니다. "성경은 하나님의 말씀이다"라는 명제는 성경이 가진 역사적, 과학적 정확성과 윤리 도덕적 고매함에 기초하지 않습니다. 우리는 오직 "성령의 내적 증거"로 말미암아 성경이 하나님의 말씀이라고 확신합니다. 이처럼 성경이 기록되고 성경을 이해할 때 성령의 역할은 절대적입니다.

성령은 진리의 영이십니다. 진리의 영이신 성령께서는 무엇보다 교회를 통해서 각 개인에게 임재하십니다.[147] 아우구스티누스는 "교회가 아니었다면 성경을 알지 못했을 것이다"라고 했습니다. 칼뱅은 이 말을 잘못 이해해서는 안 된다고 경고했습니다. 그는 아우구스티누스의 말이 오직 교회의 교도권을 통해서만 성경을 알 수 있다는 식으로 받아들여서는 안 된다고 적절하게 지적했습니다.[148] 여기서 분명한 것은 진리의 영이 임하시는 교회 공동체를 통해서라야 우리가 성경을 가장 잘 이해할 수 있다는 사실입니다. 특별히 진리의 성령은 목사의 설교와 가르치는 사역을 통해서 성경의 진리를 성도들에게 가르치십니다. 칼뱅은 로마 가톨릭처럼 사제들에 의한 성경 해석권과 진리의 독점을 주장하지 않았습니다. 하지만 그럼에도 불구하고 그는 목사의 가르치는 직분을 성경 이해에서 가장 중요한 요소로 여겼습니다.[149]

성령의 진리를 따라서 살아가는 성도들은 세상에서도 진리를 선포하는 일에 앞장서야 합니다. 정부나 사회의 기관들이 하나님의 법에 어긋나는 법령이나 제도를 제정할 때 성도들에게는 정당한 방법과 절차를 통해 이를 거부하거나 수정을 요구할 의무가 있습니다. 가짜 뉴스나 정보가 사람들에게 해악을 끼칠 때 신자들은 사안을 지적하고 올바른 가치를 드러내야 합니다. 또한 그리스도인 학자들은 학문 세계의 거짓과 비진리를 걷어 내고 보다 참된 것을 연구하여 제시할 필요가 있습니다. 모든 진리는 성령 하나님의 진리이기 때문입니다(요 16:13 참조).[150]

성령을 통한 교회의 성화

성령은 교제의 영이시며, 거룩의 영이십니다. 성령은 언제나 이 두 성격을 한데 엮어 역사하십니다. 성도의 교제를 통하여 거룩이 이루어지도록 하십니다. 우선, 성령께서는 성도가 그리스도와 함께 교제할 수 있는 끈이 되어 주십니다. 성령은 믿음을 일으키십니다. 또한 그리스도의 몸에 참여하시는 분입니다.[151] 성령 하나님의 영속적인 임재는 교회를 언제나 하나로 묶어 줍니다(엡 2:22).[152] 그분의 사역 없이는 그리스도를 알 수 없습니다.[153] 이렇게 그리스도와 연합한 성도들은 점점 그리스도를 닮아 갑니다.

그리스도를 닮아 가는 일은 성도의 삶의 목표입니다. 이는 우리의 모든 일상에서 이루어져야 합니다. 성도의 사회적 삶 역시 성도 개인과 신자 공동체가 그리스도를 보다 닮아 가는 거룩의 과정으로 이해할 수 있습니다. 참된 성도는 그리스도를 믿을 뿐 아니라, 그리스도의 아름다우심을 이 세상 가운데 드러내고 증거합니다.

성령께서는 성도들이 서로 교제할 수 있도록 그들의 끈이 되어 주십니다. 성령으로 인해 구원을 깨닫고, 성령으로 인해 은사와 직분이 주어집니다. 또한 성령으로 인해 신앙과 사랑이 성도들 사이에서 증진됩니다. 따라서 교회와 성령은 분리 불가능한 관계입니다. 성령 덕분에 그리스도는 우리 밖에 있으면서도 우리 안에 계십니다. 성경은 성령의 교회적 차원의 활동을 강조합니다. 우리가 지역 교회 안에 속해 있을 때, 그런 소속과 연합에서부터 우리의 성화가 시작됩니다.[154] 그래서 심지어 칼뱅은 "하나님께서는 개별적으로 성령을 나누어 주시지 않는다"라고 표현하기도 했습니다.[155] 성령의 사역이 지니는 공동체성을 이처럼 강하게 드러내는 표현은 별로 없을 것입니다.

성도의 교제를 통한 성령의 성화 사역

성령 하나님의 성화 사역과 교제 사역은 함께 묶어서 생각하는 것이 좋습니다. 성령론적 교회론에서 성령의 역사는 성도들의 공동체적 성화와 관련이 있습니다. 바울 사도는 "그러므로 그리스도 안에 무슨 권면이나 사랑의 무슨 위로나 성령의 무슨 교제나 긍휼이나 자비가 있거든"(빌 2:1)이라고 말했습니다. 성령께서 주도하시는 교제를 통해 거룩한 교회의 삶이 가능합니다. 따라서 개인의 성화와 교회에서의 교제는 밀접한 관련이 있습니다. 교회가 거룩하지 못한데 그 교회에 속한 성도가 거룩할 수는 없습니다. 반대로, 구성원이 거룩하지 못한 교회가 거룩할 리도 없습니다. 이런 이유 때문에 우리는 지역 교회에 충실한 애착을 가져야 합니다.[156]

기독교는 "골방에서 나 홀로 수도하여 거룩해진다"라는 가르침을 전하지 않습니다. 교회사에서는 한때 거룩의 개념이 너무 개인주의적으로 이해되어 혼자서 성경을 묵상하고 기도하는 것이 거룩에 이르는 길이라는 잘못된 관습이 있기도 했습니다. 보통 수도원 운동을 떠올릴 때, 이런 개념의 거룩을 생각하기 쉽습니다. 하지만 수도원 운동에서조차 언제나 강조되었던 것은 공동체 생활이었습니다.[157] 거룩해진다는 것은 참된 인간이 된다는 뜻입니다.[158] 참된 인간은 언제나 공동체 속에서 이웃을 위해 살아갑니다. 따라서 거룩한 사람은 공동체에서 항상 다른 지체를 섬기는 삶을 삽니다.

그리스도께서 교회 공동체의 머리가 되신다는 사실과[159] 그리스도의 몸에 속한 모든 지체가 상호 의존성을 가진다는 사실은 연결되어 있습니다.[160] 아무도 혼자 살아갈 수 있을 만큼 충분한 기독교 신앙을 가지고 있지 않습니다.[161] 오히려 성도들은 그들에게 하나님이 주시는 모든 복을 피차 나누어 준다는 조건으로 그리스도와의 교제를 통해 연합됩니다.[162] 우리는 고립된 지체로서가 아니라 교회의 교제 안에서 교회의 지체로서 성화에 참여합니다.[163] 교회란 거룩한 교제인데, 이 교제란 은사를 통해 이웃에게 그리고 그리스도에게 자신을 연합시키는 교제를 뜻합니다. 성도는 교회 안에서 은사의 상호 분배를 통해 서로에게 밀착해야 합니다.[164]

우리가 교회에 부지런히 모여야 하는 이유가 여기 있습니다. 하나님은 성도의 교제를 통해서 우리를 거룩하게 성장시키십니다. 교회에서 제안하는 성경 공부 모임이나 교제의 모임에 참여하여, 우리가 함께 말씀을 묵상하고, 기도에 힘쓰고, 찬송을 부르며, 식사를 나누는 동안 성령께서는 우리를 점점 거룩하게 빚어 가십니다. 이렇게 교회에서 훈련된 사람만이 세상을 섬기는 자로 설 수 있습니다.

실온과 체감 온도라는 것이 있습니다. 어떤 때는 실온과 체감 온도가 같을 때도 있지만 거의 언제나 차이가 납니다. 실온으로 따뜻한 날씨일지라도 체감 온도로는 추울 수 있습니다. 이와 마찬가지로 좋은 소문이 난 교회일지라도 실제로 그 안에서 신앙생활을 하는 사람들 간의 교제가 빈약하다면, 그곳에서 사람들은 냉기를 느낍니다. 풍성한 교제는 말씀의 실온을 사람들의 가슴과 삶에 실제로 와닿게 하는 체감 온도 역할을 한다고 볼 수 있습니다.

이를 위하여 특별히 식사 교제는 매우 중요합니다. 초대 교회가 가정에 모여 식탁 교제를 나눈 것은 이미 구약 시대 때부터 이어 내려온 언약적 식사의 실천이라고 볼 수 있습니다.[165] 주님의 사역에서도 식탁 교제는 매우 중요한 역할을 했습니다. 이런 점에서 볼 때, 우리나라의 많은 교회가 주일 점심을 함께 나누는 것은 큰 강점입니다. 저는 미국에 있을 때 식사 교제를 통해 성도 간 교제를 증진시키는 여러 교회를 보았습니다.[166] 혼자 사는 사람에게는 일주일에 한 번이라도 다른 이들과 함께 식사하는 것이 큰 위로입니다. 식사는 하나님이 만드신 만물을 오감을 통해 즐기는 행위입니다. 우리는 식탁 교제를 통해 삶의 다양한 주제에 관한 대화를 나눌 수 있습니다. 특별히 교회의 직분자들은 다른 이들을 자신의 집 식탁 교제에 초청하는 일을 게을리해서는 안 됩니다.

앞선 글에서 삼위일체론적 교회론의 근저에는 무엇보다 하나님의 선택이 있다고 말했습니다. 성화의 근거도 역시 선택입니다. 성화는 선택의 열매입니다.[167] 그런데 선택은 교회 안에서 이루어집니다. 하나님이 교회 안에서,

교회를 통해서 자기를 섬기도록 사람들을 선택하십니다.[168] 그렇기에 성화의 확신은 교회 회원권을 떠나서는 가질 수 없습니다. "주께서는 성도의 교통을 통해서가 아니고서는 자기의 긍휼을 약속하지 않으셨습니다."[169]

성령의 은혜에 의한 성화란 결국 육체성, 세상성과 분리되어 하나님께 가까이 나아가는 것입니다. 우리는 "거룩"이라고 말하면 보통 어떤 외적인 삶의 스타일, 거룩한 목소리, 조심스러운 태도, 윤리적인 모습을 떠올립니다. 하지만 성경은 거룩을 "거리의 개념"으로 이해합니다. 하나님과 가까이 있으면 거룩한 것입니다. 성령은 우리 안에 계시는 하나님이십니다. 그만큼 우리를 온전히 거룩하게 하시는 분이십니다.

성령이 그 안에 내주하는 사람은 "세상"과 점차 단절되어 하나님께 가까이 갑니다. 하나님 나라를 대적하여 조직된 이 세상, 곧 '육체의 영역', '이기적 생활의 영역', '사단의 세력의 영역'을 벗어납니다.[170] 그런데 교회의 교제 안에서만 성도는 세상과 구별될 수 있습니다. 세례를 받아 몸 된 교회의 일원으로 받아들여진 사람은 세상과 구별되었습니다.[171] 성령의 전인 교회는 사람들이 하나님의 거룩하고 특별한 백성이 될 수 있도록 세상의 오염으로부터 구별되는 영역입니다.[172] 성령의 전인 교회로부터 벗어나 세상과 짝하여 있으면서 거룩한 삶을 살기는 매우 힘듭니다. 하나님의 양 떼와 백성 가운데 속한 것이 가장 큰 특권입니다.[173]

세상을 위한 거룩한 교회

우리가 교회에서 선택되고 구별이 된 것은 개인적인 구원과 성화를 위함일 뿐 아니라 세상 속에서 증인이 되기 위함입니다.[174] 따라서 세상과의 분리만 강조하는 이원론적 신앙관은 옳지 않습니다. 칼뱅은 교회 안에서만 머물고

밖으로 나아가지 않는 교회론을 비판합니다. 그는 이기적인 교회주의자가 아니었습니다. 우리는 교회 밖에 있는 자들을 향하여, 하늘에 계신 우리 아버지께서 팔을 내민 것처럼 우리 팔을 내밀어 그들을 잡아 주어야 한다고 그는 말합니다.[175] 교회는 '구심력求心力'과 '원심력遠心力'이 조화를 이룰 때 제대로 기능할 수 있습니다.[176] 구심력은 하나님의 부르심에 따라 모이는 것입니다. 원심력은 하나님께서 주신 사명을 이루기 위해, 만물을 충만하게 하기 위해 흩어지는 것입니다. 물론 교회는 먼저 구심력을 갖추고 이후에 원심력을 갖추어야 합니다. 예배, 교제, 교육을 중심으로 모이는 구심력적 활동이 먼저 있지 않으면, 세상 속에서 봉사, 전도, 선교의 역할을 감당하는 원심력적 활동이 제대로 이루어질 수 없기 때문입니다. 그렇다고 교회가 너무 자신만을 위해 존재하고 담장 밖으로 나아가지 않는다면 문제는 심각해집니다. 세상을 향한 섬김과 선교적 삶을 살지 않는 교회는 단순히 정체하고 마는 것이 아니라, 바벨론과 로마의 포로가 되어 세상적인 것을 우상 숭배하고 믿음에서 도태될 것입니다.

우리가 이웃과 비신자들을 그리스도께 인도하는 일에 무관심한 것은 하나님의 영광에 대해 무관심하고, 하나님의 나라를 제한하며, 온 세계를 위해 죽으신 그리스도의 죽음의 범위와 능력을 제한하는 것입니다.[177] 성도 안에 있는 새 생명은 은닉성과 불가견성이라는 특징을 지닙니다. 하지만 세상은 성도들의 모범을 통해 하나님의 형상을 봅니다. 성도들의 의와 거룩을 통해 하나님의 성령의 빛이 찬란하게 빛납니다.[178]

구약성경과 신약성경은 그 형성부터가 선교적이었습니다. 여기서 말하는 선교는 복음을 전하는 것뿐만 아니라, 하늘과 땅, 하나님과 사람을 연결시키는 모든 활동을 뜻합니다. 사실 선교는 많은 성경 텍스트의 근원입니다. 본문이 형성되고 선교라는 관점이 나중에 덧붙여지는 것이 아닙니다. 오히려 선교가 성경 본문이 형성되도록 만들었습니다.[179] 창세기 1장에서 하나님은 아담에게 "생육하고 번성하여 땅에 충만하라. 땅을 정복하라"고 명령하셨습니다.[180] 창세기 12장에서 하나님은 "땅의 모든 족속이 아브라함을 통해 복을 얻을 것이다"라고 말씀하셨습니다.[181] 출애굽기 19장 시내산 언약에서 이스라엘 백성에게 하나님은 "너희가 내 말을 잘 듣고 내 언약을 지키면…… 너희가 내게 대하여 제사장 나라가 되며 거룩한 백성이 되리라"고 하셨습니다.[182] 이 세 가지 언약에서 중요한 것은 하나님의 언약은 비록 하나님의 백성에게 주어졌지만, 원래부터 온 세상, 모든 민족을 염두에 두고 있었다는 사실입니다. 인간이 타락하여 하나님을 떠났지만 하나님은 선교적 목적을 가지고 구원 역사를 계속 이루어 가십니다. 성령과 더불어 교회는 선교적 삶을 살아야 합니다. 하나님과 예수 그리스도만이 유일한 창조자, 통치자, 심판자, 구원자이심을 삶으로 증거해야 합니다.

다른 사람들이 하나님을 신뢰할 수 있게 하는 모범으로서, 모든 사람이 하나님의 은혜에 대한 자기의 체험을 공적으로 간증하는 것은 아주 필요한 일입니다.[183] 성도의 고백이 진실하고, 그가 그 고백대로 살아간다면, 이는 확실히 설득력 있는 일입니다.[184] 공적 고백과 전도와 삶의 모습은 모두 중요합니다.

로마서 15:18에서 바울은 "말과 행동을 통해" 그리스도를 전파했다고 합니다. 우리는 복음을 전파한다고 하면 주로 말로 복음을 전하는 것만을 떠올립니다. 물론 복음을 말로 전하는 것은 매우 중요합니다. 하지만 이와 함께 중요한 것은 복음을 행동으로 전하는 것입니다. 내 삶 속에 성령께서 정말 살아 계신다는 것을 행동으로 보여주는 것입니다.[185]

여러분이 학교와 직장에서, 친구와 동료들 사이에서 행동하는 모든 일이 선교적 중요성을 지닌다는 사실을 기억하시길 바랍니다. 그런 사람은 공부를 하거나 일을 할 때도 선교사의 자세로 임합니다. 어떻게 하면 이 공부를 통해서 많은 사람에게 주 예수 그리스도의 사랑을 전할 수 있을지, 어떻게 하면 이 일을 통해서 하나님만이 유일한 창조자, 통치자, 심판자, 구원자이심을 전할 수 있을지에 관하여 고민합니다.

하나님의 말씀을 증거하는 자들에게는 공적 고백과 그에 걸맞은 삶이 더욱 요청됩니다.[186] 칼뱅은 아우구스티누스의 말을 빌려 이렇게 말합니다. "평판에 무관심한 자는 잔인합니다. 왜냐하면 선한 양심이 하나님 앞에서 필요한 것 못지않게 평판이 우리의 앞에서 필요하기 때문입니다."[187] 평판이 좋은 사람은 아브라함처럼 외인들에게 큰 영향력을 갖습니다(창 14장 참조).[188]

교회는 일종의 나눔과 섬김의 훈련소라고도 할 수 있습니다. 훈련이 잘 된 사람이 실전에서 경기를 잘 치러 내듯이, 교회에서 잘 훈련된 성도가 교회 밖 세상을 잘 섬길 수 있습니다. 이렇듯 성령론적 교회론은 교회와 세상을 성령 하나님의 사역 현장으로 보는 성경의 견해에 충실한 교회론입니다.

삼위 하나님의 영광스러운 교회

지금까지 우리는 삼위일체적 교회론을 고찰했는데, 이 주제를 마무리하면서 다시 기억해야 할 것은 이러한 삼위일체적 교회론은 서로 밀접한 연결성을 가진다는 사실입니다. 교회를 성부께서 택하신 공동체라고 할 때, 성부의 택하심은 언제나 성자 안에서 성령의 사역을 근거로 합니다. 그렇지 않고 성부 하나님의 단독적인 사역인 양 생각해서는 안 됩니다. 교회를 그리스도의 몸이라고 표현할 때, 우리는 성부 하나님과 성령 하나님이 함께 역사하시는 몸을 생각해야 합니다. 그렇지 않고 교회론에서 기독론만을 부각해서는 안 됩니다. 교회가 성령의 전이라고 할 때에도 마찬가지입니다. 교회가 성령의 전으로서 거룩해지는 것은 오직 그리스도와 연합하여 하나님의 형상을 이루어 갈 때 실현됩니다.

삼위일체적 교회론은 교회를 삼위의 사역에 따라 나누려고 하는 것이 아니라, 삼위의 사역이 각 위격을 중심으로 하여 동시적으로 나타남을 강조하는 교회론입니다.

교회는 하나님의 선택에 기초하고 어머니와 같이 자기 자식을 말씀과 성례로 키우며 학교처럼 가르치고 직분자들을 세워 그리스도의 몸이 되도록 자라게 함으로써 성령의 역사가 공동체적으로 임하는 곳입니다. 그러므로 성도는 언약의 자녀이고, 교회 안에서 평생 학생이며, 교회의 지체이고 은사에 따라 섬기는 자입니다.[189] 교회에 대한 표현이 하나님께서 주시는 은혜에 대한 다른 이름들이라면, 그 이름에 따르는 우리의 사명이 있음을 망각해서는 안 됩니다. 은사는 사명입니다.[190]

생각해 볼 질문

1. 성령께서 하나님이시라는 사실은 내가 성령을 대할 때 어떤 자세를 취할 것을 요구하는가? 혹시 주변에서나 한국 교회에서 성령이 하나님이시라는 고백을 반대하는 사례가 있다면 말해 보라.

2. 구약성경에서 성전이 수행한 역할 가운데 가장 공감이 가거나, 새롭게 와닿는 부분은 어떤 것인가?

3. 오늘날 우리는 덕스러운 성품이 약화되고 무시당하는 시대에 살고 있다. 교회에서나 사회에서 가장 시급하게 회복해야 할 성품들은 어떤 것이 있는가?

4. 성령께서 교회에서 하시는 사역은 크게 볼 때 말씀 사역, 성화 사역, 교제 사역이다. 이것은 삶의 여러 영역에서 진리와 정직성과 인정미를 증가시키는 일과 관련된다. 이 중에서 우리 교회 혹은 나 개인이 가장 잘하고 있는 부분은 어떤 것이며, 가장 약한 부분은 어떤 것이 있는가?

5. 그리스도와 성령의 관계를 자신의 말로 한번 표현해 보라.

6. 구약성경에서부터 하나님의 백성이 선교적 비전을 가지고 있었다는 것은 어떤 본문을 통해 확인할 수 있는가? 이 세상에서 살면서 선교적 비전을 이루기 위해서는 어떤 마음 자세와 준비가 필요한가?

7. 교회를 삼위일체적 관점에서 바라보면서 나의 교회 생활에 어떤 부분이 개선될 수 있을지 나누어 보라.

2장.
영광스러운 직분

1장에서 우리는 성부, 성자, 성령 하나님의 교회에 관해 살펴보았습니다. 2장에서는 성도들이 교회에서 직분을 통하여 어떻게 삼위일체적 교회론을 구체적으로 적용할 수 있는지 살펴보고자 합니다. 17세기의 탁월한 청교도 토마스 굿윈Thomas Goodwin은 교회의 직분과 은사는 삼위일체 하나님의 연결되면서도 구분되는 사역으로 볼 때 가장 잘 이해할 수 있다고 했습니다. 성부, 성자, 성령 하나님은 교회의 직분자들이 세워지고 일하는 과정에서 언제나 그들을 만나시고 그들과 함께 사역하십니다.[1]

성도가 "직분"을 가진다고 할 때는 크게 두 가지의 의미가 있습니다. 하나는 모든 성도가 공통적으로 가지고 있는 직분인, 제사장, 왕, 선지자 직분을 가리킵니다. 다른 하나는 교회에서 특별하게 세운 제도적 직분, 곧 목사, 장로, 집사, 권사입니다. 아래에서는 모든 그리스도인이 가진 세 직분(제사장, 왕, 선지자)에 관해서 먼저 살펴본 뒤 제도적 직분을 자세히 살펴보고자 합니다.

그리스도의 세 직분

"그리스도"란 말은 "기름 부음을 받았다"라는 뜻입니다. 구약 시대에는 선지자, 제사장, 왕에게 기름을 부어서 그들이 하나님의 대리자로서 이스라엘 백성 가운데 직무를 행하도록 했습니다.[2] 예수 그리스도는 바로 이 세 직분을 가장 잘 수행하셨을 뿐 아니라, 그 직분을 종말론적으로 완성하셨습니다.[3]

제사장 그리스도

그리스도는 제사장의 직분을 중보자로서 행하십니다. 그분은 자신을 제물로 하나님께 드리는 대제사장이 되셨습니다. 천상의 제사장이신 그리스도는 구원에 대한 우리의 근원적 필요를 채우십니다.

인간이 극복할 수 없는 것이 있다면 바로 죽음입니다. 그런데 이 죽음은 죄로 말미암아 왔습니다. 따라서 인간이 죽음을 해결할 수 없다는 사실은 인간이 근원적으로 죄의 문제를 해결할 수 없음을 뜻하기도 합니다.[4] 독일의 설교자 헬무트 틸리케 Helmut Thielicke 는 이렇게 말했습니다. "인간이 도둑질을 해서 도둑이 되는 것이 아니다. 인간은 이미 도둑이기 때문에 도둑질을 하는 것이다. 인간이 살인을 해서 살인자가 되는 것이 아니다. 인간은 이미 살인자이기 때문에 살인을 하는 것이다." 살아가면서 우리 안에 얼마나 많은 죄가 꿈틀거리는지 살펴보면, 인간이 도둑이고 살인자이며 죄인이라는 사실을 정확히 알 수 있습니다. 인간은 탐심, 미움, 정욕의 노예입니다. 그 죗값을 인간 스스로는 갚을 수 없습니다. 날마다 더 많은 죄를 짓는 인간은 죗값을 갚기는커

녕 오히려 더 쌓아 갈 뿐입니다.[5] 그런데 바로 그 죗값을 그리스도께서 갚아 주신 것입니다. 자신을 온전한 제물로 영단번에 드린 대제사장이 되신 그리스도는 인간의 죄의 문제를 근원적으로 해결해 주셨습니다.[6]

죄는 하나님과 인간, 인간과 인간, 인간과 자연 사이에 끝없는 분열을 조장합니다. 아담과 하와가 타락했을 때 이를 가장 잘 확인할 수 있습니다. 죄는 하나님과 아담, 아담과 하와, 아담과 땅 사이에 갈등과 분열을 조장했습니다. 그런데 이제 예수 그리스도로 말미암아 이 모든 것은 다시 화해할 수 있게 되었습니다. 아담 안에서 죄인이었던 인류는 이제 예수 그리스도 안에서 죄의 지배에서 벗어나 은혜의 지배를 받게 되었습니다(롬 5:21 참조).

예수 그리스도는 스스로 화목제물이 되시고, 인간이 맺는 모든 관계를 화목케 하셨습니다.[7] 초대 교회 성도들이 체험한 복음의 가장 놀라운 힘은 바로 이러한 화해와 화목이었습니다. 예수 그리스도의 복음 안에서 유대인과 이방인은 하나가 되었습니다. 그리스도 안에서 남자와 여자, 종과 자유인, 부모와 자식, 형제와 형제가 하나가 되었습니다(마 5:24; 고전 12:13; 갈 3:28).

죄는 구체적으로 하나님에 대한 불순종과 불신앙을 뜻합니다. 따라서 구원 사역은 죄의 문제를 해결해야만 했습니다. 그리스도는 우리의 불순종을 대신하여 하나님께 순종하셨습니다. 그리스도의 신실하심이 그리스도의 인격과 사역을 통해서 온전히 드러났습니다.[8] 바로 이 구원 사역이 그리스도의 제사장적 사역의 성취입니다.

그리스도의 제사장직은 십자가에서 영단번에 완성되었습니다. 그렇지만 그리스도의 제사장직은 사람이 회심하는 순간마다 빛을 발합니다. 또한 새 하늘과 새 땅에서도 역시 제사장적 사역은 기억되며 찬양받을 것입니다. 그리스도께서 요한계시록에서 자주 "어린 양"으로 묘사되는 것도 이런 까닭입니다.[9] 그분은 신실한 대제사장으로서 영원히 영광 받으실 것입니다(히 7:17).[10]

왕 그리스도

그리스도께서는 왕의 직분을 중보자로서 행하십니다. 중보자 그리스도는 왕이시지만 종의 모습으로 이 땅에 오셔서 자신의 백성을 섬기셨습니다.[11] 천상의 왕이신 그리스도는 우리가 죄와 사탄의 노예가 되었을 때 우리를 구하려 오셨습니다. 그분은 죄인이 아니시지만 죄인들과 연대하시고, 종의 모습으로 사셨습니다. 그분의 종으로서의 사역은 우리를 위한 것이었습니다. 이를 성경은 "자기 비움"(케노시스)이라고 말합니다.[12]

이사야 52:14-15에서는 이렇게 말씀합니다. "야웨의 종이 인간 이하로 낮아져서 많은 사람을 놀라게 한 것처럼, 그는 역사상 전례 없는 소식으로 또한 많은 나라를 놀라게 할 것입니다."[13] 여기서 우리는 야웨의 종을 보면서, 두 번 놀라는 인간의 모습을 발견합니다. 첫 번째, 사람들은 야웨의 종이 너무나 상한 모습을 하여 놀랍니다(14절). 예수님의 성육신은 단순한 "육화 肉化"가 아니라, "육이하화 肉以下化"라고 말할 수 있습니다. 인간의 몸을 입으신 정도가 아니라, 인간의 모습 이하로 떨어지셨다는 뜻입니다.[14] 다시 말해 "인간처럼 되신 것 humanization" 정도가 아니라, "인간 이하로 되신 것 subhumanization, dehumanization"으로 생각할 수 있습니다. 이는 "성육신 incarnation"이라는 단어보다 훨씬 심한 상태를 표현하는 단어라야 제대로 설명할 수 있습니다.

그런데 사람들은 한 번 더 놀랍니다. 왜냐하면 그렇게 인간 이하로 떨어진 분을 통해서 여태껏 들어 보지 못한 소식을 들었기 때문입니다(15절). 한마디로 "은혜"의 소식입니다. 하나님이 인간 이하의 비천한 존재가 되신 것뿐만 아니라, 그분이 우리 인간의 죄를 전부 담당하여 대신 죽으심으로써, 우리가 고침을 받고 나음을 얻었다는 소식입니다(사 53장).

우리가 하나님에게서 멀어졌을 때 우리는 사탄의 노예와 죄의 종이 되었습니다. 인간은 죄 가운데 태어나 살다가 죄 가운데 죽습니다. 그러나 왕이신 그리스도는 스스로 종의 모습으로 오셔서 친히 죄인의 자리에 계셨습니다. 그리고 죄와 죽음을 십자가로 승리하시고 우리를 죄와 사탄의 예속 상태에서 건져 내셨습니다.

이제 그리스도는 몸인 교회의 머리가 되셔서 만물을 다스리는 왕이십니다. 여기서 우리는 "머리 기독론^{Head Christology, Caput Christology}"을 생각할 수 있습니다. 이미 구약성경에서는 하나님이 만물의 머리가 되신다고 고백하고 있습니다. "여호와여, 위대하심과 권능과 영광과 승리와 위엄이 다 주께 속하였사오니 천지에 있는 것이 다 주의 것이로소이다. 여호와여, 주권도 주께 속하였사오니 주는 높으사 만물의 머리이심이니이다"(대상 29:11).[15]

이것이 신약 시대에 와서는 그리스도의 우주적 왕권으로 표현되고 있습니다.[16] "너희도 그 안에서 충만하여졌으니 그는 모든 통치자와 권세의 머리시라"(골 2:10). "또 충성된 증인으로 죽은 자들 가운데서 먼저 나시고 땅의 임금들의 머리가 되신 예수 그리스도로 말미암아 은혜와 평강이 너희에게 있기를 원하노라. 우리를 사랑하사 그의 피로 우리 죄에서 우리를 해방하시고"(계 1:5).

하지만 신약성경은 그리스도가 만물의 머리가 되신다는 표현보다, 교회의 머리가 되신다는 표현을 더 많이 사용합니다.[17] 이것은 만물의 머리가 되신 그리스도께서 교회를 몸으로 삼으셔서 그 왕권을 교회를 통해서 펼치는 모습을 가르치는 것입니다.

"또 만물을 그의 발 아래에 복종하게 하시고 그를 만물 위에 교회의 머리로 삼으셨느니라"(엡 1:22). 이 구절은 그리스도의 종말론적 사역 이후 만물이 그리스도의 왕권에 복종하게 된 변화를 보여줍니다. 이제 그리스도는 교회의 머리가 되셔서 그 만물을 다스리십니다. 이것은 그리스도께서 교회의 유익이 되도록 만물을 통치하시는 것 또한 가르쳐 줍니다.[18] 바로 이것이 모든 지상 사역을 마치고 승천하신 예수 그리스도께서 행하시는 왕의 사역입니다.

그분의 왕권은 재림 시에 심판하는 권세로 나타나며, 또한 재림 이후에도 지속될 것입니다. 그리고 재림 시의 심판과 그 이후의 통치에서도 성도들은 그리스도와 함께 세상을 심판하고 다스릴 것입니다(마 19:28; 눅 22:30; 계 2:26-27; 22:5; 딤후 2:12 참조).[19] 메시야의 통치는 끝이 없을 것입니다(히 1:8; 계 11:15; 22:3). 태초부터 인간을 대리 통치자로 세우신 하나님은 메시야의 통치와 이에 참여하는 성도들의 통치를 통해 그 계획을 완성하십니다.[20]

선지자 그리스도

중보자 예수 그리스도는 선지자직을 행하셨습니다. 하나님의 말씀 자체이신 그분(요 1:1)은 말씀에 온전히 순종하는 선지자가 되셨습니다. 그리스도 안에서 구약의 선지자의 모든 예언의 말씀은 완성되고 성취되었습니다.[21] 예수님은 모세의 선지자직을 온전하게 이루신 분입니다.[22]

선지자이신 예수님은 가르친 내용을 반드시 실천하셨습니다. 원수를 사랑하라고 가르친 분은 십자가에 달려 죽으시는 순간에도 자신을 십자가에 못 박은 그들을 위하여 기도하셨습니다. 아는 것과 행하는 일이 일치했기에 주님의 가르침에는 언제나 힘이 있고 권세가 있었던 것입니다.

특별히 그리스도는 십자가에서 죽기까지 복종하신 분입니다.[23] 바로 그 놀라운 혁명적이고 절대적인 복종 안에서 하나님의 새로운 구원 역사가 시작되었습니다. 아담 한 사람이 순종하지 않아서 많은 사람이 죄인이 된 것처럼, 한 사람 그리스도께서 순종하심으로써 많은 사람이 의인이 된 것입니다(롬 5:19).

예수 그리스도는 우리가 마땅히 사랑해야 할 하나님을 사랑하지 않았던 것과 정반대로 행하시고 하나님을 그 누구보다 사랑하셨습니다. 그분의 삶뿐만 아니라 그분의 말씀을 통해서 그리스도는 우리가 하나님의 은혜롭고, 용서하시는 사랑을 깨닫도록 하십니다. 이제 우리는 예수 그리스도의 모범을 닮아 가야 합니다. 하나님의 아들 그리스도께서 고난을 받아 순종함을 배워 온전하게 되셨다면, 이제 그분으로부터 구원을 받으려는 모든 사람은 마땅히 순종해야 합니다(히 5:8-9).

그리스도께서 "말씀과 모범으로 우리를 가르치심을 통해", 하나님은 사랑으로 스스로를 우리에게 엮어 매셨습니다. 우리는 이토록 놀랍게 드러난 하나님의 사랑과 은혜의 현시에 감동하여 주님께 나아와야 합니다.[24] 이 과정은 물론 성령의 은혜로 가능해집니다. 이렇듯 선지자이신 예수 그리스도의 사역은 성령님의 사역과 밀접하게 관련이 있습니다. 그리스도는 지금도 천상에서 하나님의 계시를 자신의 성도들에게 중보하십니다.[25]

참 하나님, 참 인간

그리스도의 사역은 제사장, 왕, 선지자 사역을 완성하는 것이었습니다. 각각의 직분에서 그리스도는 우선 중보자로서 그 일을 행하시고, 또한 동시에 그 사역을 종말론적으로 완성하셨습니다.

그리스도의 왕직은 종으로서 이 땅 가운데 오셔서 고난당하신 사역이면서, 동시에 사탄과 싸우고 백성에게 해방을 가져다주는 사역이었습니다. 그리고 더 나아가 백성을 다스릴 뿐 아니라, 온 세상을 통치하는 사역이었습니다.

그리스도의 선지자직은 말씀의 경청자와 순종자로서 하나님의 모든 말씀과 예언을 성취하는 사역이었습니다. 이 과정에서 그리스도는 구원에 대한 진리를 온전히 드러내셨고, 이 세상을 향하신 하나님의 모든 뜻을 보여주셨습니다. 지금도 예수 그리스도는 살아 계신 하나님의 계시로 우리에게 성부의 모습을 가장 잘 보여주시는 분입니다(골 1:15).[26]

그리스도의 제사장직은 자신을 온전하고 거룩하고 흠 없는 제물로서 하나님께 영단번에 드리는 사역이었습니다.[27] 그리고 대제사장이신 그리스도는 백성을 위하여 기도하셨습니다(요 17장). 지금도 그리스도는 하나님 보좌 우편에서 더 나은 언약의 중보자가 되어 주십니다(히 8:6).

왕으로서의 그리스도는 우리를 포로로 잡던 죄악의 권세로부터 승리하셨습니다. 선지자로서 그리스도는 그분의 삶과 죽음에서 자기 백성을 향한 하나님의 사랑을 보여주셨습니다. 제사장으로서 그리스도는 우리를 모든 죄악에서부터 깨끗하게 해주십니다.

더 나아가 기억해야 할 것은 그리스도께서 참 하나님이시며, 참 인간이었기 때문에 이 일이 가능했다는 사실입니다. 그분이 하나님이 아니셨다면 우리 대신 "온전한 의를 충족시키는 일"은 불가능했습니다. 그분이 인간이 아니셨다면 "우리 대신" 온전한 의를 충족시키는 일은 불가능했습니다. 그분이 하나님이 아니셨다면 우리를 위하여 "사탄을 패배시키는 일"은 불가능했습니다. 그분이 인간이 아니셨다면 "우리를 위하여" 사탄을 패배시키는 일은 불가능했습니다. 그분이 하나님이 아니셨다면 우리를 위한 "하나님의 사랑과 자비"를 온전히 보여주지 못했을 것입니다. 그분이 인간이 아니셨다면 "우리와 같은 죄인들조차 위하시는" 하나님의 사랑과 자비를 온전히 보여주지 못했을 것입니다.

요약하자면, 그리스도의 구원 사역과 그분의 세 가지 직분은 긴밀하게 연관되며, 이런 관점은 구원론과 세 가지 직분 모두를 깊이 이해하는 데 도움을 줍니다. 그리스도의 구원 사역에서 우리는 복음의 핵심을 마주하며, 이 진리는 우리를 믿음과 순종으로 이끕니다.

그리스도인의 세 직분

개혁교회 신조들은 그리스도의 세 가지 직분에 관해 자세히 다루었습니다. 대표적인 예가 『하이델베르크 교리문답』(1563)과 『웨스트민스터 소교리문답』(1646)입니다.

『하이델베르크 교리문답』, 31문답은 아래와 같습니다.

> 31문: 그분을 왜 그리스도, 곧 기름 부음을 받은 자라 부릅니까?
>
> 답: 왜냐하면 그분은 성부 하나님으로부터 임명을 받고 성령으로 기름 부음을 받으셨기 때문입니다(시 45:7; 사 61:1; 눅 3:21-22; 4:18; 행 10:38; 히 1:9). 그분은 우리의 큰 선지자와 선생으로서 우리의 구원을 위한 하나님의 감추인 경영과 뜻을 온전히 계시하시고(신 18:15; 사 55:4; 마 11:27; 요 1:18; 15:15; 행 3:22; 엡 1:9-10; 골 1:26-27), 우리의 유일한 대제사장으로서 그의 몸을 단번에 제물로 드려 우리를 구속하셨고(시 110:4; 히 7:21; 9:12, 14, 28; 10:12, 14), 성부 앞에서 우리를 위해 항상 간구하시며(롬 8:34; 히 7:25; 9:24; 요일 2:1), 또한 우리의 영원한 왕으로서 그의 말씀과 성령으로 우리를 다스리시고, 우리를 위해 획득하신 구원을 누리도록 우리를 보호하고 보존하십니다(시 2:6; 슥 9:9; 마 21:5; 28:18; 눅 1:33; 요 10:28; 계 12:10-11).[28]

『웨스트민스터 소교리문답』, 23-26문답은 아래와 같습니다.

23문 그리스도께서 우리의 구속자로서 무슨 직분을 행하십니까?

답 그리스도께서는 우리의 구속자로서 선지자(신 18:18; 행 2:33; 3:22-23; 히 1:1-2)와 제사장(히 4:14-15; 5:5-6)과 왕의 직분(사 9:6-7; 눅 1:32-33; 요 18:37; 고전 15:25)을 낮아지고(빌 2:6-8) 높아지신(빌 2:10) 두 지위에서 행하십니다.

24문 그리스도께서 선지자의 직분을 어떻게 행하십니까?

답 그리스도께서는 선지자로서 우리를 구원하시려는 하나님의 뜻을(요 4:41-42; 요 20:30-31) 그분의 말씀(눅 4:18-19, 21; 행 1:1-2; 히 2:3)과 성령으로(요 15:26-27; 행 1:8; 벧전 1:11) 우리에게 계시하십니다.

25문 그리스도께서 제사장의 직분을 어떻게 행하십니까?

답 그리스도께서는 제사장으로서 단번에 자신을 제물로 드려 하나님의 공의를 만족시키시고(사 53; 행 8:32-35; 히 9:26-28; 10:12) 우리를 하나님과 화목하게 하셨으며(롬 5:10-11; 고후 5:18; 골 1:21-22), 또한 우리를 위하여 항상 간구하십니다(롬 8:34; 히 7:25; 9:24).

26문 그리스도께서 왕의 직분을 어떻게 행하십니까?

답 그리스도께서는 왕으로서 우리를 자기에게 복종하게 하시고 우리를 다스리시고 보호하시며(시 110:3; 마 28:18-20; 요 7:2; 골 1:13), 그분의 모든 원수들, 곧 우리 원수들을 제어하시고 정복하십니다(시 2:6-

9; 110:1-2; 마 12:28; 고전 15:24-26; 골 2:15).

이처럼 개혁신학자들은 그리스도의 세 직분에 대한 가르침을 아주 중요하게 여기며 신조에 반영했습니다. 그리고 그들은 그리스도의 세 직분론을 역사적 차원에서 발전시켜 나갔습니다. 세 직분은 모든 역사에 걸친 그리스도의 중보 사역에서 나타나지만, 선지자 직분은 말씀의 계시 사역과 관련하여 그 탁월함이 드러나고, 제사장 직분은 그리스도의 희생적 삶과 죽음에서, 왕의 직분은 하나님의 마지막 통치에서 그 탁월함이 드러난다고 보았습니다.[29] 우리는 아래와 같이 그리스도의 세 직분이 가지는 의미를 보다 풍성하고 포괄적으로 정리해 볼 수 있습니다.[30]

그리스도의 세 직분은 우리의 구원을 올바르고 풍성하게 이해하는 데 도움을 줄 뿐 아니라, 또한 구체적인 삶의 영역에서도 적용할 수 있습니다. 모든 기독교 교리를 머리로 이해하는 데서 그치는 것은 의미가 없습니다. 교리는 적용을 해야 합니다. 우리는 그리스도의 세 직분에 대한 가르침을 개인적, 사회적, 가정적, 교회적 삶에 적용할 수 있어야 합니다.

개인적-사회적 적용

그리스도의 세 직분과 우리의 신앙생활을 잘 연결하여 고백한 『하이델베르크 교리문답』, 제12주일, 제32문입니다.[31]

> 32문 당신은 왜 그리스도인이라 불립니까?(행 11:26)
>
> 답 왜냐하면 내가 믿음으로 그리스도의 지체가 되어 그의 기름 부음에 참여하기 때문입니다(사 59:21; 욜 2:28; 행 2:17; 고전 6:15; 12:13; 요일 2:27). 나는 선지자로서 그의 이름의 증인이 되며(마 10:32-33; 롬

10:10; 히 13:15), 제사장으로서 나 자신을 감사의 산 제물로 그에게 드리고(출 19:6; 롬 12:1; 벧전 2:5; 계 1:6; 5:8, 10), 또한 왕으로서 이 세상에 사는 동안은 자유롭고 선한 양심으로 죄와 마귀에 대항하여 싸우고(롬 6:12-13; 갈 5:16-17; 엡 6:11; 딤전 1:18-19; 벧전 2:9, 11), 이후로는 영원히 그와 함께 모든 피조물을 다스릴 것입니다(딤후 2:12; 계 22:5).

이렇게 잘 요약한 고백문과 함께 우리는 구약성경에서 선지자, 제사장, 왕의 직무를 잘 관찰하여 우리 삶에 적용할 수 있습니다. 무엇보다 그리스도의 삶을 본받아 그분의 세 가지 직무를 우리 편에서 행할 수 있습니다.

우리는 직장이나 학교에서 이 세 가지 직무를 수행하는 사람이 되어야 합니다. 선지자로서 우리는 복음을 전할 기회를 만들기 위해 노력해야 합니다. 21세기는 그 어떤 시대보다 하나님의 복음이 더욱 필요한 시대입니다. 과학 기술의 발달로 인간관계는 더욱 황폐화되었으며, 이기주의와 개인주의로 인하여 사랑이 메말라 가고 있습니다. 이러한 시대를 변화할 근원적인 힘은 오직 그리스도의 복음에서 나옵니다. 따라서 복음 전파는 선지자적 사명감을 가지고 행해야 할 우리 시대의 최대 과제입니다.

또한 제사장으로서 성도들은 다른 이들의 죄를 위해 대신 하나님께 기도하며 정결해야 합니다.[32] 성도는 세상의 죄악과 더불어 싸우는 자이며, 동시에 그들의 죄로 인해 하나님 앞에서 애통해하는 자입니다. 아우구스티누스는 그리스도인의 "사회 참여" 가운데 가장 중요한 요소를 "기도"라고 했습니다.[33] 그는 주님께서 가르쳐 주신 주기도문을 가지고 날마다 이 세상을 위해 기도하는 것이 순례자 된 성도들의 기본자세라고 했습니다(『신국론』, 21권 27장 4절; 『편지』 130번).[34] 아우구스티누스는 이런 기도를 바탕으로 이 세상 나라를 위해 천상의 순례자들은 세 가지를 해야 한다고 주장했습니다. 첫째는 "사랑"의 권면입니다. 우리는 이웃에게 하나님을 사랑하라고 권면해야 합니다. 둘째는 "평화"의 의무입니다. 성도는 때때로 세상 나라와 협력하여 평화를 증진할 의무가 있습니다. 셋째로 "정의"의 실현입니다. 우리는 세상 나라가 공의를 실행하도록 돕고 요구해야 합니다. 그런데 이 정의는 참된 예배와 온전한 완성을 향한 기도에서부터 나오는 것이어야 합니다. 성도는 기도 가운데 정의로운 세상을 이루어 갈 뿐 아니라, 세상의 죄로부터 오염되지 않도록 노력해야 합니다.[35]

왕으로서 성도들은 언제나 하나님의 말씀에 좀 더 가깝게 살도록 노력해야 합니다.[36] 그리고 자신이 세상에서 행하는 여러 일이 하나님의 말씀에 알맞게 진행되도록 힘써야 합니다. 직장이나 학교에서 성도들이 하나님의 말씀을 숙고하고 그것을 작은 일에서부터 적용해 나갈 때, 이 세상을 다스리는 왕이신 그리스도의 파송 받은 작은 왕으로서 행할 수 있습니다. 이렇게 사는 것이 그리스도인의 특권이자 의무입니다.

가정적 적용

가정생활로 그리스도의 복음을 더욱 드러내야 합니다. 선지자 직분을 가진 부모는 자녀를 양육할 때 그리스도의 향기를 드러내야 합니다. 어린 자녀들은 부모의 모습을 통해서 하나님을 보며, 그리스도의 복음의 의미를 체득합니다. 따라서 부모들이 가정 내에서 복음에 합당한 열매를 맺을 때 선지자직을 감당하게 됩니다. 부모의 선지자직은 가정 예배를 통해서 구체적으로 구현됩니다. 아이가 5세 정도가 되면 충분히 가정 예배를 드릴 수 있습니다. 매일 짧은 시간이라도 자녀들과 함께 말씀을 읽고 찬송하고 기도하는 시간을 가진다면, 자녀들은 선지자 직무를 자연스럽게 배울 것입니다. 이 과정에서 자녀들의 신앙적 성장을 체크하고 도울 수 있습니다.

부모는 단지 자녀들의 출세나 성공을 위해서 기도하는 것이 아니라, 자녀들이 더욱 성결해지도록 기도해야 합니다. 이것이 제사장 직분을 잘 수행하는 것입니다. 만일 부모가 자녀들의 신앙을 중요하게 생각한다고 하면서 시험 기간이나 입시 때 자녀들이 교회 생활을 소홀히 하도록 한다면, 이것은 제사장의 직무를 망각하는 행동입니다. 자녀들은 부모의 말이 아니라, 삶을 통해서 제사장직을 배울 것입니다.

여기서 믿음의 가장家長의 역할이 매우 중요합니다. 가정을 말씀으로 잘 다스리는 가장이 진정한 왕의 직무를 잘 수행하는 사람입니다. 따라서 혼인을 앞둔 젊은이들은 그리스도의 왕직을 잘 수행하고 그 일을 돕는 배우자를 선택해야 합니다. 하나님의 말씀으로 가정을 다스리지 않는다면, 지속하여 불화와 충돌이 발생할 것입니다. 반대로 하나님의 통치를 바르게 떠받드는 가정은 세상에 하나님의 아름다운 덕을 선포할 것입니다(벧전 2:9).

교회적 적용

전통적으로 개혁교회와 장로교회는 목사, 장로, 집사로 구성된 세 직분론을 가졌습니다. 이는 성경과 고대 교회의 전통을 따른 것입니다. 디모데전서 3장과 디도서 1장은 목사직과 장로직을 포함한 감독 직분과 집사 직분을 다룹니다. 히에로니무스Hieronymus는 교회의 직제를 다섯 가지, 곧 감독, 장로, 집사, 신자, 입교지망자로 설명하며 제시했습니다.[37] 이 중에서 교회를 항시적으로 섬기는 직분은 감독, 장로, 집사입니다.

칼뱅은 1541년과 1561년의 교회 헌법에서 네 가지 형태로 직분을 나누었습니다. 이는 목사pastores, 교사doctores, 장로presbyteri, 집사diaconi입니다.[38] 칼뱅이 이렇게 직분론을 구체화한 것에는 부서Martin Bucer의 영향이 큽니다. 칼뱅은 스트라스부르에서 3년간 지내면서 부서에게서 교회론에 관한 많은 내용을 배웠습니다.[39] 그러나 훗날 칼뱅은 목사직 안에 교사직을 포함함으로써, 최종적으로 삼중직의 직분론을 전개했습니다.[40] 한편, 1561년에 나온 『벨직 신앙고백서』는 30조에서 세 직분을 구분하며 이렇게 언급합니다. "하나님의 말씀을 설교하고 성례를 시행하기 위해서 사역자 혹은 목사들과, 목사들과 함께 교회 회의(당회)를 구성할 감독들과 집사들이 있어야 한다." 1618년에 나온 『도르트 교회정치』 2조에는 이렇게 적혀 있습니다. "세 직분이 구분되어야 한다: 말씀의 사역자, 장로, 집사. 어떤 목사들은 신학생들을 교육시키는 일을 위해, 또 다른 목사들은 선교 사역을 위해서 구별된다."[41] 목사는 선지자직에, 장로는 왕직에, 집사는 제사장직에 비유되곤 했습니다.[42] 하지만 목사, 장로, 집사 모두 선지자, 제사장, 왕의 모습을 드러내야 합니다.

목사의 설교에는 순수한 그리스도의 복음으로 이 시대를 통찰하고 복음을 시대와 접목하는 선지자적 요소, 성도들을 위로하고 하나님께로 이끌어 가는 제사장적 요소, 성도의 삶과 교회를 전체적으로 돌보고 양육하는 왕적 요소가 있어야 합니다. 이 세 가지 중 하나에만 치우치면 교회는 온전하게 성장할 수 없습니다. 성도들을 언약적 삶의 풍성함으로 이끌어 가기 위해서는 설교자가 그리스도의 세 직무를 온전히 드러내는 사람이 되어야 합니다.

장로의 섬김도 역시 이 세 직무가 함의하는 요소가 들어 있어야 합니다. 다스리기만 좋아하고, 교회 전체를 살피고 일일이 돌보는 사역을 감당하지 않는 장로직으로는 부족합니다. 성경적 장로직을 매우 상세하게 논한 반 담Cornelis Van Dam 교수는 이렇게 주장합니다. "장로 직분이 맡은 과업은 한마디로 하나님과의 언약 안에서 살아가는 삶을 보전하고 육성하는 것이라고 요약할 수 있다."⁴³ 장로들이 성경적인 지도력을 발휘한다는 것은 당면한 문제에 대한 자신의 견해를 피력하기 이전에, 양 무리들로 하여금 선한 목자의 음성을 듣도록 하는 것입니다. 이런 일 없이 다만 교회 제정이나 행정적 일에만 매달리거나, 다만 섬김을 받으려고 한다면 장로직을 제대로 수행하는 것이 아닙니다.

집사직에도 역시 이 세 직무의 요소가 골고루 나타나야 합니다. 그러기 위해서는 항상 말씀과 기도에 힘써야 할 것입니다. 한국 교회에서 집사직은 하나의 명목으로 그치는 경우가 많습니다. 하지만 제사장적 직무를 잘 감당하는 집사는 언제나 깨어 기도할 것입니다. 선지자적 직무를 감당하기 위해서 복음을 열심히 배우고 가르칠 것입니다. 왕적 직무를 충실히 감당하는 이들은 말씀으로 각 기관을 돌보고 섬길 것입니다. 그럴 때에야 비로소 구제와 봉사의 직분인 집사직이 온전해질 것입니다.

이제 구체적으로 교회에서 장로, 집사, 권사의 역사와 이 직분들의 자격과 사역에 관해 살펴보겠습니다.

직분의 의미와 성격

직분의 의미

1부에서 우리는 삼위일체적 교회론에 관해 살펴보았습니다. 교회는 성부 하나님의 택하신 백성입니다. 직분자들 역시 하나님이 세우신 자들입니다. 교회는 성자 예수님의 몸입니다. 주님은 직분자들을 통해 교회를 다스리십니다. 교회는 성령 하나님의 성전입니다. 성령께서는 공동체의 교제를 통하여 교회를 성화시키십니다. 직분자들이 바로 그 일을 돕는 사람들입니다.

2장에서 그리스도는 기름 부음 받은 분으로서, 구약의 제사장, 왕, 선지자의 직분을 완성한 분임을 설명했습니다. 높아지신 그리스도는 이제 모든 그리스도인에게 이 세 가지 직분을 주셨습니다(『하이델베르크 교리문답』, 31-32문답; 『웨스트민스터 소교리문답』, 23-26문답). 우리는 이 땅의 모든 삶의 영역에서 제사장, 왕, 선지자의 직분을 행하며 살아야 합니다.

그렇다면, 교회의 직분이란 정확히 무엇입니까? 교회의 직분은 하나님이 부여한 지속적이고 제도적인 직무입니다. 주님은 교회를 온전히 세우고, 주님의 몸 된 교회를 섬길 수 있도록 특별히 제도적 직무를 주셨는데 이것이 바로 교회의 직분입니다.[44] 따라서 직분자들의 섬김이 없는 교회란 존재하지 않습니다. 이런 의미에서 헤르만 바빙크 Herman Bavinck는 하나님이 직분자들을 통해 교회를 다스리시며, "교회에 (직분자들을 통한 그리스도의) 통치가 없었던 적은 없다"라고 주장합니다.[45]

그리스도인의 세 직분과의 관계

이 특별한 교회의 직분들은 신자 모두에게 부여된 제사장, 왕, 선지자라는 일반적 직분과 구별됩니다. 제사장, 왕, 선지자의 직분은 그리스도인이 예수님을 믿을 때부터 즉시로 받는 직분입니다. 이 직분은 모든 그리스도인이 가정, 교회, 사회 등 삶의 모든 영역에서 항시 수행해야 할 영적이고 항존적인 직분입니다. 하지만 교회의 직분, 곧 목사, 장로, 집사, 권사의 직분은 교회의 온전하고도 지속적인 유지와 성장을 위해서 특별하게 세워진 제도적 직분입니다. 물론 교회의 직분을 감당할 때도 제사장, 왕, 선지자로서 이 일을 수행해야 합니다. 목사직, 장로직, 집사직, 권사직 모두 제사장, 왕, 선지자로서 그 직분을 감당해야 합니다.[46] 쉽게 말해 제사장, 왕, 선지자의 직분은 모든 직분 수행의 근거와 바탕이 되는 보편적 직분이라고 한다면, 목사, 장로, 집사, 권사의 직분은 교회의 사명과 사역에 초점을 맞춘 제도적이고 특수한 직분이라고 할 수 있습니다. 물론 목사, 장로, 집사, 권사의 직분을 맡은 사람들이 교회 바깥 삶의 영역에서도 해야 할 일들이 있을 수 있습니다. 하지만 하나님은 우선적으로 교회를 세우고 성장시키시려는 목적으로 이 직분을 주셨습니다.

소명과의 관계

"소명召命, calling"이란 "하나님의 부르심"을 뜻합니다. 성경은 소명이라는 단어를 "구원"과 같은 의미로 사용하기도 합니다. 하지만 때로는 "구원받은 자의 삶의 목표"를 가리키기도 합니다. 간단히 말해서 "소명=구원+사명"이며, "사명=맡기신 영혼과 맡기신 일"이라고 할 수 있습니다.

루터는 "소명vocatio"의 의미를 일곱 가지로 제시했습니다. 이는 구원으로의 부르심, 특별한 사명으로의 부르심, 교회의 직분자로의 부르심, 목회자로의 부르심, 부모나 자녀로의 부르심, 직업으로의 부르심, 일상으로의 부르심입니다.[47] 이렇게 볼 때 우리의 인생 전체가 소명이라고 할 수 있습니다.

교회 직분자로의 부르심을 소명의 의미 안에 포함한 루터와 마찬가지로, 칼뱅은 소명이 없는 사람에게 공적 직무를 맡게 해서는 안 된다고 단호히 말했습니다.[48] 사역자가 되기 위해서는 먼저 합당한 소명을 받아야 합니다. 바울은 자신의 사도직을 증명하기 원할 때 거의 언제나 직무를 수행하면서 보인 충실함과 자기 소명을 제시했습니다(롬 1:1; 고전 1:1). 따라서 소명 없는 구원이 없듯이, 소명 없는 직분도 없다고 보아야 합니다.

소명에는 내적 소명과 외적 소명이 있습니다. 내적 소명은 하나님이 나를 직분자로 부르시는 내밀하고 내적인 부르심을 뜻합니다. 외적 소명은 그 직분에 걸맞은 은사와 성품과 자질을 교회적으로 인정받는 과정입니다. 내적 소명과 외적 소명이 모두 있어야 직분자로 올바르게 세워질 수 있습니다.

은사와의 관계

직분과 은사의 관계 역시 이해할 필요가 있습니다.[49] 하나님은 직분자로 세우실 때 그 직분에 필요한 은사도 함께 주십니다.[50] 그러나 은사가 있다고 해서 직분자가 될 수 있는 것은 아닙니다. 주님께서 직분자로 부르시는 소명이 있어야 하고, 교회의 공적인 세움이 있어야 합니다. 존 머레이John Murray는 이를 다음과 같이 정리했습니다. "직분을 위해서는 이에 상응하는 은사가 있어야 합니다. 그러나 성령께서 은사를 구비하여 주셨고 이 은사들을 그리스도의 몸이 하나 되고 교회를 세우는 일에 반드시 사용하여야 한다고 해서, 그 모든 은사가 신자들에게 사도와 선지자, 목사와 치리 장로와 집사의 직분에 참여할 자격을 주는 것은 아닙니다."[51] 모든 성도는 각각 받은 은사가 있을 것입니다. 그 은사를 잘 사용한 사람 가운데 공적 과정과 절차를 거쳐 직분자가 세워집니다.

직분의 한정성

성경에서 은사를 나열할 때는 그 수가 특별히 한정되지 않는 것 같습니다. 하지만 직분은 한정되어 있습니다. 이는 은사가 나열된 본문들과 직분을 세우는 규정을 준 성경 본문들을 통해 알 수 있습니다. 고린도전서 12:7-11은 은사를 나열합니다. 하지만 바울은 여기서 모든 은사를 나열하지 않고 다양한 은사 중 일부만 나열하고 있는 인상을 줍니다. 반면에 디모데전서 3장이나 디도서 1장을 보면 직분자에 대한 규정이 나오는데, 구체적으로 언급하는 직분은 장로직과 집사직입니다. 오늘날로 보면 목사, 장로, 집사직이라고 할 수 있습니다. 미국 교회의 역사에서 권사직은 장로직과 집사직의 혼합된 형태로 여겨졌습니다. 이것은 아마도 디모데전서 3:11-13에서 언급된 여성도의 직분에 관한 언급에서 암시적으로 그 근거를 찾을 수 있습니다.[52] 이를 볼 때 은사란 그 수가 정해져 있지 않지만, 직분은 그 수가 정해져 있는 것으로 생각하는 것이 옳음을 알 수 있습니다.

이는 "사도직"에 대한 올바른 생각을 갖도록 해줍니다. 사도직은 예수님을 직접 목격하고 주님에게서 직접 복음을 들은 열두 명에게 주어졌습니다. 사도직은 기독교 역사에서 교회가 설립되는 초기에 중요한 역할을 했던 특수 직입니다(사도를 "교회 창설 직원"이라고 부름). 그런데 오늘날 일부 교회나 선교 단체에서는 마치 현재도 사도가 있을 수 있다는 듯 "사도"를 세우는 일을 합니다. 이는 성경적이지 않습니다. 사도가 특수 사명을 받았던 한시적 직분이었다는 것은 몇 가지에 근거해서 생각해 볼 수 있습니다.

첫째, 사도행전 1장에서 가룟 유다를 대신할 사도를 뽑을 때 사도의 조건이 분명히 명시되어 있습니다. 사도를 "요한의 세례로부터 우리 가운데서 올려져 가신 날까지 주 예수께서 우리 가운데 출입하실 때에 항상 우리와 함께 다니던 사람 중에 하나를 세워 우리와 더불어 예수께서 부활하심을 증언할 사람"(행 1:21-22)이라고 규정합니다. 사도는 예수님께서 직접 부르신 자들이며, 그분의 부활을 목격자로서 증언하는 사람입니다. 따라서 사도는 아무나 될 수 없습니다. 개혁신학자 헤르만 바빙크가 사도직은 단지 사도적 말씀 가운데 존속되는 한시적 직분이라고 지적한 이유가 여기에 있습니다.[53]

둘째, 사도 바울은 예수 그리스도께서 "맨 나중에 만삭되지 못하여 난 자 같은 내게도 보이셨느니라"(고전 15:8)라고 적었습니다.[54] 이를 통해 부활하신 예수님이 사도를 세우기 위해 직접 나타나신 것은 사도 바울이 마지막이었다는 것을 알 수 있습니다.

셋째, 사도권과 관련해서 바울조차도 아주 집요하게 질문과 의심을 받았다는 사실을 기억할 필요가 있습니다(고전 9:1-2; 15:9-10 참조). 이것은 사도권을 초대 교회 사람들이 얼마나 엄격하게 생각했는지 보여주는 장면입니다. 사도는 결코 아무나 될 수 없었기 때문에 바울조차 의심을 받은 것입니다.

넷째, 성경에는 열두 사도 외에 사도를 세우는 절차나 규정이 나오지 않습니다. 이 사실 또한 사도직은 열두 사도로서 끝이 나고 그 이후에는 세울 필요가 없음을 암시합니다.

다섯째, 사도들은 서로를 인정했습니다. 베드로후서 3:15-16에서 베드로는 사도 바울의 서신서를 정경적 권위를 가진 문서로 인정합니다.[55] 사도들이 서로 인정한 사람들 이외에 사도적 권위를 가진 사람은 없습니다.

이처럼 사도가 되기 위해서는 예수님이 직접 그들을 부르셔야 했고, 그분의 부활을 목격해야 했으며, 그분의 권위를 가지고 복음을 전파해야 했습니다.[56] 사도들이 가졌던 "권위"란 오직 예수 그리스도에 종속되어 복음을 전하며, 말씀을 전할 때 역사(회심, 이적 등)가 나타나며, 사도들 간 인정을 통해 드러났습니다. 사도직은 교회를 세우기 위해 한시적으로 주어진 직분입니다. 사도 외에도 선지자직이나 교사직(고전 12:28; 엡 4:11), 복음 전하는 자의 직분(엡 4:11)이 있었는데, 이 직분들 또한 목사직이나 장로직이나 집사직 안에 포함되면서 점차 사라졌다고 볼 수 있습니다. 종교개혁자 칼뱅이 목사, 장로, 집사의 삼직분을 제시한 데는 이런 성경적 근거가 있습니다.[57] 바빙크 역시 초대 교회 문헌들을 근거 삼아 사도, 선지자, 전도자, 교사직은 초대 교회에 있었던 특별한 직분들로서, 나중에 감독직에 흡수되었다고 가르칩니다(『디다케』, 15; 11 이하;『헤르마스의 목자』, "계명"의 11장; 에우세비오스,『교회사』, III, 37 참조).[58] 이로써 교회는 목사, 장로, 집사의 항존 직분을 갖게 되었고, 그 직분들은 교회에 필요한 기능을 모두 감당할 수 있습니다.[59]

직분의 중요성

마지막으로 생각해 볼 것은 직분의 중요성입니다. "나는 장로도 아니고, 장로가 될 사람도 아닌데 왜 장로직에 관해 배우고 알아야 하는가?"라고 생각할 수 있습니다. 다섯 가지 이유가 있습니다.

첫째, 교회는 그리스도의 한 몸이기 때문입니다. 그리스도께서는 직분자들을 통하여 몸 된 교회를 다스리십니다.[60]

둘째, 성령께서 직분자들의 봉사를 통해 교회의 성화와 교제를 증진시키기 때문입니다. 직분자 선출은 나의 신앙적 성장과 직결됩니다.

셋째, 하나님은 직분자들을 공동체에 두시기 원하며, 우리의 투표를 통해 장로직을 선출하시기 때문입니다. 사도 맛디아(행 1:15-26)와 사도 바울(행 13:2)의 경우에서 볼 수 있듯이, 하나님은 친히 사도를 선택하셨을 때에도 교회의 규율을 활용하셨음을 기억해야 합니다. 칼뱅은 이에 관해 성령이 맛디아에 대한 자기의 선택을 입증하신 뒤 그를 따로 세우셔서 안수하게 하신 것은 사람들을 통하여 사역자들을 지명하는 교회적 규율을 지키려는 목적이었다고 바르게 설명합니다.[61]

넷째, 직분자의 자격에 대한 가르침은 일반 성도들의 영적 성장의 기준을 제시하고 있기 때문입니다. 디모데전서 3장에 나오는 직분자들에 대한 규정은 우리 모두의 경건 생활을 위한 중요한 지침이 됩니다.

다섯째, 우리 모두가 직분자들의 자격과 역할을 잘 알아야 그들을 잘 도와서 교회를 세워 갈 수 있기 때문입니다. 교회에서 직분자가 세워질 때는 한 사람이 하나님의 쓰임을 받게 되는 것이라기보다는 그를 통하여 모든 사람이 함께 하나님의 일에 동참하는 계기가 마련되는 것입니다.

이와 같은 다섯 가지 이유로 인해 우리는 교회의 직분에 관해 잘 배워야 합니다.

목사직의 특수성과 그 역할의 중요성에 관해서는 그리스도의 몸 된 교회를 살필 때 자세히 설명했습니다. 이하에서는 장로, 집사, 권사 직분의 역사와 자격과 사역에 관해 설명하려고 합니다. 장로직에 대한 설명의 많은 부분이 목사직에도 해당됩니다. 장로는 두 부류가 있는데, 오늘날 "목사"라고 불리는 이는 가르치는 일과 다스리는 일(혹은 심방을 포함한 치리하는 일)을 둘 다 하는 장로를 가리키고, 오늘날 "장로"라고 부르는 이는 다스리는 일을 하는 장로를 가리킵니다.

장로직의 두 부류에 대해서는 교회의 전통마다 이해가 달랐습니다. 예를 들어, 미국 남장로교회에서는 장로를 '교훈장로 teaching elder'와 '치리장로 ruling elder'로 나누었습니다. 그리고 둘은 기능적 측면에서는 다르지만, 직무적 측면에서는 다르지 않다고 가르쳤습니다. 이러한 남장로교회 전통을 대표하는 인물로는 제임스 쏜웰James. H. Thornwell이 있습니다. 반면에, 미국 북장로교회에서는 교훈장로와 치리장로를 기능적 측면과 직무적 측면에서 모두 다른 직분이라고 설명했습니다. 이러한 북장로교회 전통을 대표하는 인물로는 찰스 하지Charles Hodge가 있습니다. 저는 이 부분에 있어서는 남장로교회 전통이 보다 더 옳다고 생각합니다. 북장로교회 전통은 자칫 목사직을 장로직 위에 둠으로써 감독교회로 흘러갈 위험이 있기 때문입니다. 직분론을 본격적으로 다루기에 앞서 꼭 기억해야 할 내용은 각 직분자들 사이의 성경적인 동역이며, 상대방이 지닌 역할에 대한 인정입니다.[62]

3장.
장로직

장로직의 역사

구약과 신약에는 장로직에 관한 풍부한 가르침이 나타납니다. 이런 가르침은 현대 한국 교회에서 유행하는 셀교회, 목장교회, 가정교회 등에서 새롭게 만들어 낸 직분의 개념들과 전혀 비교할 수 없을 정도로 풍부한 개념을 가지고 있습니다. 바로 이런 이유 때문에 현대 교회에서 새로운 직분들을 만들더라도 기존의 장로직, 집사직을 없애는 것은 바람직하지 않음을 알 수 있습니다. 예를 들어 "목자", "목녀", "목원"이라는 말을 쓰는 목장교회의 경우, 성경에 등장하는 목자의 개념이 그들의 직무를 일대일 대응으로 설명해 주는 것은 결코 아닙니다. 하지만 성경에 나오는 장로 직분의 개념은 오랜 역사를 통해 정립된 개념입니다. 장로직에는 성경적 목자의 개념까지 들어갈 수 있습니다. 하지만 목자의 개념에는 장로직의 개념이 전부 포함되지 않습니다.

  교회는 변화하는 시대의 필요와 요구에 맞추어서, 셀교회, 목장교회, 가정교회의 장점을 도입할 수 있습니다. 하지만 그때에도 교회의 직분인 목사, 장로, 집사, 권사직 등은 유지되어야 합니다. 최대한 이러한 직분을 유지하고 활용하면서 셀교회, 목장교회, 가정교회 모델의 장점을 수용한다면 좋습니다. 만일 성경이 말하는 직분을 없애거나, 있더라도 그 고유한 직무를 유야무야有耶無耶하게 만들면서 소위 새로운 교회 모델을 도입한다면, 목사, 장로, 집사, 권사 직분에 대한 귀한 성경적 계시와 풍부한 신학적 고찰 역시 사장될 수 있습니다. 교회론의 타락은 성경 계시에 대한 무시에서 비롯합니다. 따라서 교회론의 과도한 변화와 새로운 제도의 무분별한 도입이 야기하는 성경 계시에 대한 무시와, 역사적으로 뿌리 깊고 근거 있는 신학 및 아름다운 전통의 손실을 목회자들과 교회의 직분자들은 심각하게 고려해 보아야 합니다.

구약에서의 장로직

선출 방식

고대 지중해 연안 여러 국가는 남성 중심의 부계 사회였습니다. 그래서 집안과 부족의 중요한 일들을 남성, 특히 나이가 많은 남성이 결정했습니다. 하지만 하나님은 단지 남성 중심의 부계 사회의 전통을 따라서 장로를 세우신 것이 아닙니다. 하나님은 언약 백성의 보호자요, 율법의 파수꾼으로서 장로들을 백성 가운데 세우셨습니다.

고대 이스라엘에서 장로가 세워지는 과정은 두 가지가 있었습니다.[1] 첫째는 하나님의 섭리로 말미암아 장로가 세워지는 과정이었습니다(출 3:16; 수 24:1; 삿 8:14; 11:5; 왕상 8:1). 둘째는 백성의 선출을 통하여 장로가 임직되는 과정입니다(신 1:13-16).[2] 이렇게 장로직 선출에 백성이 참여했다는 사실은 매우 중요합니다. 장로의 선출 과정은 어떤 신비한 간택도 아니었고, 독선적이고 일방적인 임명도 아니었습니다. 모든 백성이 지혜와 능력과 질서 안에서 장로를 선출하는 과정에 참여했습니다. 이런 전통은 신약으로 이어집니다(행 14:23; 고후 8:19).[3] 신약의 교회 역시 자기 안에 있는 여러 사안에 대해서 회중 스스로가 책임을 지고, 이러한 일들을 도맡아 처리할 지도자들을 스스로 선출했습니다.

선출과 합의의 과정을 통해 직분자를 세우는 일을 영적이지 않다고 생각하는 분들이 있을지 모릅니다. 오히려 제비뽑기를 더 영적인 방식이라고 생각하는 분도 있습니다. 하지만 전혀 그렇지 않습니다. 성령께서는 구원받은 신자들의 지각과 이성적 판단 능력을 충분히 활용하시고, 성도들 사이의 대화와 토론, 예의 바르고 질서 있는 선출 과정을 통해서 일하십니다. 오순절에 각 신자에게 성령이 임한 이후 신약 교회에서 장로직, 집사직을 제비뽑기의 방식으로 선출한 예는 없습니다.[4]

하지만 회중의 투표로 장로가 선출된다고 해서 장로를 회중의 대표자이며, 회중의 권익을 대변하는 자라고 생각해서는 곤란합니다. 장로를 회중 투표로 선출하는 것은 장로직이 그만큼 영적으로 중요하며, 회중이 두루 양육을 받을 수 있는 사람을 뽑는다는 의미를 함축한 것이지, 마치 목사 대 회중의 대표자 장로의 대립 구도를 보여주기 위함이 아닙니다. 실제로 장로직의 주요 임무는 목사와 협력하여 치리와 권징을 관리하는 일이며, 목회에 필요한 제반 사항을 목사와 상의하고 돕는 일입니다. 따라서 목회자와 성도 사이에서 목회적 돌봄이 잘 이루어지도록 돕는 역할을 하는 장로 직분이 회중의 권익을 목사에게 전달하고 요구하는 역할을 담당한다고 보면 곤란합니다. 그런 점에서 한국의 여러 장로교 헌법의 역사에서, 장로를 "회중의 투표로 당선된 자"라는 규정에서부터 "교인의 대표자"라고 좀 더 구체적인 의미를 부여한 변화는 오해의 소지를 낳을 수 있는 안타까운 일입니다.[5]

두 가지 과업

구약 시대에 장로는 두 가지 중요한 역할을 맡았습니다. 첫째는 지도하는 일이었고, 둘째는 재판하는 일이었습니다. 장로들은 백성의 지도자로서 그들이 언약적 삶을 충실하게 살도록 지도해야 했습니다. 또한 장로들은 재판관으로서 판결을 내려 주어야 했습니다.[6] 이 또한 언약적 삶을 제대로 살아가도록 독려하기 위한 권징이라고 볼 수 있습니다.

구약 시대 장로들의 직무는 하나님의 율법, 곧 토라가 제시하는 삶의 규칙들 안에 백성이 잘 머물도록 돕는 것이었습니다. 하지만 보다 적극적으로는 토라가 주는 삶의 풍성함을 백성이 개인적·공동체적으로 경험하고 나누도록 돕는 일이었습니다. 장로들의 직무를 통해서 이스라엘 백성은 하나님의 공동체가 되어 이방 국가들에게 하나님의 지혜와 선, 아름다우심과 사랑을 전해야 했습니다. 또한 그들은 장차 임할 메시아와 그의 왕국을 고대하면서 종말론적 삶을 앞당겨 맛볼 뿐 아니라, 그것을 예비하는 삶을 살아야 했습니다. 이 모든 내용을 한마디로 요약하자면 언약적 삶입니다. 따라서 장로 직분의 과업은 코넬리스 반 담이 매우 잘 요약한 것처럼, "하나님과의 언약 안에서 살아가는 삶을 보전하고 육성하는 것"이라고 요약할 수 있습니다.[7]

신약에서의 장로직

구약과 신약의 차이점

구약에서 장로의 이러한 역할은 신약에서도 이어집니다. 물론 모든 점이 그대로 연결되지는 않습니다. 계시 역사의 발전으로 인하여 어떤 부분은 폐기되기도 하고 어떤 부분은 더 발전하여 완성되기도 했습니다.[8] 폐기된 부분 중 하나는 이런 것입니다. 구약에서는 장로들의 재판으로 어떤 사람을 사형에 처하게 할 수도 있었습니다. 하지만 신약에서 장로의 역할에는 더 이상 그런 권한이 없습니다. 이것은 권징과 출교를 통하여 징계하는 식의 영적 방식으로 변화한 것이라고 볼 수 있습니다. 더 발전한 모습은 역시 예수 그리스도의 인격과 사역에서 찾을 수 있고, 그 이후에 신약 교회가 이를 더욱 잘 계승

한 데서 찾을 수 있습니다. 신약에서 장로들의 지도하는 역할은 보다 완성된 모습으로 나타나는데, 그중 가장 중요한 두 가지 역할이 가르치는 역할과 다스리는 역할입니다. 보통 가르치는 장로를 "목사"라고 부르고 다스리는 장로를 "장로"라고 부릅니다.[9] 따라서 이하에서 "장로직"에 관해 다루는 대부분의 내용이 오늘날 목사직과 장로직에 함께 적용되는 경우가 많음을 유의해야 합니다.

목자로서의 장로

앞에서 구약 시대 장로는 율법에 따라서 언약 백성의 삶을 지도하고 재판하는 역할을 함으로써 그들의 삶을 보전하고 육성한다고 했습니다. 이제 신약 시대 장로는 예수 그리스도의 모범을 따라서 언약 백성의 삶을 보호하고 감독합니다. 예수 그리스도께서 율법의 완성과 마침이 되시기에 이제 장로의 역할도 율법 준수가 아니라 주님을 따름으로써 그 정체성이 새롭게 형성되어야 합니다.

성경에는 하나님과 언약 백성의 관계를 묘사하는 비유가 아주 많이 등장합니다. 그중 하나가 양과 목자의 비유입니다(렘 23장; 겔 34장; 슥 9장). 많은 사람들이 즐겨 암송하는 시편 23편도 "여호와는 나의 목자시니 내게 부족함이 없으리로다"라고 시작합니다. 요한복음 10:1-16에서 예수님은 목자와 양의 비유들을 가지고 와서 말씀을 들려주십니다. 1절부터 6절까지는 팔레스타인의 공동 목장을 배경으로 하여 주시는 말씀입니다. 여러 목자가 마을 근처에 하나의 커다란 양 우리를 지어서 공동으로 사용하는 장면을 배경으로 합니다. 7절부터 16절까지는 목자가 양 떼를 몰고 멀리 들판으로 나가는 모습을 배경으로 합니다. 거기에는 또 다른 목장이 있는데, 한 목자가 자기 양 떼만을 넣어 놓고 지킵니다.

> 내가 진실로 진실로 너희에게 이르노니 문을 통하여 양의 우리에 들어가지 아니하고 다른 데로 넘어가는 자는 절도며 강도요 문으로 들어가는 이는 양의 목자라(요 10:1-2).

1절과 2절에서 예수님은 목자가 어떤 존재인지 강도와 대비하여 말씀합니다. 마을에 있는 공동 양 우리이든 들판에 있는 단독 양 우리이든 당시에 양의 우리는 출구가 하나만 있었습니다. 여러 명이 공동으로 사용하는 양 우리는 문지기를 한 명 따로 세워서 문을 지키도록 했습니다.

아침이 되면 목자는 양 우리의 문으로 들어가서 자기 양 떼를 불러 옵니다. 양 우리는 3미터나 되는 높은 돌담이었습니다. 목자가 문으로 들어오지 않고 아침부터 이런 돌담을 기어올라가 양 우리로 들어간다면 아주 이상한 사람이 될 것입니다.

그런 사람들을 가리켜 주님은 절도요, 강도라고 말합니다. 유대인의 법은 절도와 강도를 구분했습니다. 절도는 남의 집에 침입하는 사람입니다. 강도는 길에 숨어 있다가 지나가는 사람을 위협하여 탈취하는 사람입니다. 절도든 강도든 양 떼에게는 모두 해로운 존재입니다. 그렇기에 그들은 자신들의 정체가 탄로 나지 않도록 항상 사람들의 눈을 피해 양 떼에게 접근합니다.

이런 비유는 오늘날 횡횡하는 이단들에게도 그대로 적용할 수 있습니다. 이단의 가장 큰 특징 중 하나는 음성적으로 활동한다는 것입니다. 한국에 유명한 이단 중 "정명석파"라는 이단이 있습니다. 그 이단은 이름이 여럿입니다. JMS 그룹, 애천교, 기독교복음선교회, 국제크리스천연합 등 좋은 이름은 다 붙여서 활동합니다. 대학에서는 또 다른 이름을 겁니다. '영어말하기대회',

'창조과학세미나', '영어교육', '컴퓨터교육', '연극교육', '월드컵자원봉사자모집' 등이 그것입니다. 이름만으로는 이단인지 파악하기가 힘듭니다.

그러나 목자는 이런 존재와는 다릅니다. 목자는 문을 통해 당당히 양 떼에게로 들어갑니다. 이는 목자가 가진 권위를 뜻합니다. 문지기는 목자를 단숨에 알아봅니다. 늘 만나는 사람이기 때문입니다. 그래서 바로 문을 열어 줍니다. 왜 예수님이 그토록 자신감 있게 "나는 너희들을 구원할 목자다"라고 외치십니까? 그것은 정말 그분만이 구주이시기 때문입니다.

그런데 이 사람이 목자인가, 아닌가를 분별하는 더 큰 기준은 양 떼입니다.

> 문지기는 그를 위하여 문을 열고 양은 그의 음성을 듣나니 그가 자기 양의 이름을 각각 불러 인도하여 내느니라(요 10:3).

목자는 자기 양들의 이름을 전부 알고 있습니다. 앞서 언급했듯 이 양 우리는 여러 양 떼가 섞여 있는 공동 목장입니다. 그런데 목자는 자기 양들의 모습을 정확히 알고 있고, 그들의 이름을 하나씩 부릅니다. 당시 팔레스타인에는 한 사람이 100마리 정도 되는 양 떼를 쳤다고 합니다. 그런데 양 떼를 잘 돌보는 목자는 그 100마리나 되는 양의 이름을 정확히 외우고 있었습니다. 그만큼 자기 양들에게 관심이 있기 때문입니다.

김춘수 시인의 「꽃」이라는 유명한 시를 여러분은 아실 겁니다.

> 내가 그의 이름을 불러 주기 전에는
> 그는 다만
> 하나의 몸짓에 지나지 않았다.
> 내가 그의 이름을 불러 주었을 때

그는 나에게로 와서

꽃이 되었다.

이처럼 "이름을 부른다"는 것은 아주 내밀하고 친밀한 관계를 뜻합니다. 하지만 사실 성경에서 "이름"은 이보다 훨씬 더 중요한 의미를 가지고 있습니다. 성경에서 이름은 그 사람의 성격, 사명, 나아가 인생 전체를 전부 설명해 주는 경우가 많습니다. 목자 되신 주님이 우리의 이름을 불러 주시는 것은 주님께서 우리를 너무나도 잘 아시며 우리에게 주신 사명을 따라 우리 인생 전체를 인도해 주시겠다는 의미를 담고 있습니다.

양은 사실 장점보다 단점이 많은 동물입니다. 목동 생활을 실제로 해본 사람이 양의 단점을 세 가지로 정리했습니다. 우선, 양은 방향 감각이 없습니다. 어리석어서 바로 앞에 보이는 양의 우리도 찾지 못하고 그저 앞서가는 양의 꽁무니만 쫓아서 따라가는 동물이 양입니다. 또한, 양은 쉽게 오염됩니다. 양의 털은 금방 더러워집니다. 양은 질병에도 취약합니다. 양의 몸에는 미세한 곤충이 수없이 붙어 삽니다. 그러나 양의 제일 큰 약점은 외부의 위험에 대해 스스로를 보호할 능력이 없다는 데 있습니다. 양은 다리가 짧기 때문에 도망치기도 힘듭니다. 양의 뿔은 공격용으로 사용하기에는 상당히 모자랍니다. 이빨도 풀 뜯어먹기에만 좋을 뿐 날카롭지도 않습니다. 그래서 양은 사자, 곰, 이리의 습격에 항상 노출되어 있습니다. 특별히 양은 한번 뒤집어지면 스스로 잘 일어나지 못합니다. 그만큼 사람의 도움이 많이 필요한 동물이 양입니다.

이러한 양의 특징은 바로 우리 인간이 가진 특징과 동일합니다. 우리는 인생의 한 치 앞도 내다볼 수 없는 존재입니다. 우리의 영혼은 쉽게 오염됩니다. 무엇보다 우리는 여러 위험에 늘 노출된 채 세상을 살아갑니다. 사탄 마귀에게 이길 영적인 힘을 스스로 갖고 있지 못할 때도 많습니다. 그리고 우리는 영적인 침체에 곧잘 빠지며, 한번 침체에 빠지면 잘 헤어나지 못합니다.

그런 우리를 예수님은 잘 아신다고 말씀합니다. 우리 각 사람의 이름을 부르시며 내가 너를 잘 알고 있으니 나에게로 오렴, 하고 말씀하십니다. 목자는 매일 아침마다 양의 이름을 부릅니다. 이름을 부르면서 그들의 특징을 기억하고 그들에게 무엇이 부족한지를 살피고 돌봐 줍니다.

바로 이러한 목자이신 예수님의 모습을 닮은 사람이 바로 신약 시대의 장로입니다. 에베소 교회 장로들에게 고별사를 할 때 사도 바울은 그들에게 "자기를 위하여 또는 온 양 떼를 위하여 삼가라"고 명령하면서, 성령께서 교회 가운데 그들을 "감독자로 삼고 하나님이 자기 피로 사신 교회를 보살피게 하셨느니라"고 말합니다(행 20:28).[10] 이 본문이 부각하는 이미지는 위에서 보았던 요한복음 10장의 이미지와 아주 흡사합니다. 사도 바울은 에베소의 장로들이 "사나운 이리"로부터 "그 양 떼를" 지키는 자들인 것을 주지시켰습니다(행 20:29).[11] 이처럼 장로는 목자로서 교회를 보호하고 돌보는 과업을 맡은 자입니다. 장로들의 모임은 목회서신과 공동서신에서도 발견됩니다. 베드로는 목자와 같은 장로들의 중요성을 매우 강조하여 다음과 같이 말합니다.

> 너희 중 장로들에게 권하노니 나는 함께 장로 된 자요 그리스도의 고난의 증인이요 나타날 영광에 참여할 자니라. 너희 중에 있는 하나님의 양 무리를 치되 억지로 하지 말고 하나님의 뜻을 따라 자원함으로 하며 더러운 이득을 위하여 하지 말고 기꺼이 하며 맡은 자들에게 주장하는 자세를 하지 말고 양 무리의 본이 되라(벧전 5:1-3).

이처럼 장로가 백성을 말씀으로 지도하는 자들이라면, 백성은 당연히 장로들의 지도에 따라야 합니다. 참된 그리스도인은 하나님의 말씀을 사모합니다. 이것은 양들이 목자의 음성을 듣고 따르는 것과 마찬가지입니다. 여러분은 가르치는 장로와 치리하는 장로가 전하는 하나님의 음성을 알아차리고 주님을 따라가고 있습니까? 만일 그렇다면 정상입니다. 그게 아니라 세상의 가치와 생각을 따라간다면, 여러분은 영적으로 병든 상태일 것입니다.

디도서 1장에서 바울은 그레데에 장로들을 세우도록 디도를 남겨 놓았다고 말합니다(5절). 장로들은 개인적 삶과 사회적 삶에서 모범이 될 뿐 아니라, 교회에서 가르치고 강론하는 일에도 매우 힘써야 합니다(딤전 5:17). 그들은 권위 있는 자들이었기 때문에 아무나 함부로 고발할 수 없었습니다. 하지만 무언가 잘못한 것으로 밝혀지면 다른 사람들보다 더욱 엄하게 꾸짖어서 공동체의 질서를 바로잡아야 했습니다(딤전 5:19-20; 벧전 5:1). 야고보서 5:14은 장로의 심방 사역에 관해 말하고 있습니다.

> 너희 중에 병든 자가 있느냐. 그는 교회의 장로들을 청할 것이요 그들은 주의 이름으로 기름을 바르며 그를 위하여 기도할지니라(약 5:14).

이 본문에서 어떤 신학자들은 상시적으로 활동하는 장로의 모임이 있었음을 유추하기도 합니다.[12] 이처럼 초대 교회는 교회를 돌보는 일에 있어서 장로의 역할이 얼마나 중요한지를 잘 이해했고 실천했습니다. 바울은 사도였지만, 장로의 모범이 되기도 했습니다. 사실 사도 바울뿐만 아니라, 다른 사도들도 자신들이 장로의 역할을 하고 있음을 알았습니다. 사도 베드로도 "너희 중 장로들에게 권하노니 나는 함께 장로 된 자요 그리스도의 고난의 증인이요 나타날 영광에 참여할 자니라(벧전 5:1)"라고 말했습니다. 이처럼 장로직은

중요합니다. 따라서 성경에 따른 장로직의 개혁이야말로 한국 교회의 중요한 개혁이 될 것입니다.[13]

감독으로서의 장로

신약성경에서는 "감독"이라는 말 역시 목자의 이미지와 아주 깊이 결합되어 나타납니다.[14] 베드로전서 2:25은 예수 그리스도를 "너희 영혼의 목자와 감독 되신 이"라고 칭합니다. 여기서 "목자"와 "감독"이라는 말은 일종의 동격처럼 쓰입니다. 헤르만 바빙크는 장로와 감독은 구분되며, 모든 감독은 장로이지만 모든 장로가 감독인 것은 아니라고 말합니다. 하지만 바빙크는 성경과 교회사에서 많은 경우 감독과 장로의 역할이 겹치고 서로 구분이 잘 되지 않았음을 지적합니다. 그는 장로직의 일차적 과제는 교회를 감독하고 다스리고 인도하는 것이라고 주장합니다.[15]

우리는 "감독"이라고 하면 전체를 총괄하는 작업반 감독이나 영화감독을 떠올립니다. "감독"의 의미를 그런 식으로 생각하면, 자칫 장로를 언제나 특수한 한 사람으로서 다른 사람을 자기 지시에 묶어 놓고 관리하는 사람으로 오해하기 쉽습니다. 하지만 성경이 묘사하는 "감독"은 목자의 이미지에 더욱 가깝습니다. 목자는 언제나 양 떼와 함께합니다. "감독"의 헬라어 단어 "에피스코포스"가 지닌 어원적 의미는 "가까이 방문하여 자세히 관찰하다"라는 뜻입니다.[16] 장로가 "감독"으로서 이렇게 자세한 관찰을 할 수 있기 위해서는 언제나 양 무리 가까이에 있어야 하고, 부지런히 성도들을 심방해야 합니다.[17] 여기서 말하는 장로의 "심방"은 직접 집을 방문하는 일이기도 하지만, 현대 한국 사회의 특성상 집이 아닌 다른 공공장소에서 만나거나 전화로 대화하는 일이기도 합니다.

사실 성경이 말하는 "감독"의 직분이 이런 것을 가르쳐 줍니다. 사도행전 20:28[18]에서 사도 바울이 에베소 장로들을 "감독"으로 부른 것으로부터 우리는 감독직이 지닌 목자의 이미지를 아주 잘 이해할 수 있습니다. "감독"은 성령께서 주신 직분으로, 하나님이 피 값으로 사신 교회를 보살피는 역할을 해야 합니다. 감독의 일차적 직무는 하나님의 양 떼를 먹이고 돌보는 보호자와 양육자가 되는 것입니다.

"감독"이라는 의미가 오늘날 많은 교회에서처럼, 마치 행정적 감시나 관료적 결정과 집행을 뜻하게 된 것은 매우 불행한 일입니다. 한국 교회사의 여러 장로교 헌법에서, 장로의 직무가 "치리와 권징"에서 "행정과 권징"으로 바뀐 사례는, 장로의 직무를 일차적으로 행정적 기능에서 파악하도록 유도하는 좋지 않은 결과를 낳았습니다.[19] 장로의 직무는 목자로서의 신령한 과업입니다. 이는 하나님의 말씀에 따라 양 무리가 건실하게 자라는지 늘 보살피는 일입니다. 하지만 오늘날 한국 교회에서 이 직무는 줄곧 무시되는 한편, 행정적 측면의 감독직은 지나치게 부각되고 있습니다. 보통 장로는 나이가 든 남성 가운데 뽑힙니다. 그 연령대가 가장 잘하는 일을 행정이라고 볼 수 있습니다. 사회에서 늘 해오던 일이 행정이기 때문입니다. 그러나 "감독"의 일차적 직무는 행정이 아닙니다. 장로는 교회에서 자신이 사회에서 잘하던 특기만을 발휘하려고 해서는 안 됩니다. 오히려 목자의 직분, 말씀과 성령의 은혜에 따른 양육과 권징과 치리의 직분을 제대로 감당할 수 있도록 참된 "감독"의 직무를 기도와 실천 가운데 배워 가야 합니다.

언약 공동체의 파수꾼

오늘날 장로는 회중의 대표자로서 목사를 고용하는 사람이라는 인식이 한국 교회에 만연합니다. 이는 교회관이 극도로 세속화된 현상입니다. 오히려 성경은 장로를 선한 목자이신 예수 그리스도께서 불러 세우신 거룩하고 영적인 직무를 담당하는 자로 묘사합니다.

실제로 장로직을 제대로 수행하는 장로교회와 개혁교회에서는 장로들이 예수님처럼 성도들을 극진하게 돌봅니다. 장로들은 성도들을 두루 심방하고 자주 대화하여 그들 삶의 내밀하고 깊은 부분까지 소상히 압니다. 영적 상태와 말씀 적용 수준까지 확인합니다. 그리고 실제적인 상담, 권면, 위로를 베풉니다. 성도들이 삶의 위기에 처하지 않도록 그들을 돌보고 보살펴 줍니다.

또한 장로들은 항상 모든 사역에 있어서 목사와 긴밀하게 협력합니다. 목회에 필요한 제반 사항을 목사와 상의하고 목사가 말씀에 따라 교회를 잘 섬기도록 최선을 다해 돕습니다. 목사와 동역하여 말씀에 따른 치리와 권징을 관리합니다. 목사와 함께 교회의 비전을 설계하고, 교회의 영적 상황을 늘 살피며, 교회의 앞날을 짊어질 언약의 자녀들을 양육합니다. 그리고 목사와 함께 늘 깨어서 교인들을 위해 기도합니다.

이런 점에서 목사는 장로가 될 사람들을 위해서 성경 공부반을 개설하여 장로로 임직되기 전에 적어도 2년 이상은 교육을 받도록 하는 것이 바람직합니다. 그리고 장로가 되고자 하는 사람은 목사가 지도하는 성경 공부 모임에 힘써 참여해야 합니다. 장로직을 잘 수행하기 위해서는 언제 어떤 상황에서든지 하나님의 뜻을 예리하게 분별하고 하나님의 말씀으로 판단하고 지도할 수 있어야 합니다. 그리고 목사가 전하는 메시지가 과연 성경과 교리 표준에 합당한 내용인지도 감독해야 합니다. 따라서 장로는 하나님의 말씀을 매우 깊이 이해하고 있어야 합니다. 당회도 마찬가지입니다. 목사와 장로가 함께 성경 공부를 한 번도 하지 않은 당회가 어떤 중요한 결정에 있어서 의견이 일치되기란 사실상 거의 불가능합니다. 반대로 목사와 함께 오랫동안 성경 공부를 한 사람들이 장로가 되어서 당회원으로 있다면, 교회의 중요한 의사 결정에 있어서 가장 성경적인 결정을 보다 쉽게 해나갈 것입니다. 이것은 당회를 진행할 때도 마찬가지입니다. 당회는 무척 중요한 영적 모임입니다. 그 안에는 예배적 요소(찬양, 기도, 말씀 나눔)가 있어야 합니다. 예배적 요소가 없이 토의 시간만 있는 당회는 영적 생동감을 느끼지 못하고 메마르게 될 것입니다.[20]

결론적으로, 장로는 목사와 함께 언약 공동체의 목자가 되어 교회를 파수하고 양육하고 지키는 역할을 감당해야 합니다. 이런 의미에서 장로직을 한마디로 정의한다면 "목양과 감독의 직분"이라고 말할 수 있습니다.

교회사에 나타난 장로직

신약성경에서 교환적으로 쓰였던 장로와 감독이란 용어는 2세기에 와서 감독bishop과 장로로 구분된 두 그룹의 공적 직분으로 구별하여 사용되었습니다. 하지만 5세기 교부 히에로니무스는 장로들과 감독들은 원래 같은 사람들이었다고 강하게 주장했습니다. "장로와 감독은 같은 사람들이다.……교회는 일단의 장로들에 의하여 다스림을 받았다"라고 히에로니무스는 말했습니다.

성경과 초대 기독교 교부 연구에 뛰어난 영국의 감독 라이트푸트[J.B. Lightfoot]는 "그러나 히에로니무스는 다른 저자들보다 더 상세하기는 해도 분명하지는 않다. 그의 전임자인 힐라리우스도 이와 동일한 진리를 언급했다. 그리고 그의 시대와 그 후 시대의 사람들인 크리소스토무스와 펠라기우스, 몹수

에스티아의 테오도루스 등도 모두 이러한 사실을 인정하고 있다"라고 말합니다.[21] 이들은 모두 장로들과 감독들은 원래 같은 사람들이었다고 가르칩니다.

칼뱅은 제네바의 성 피에르 교회에서 목회를 하면서 "콘시스토리움 consistorium"의 기능을 매우 강조했습니다.[22] 콘시스토리움은 오늘날 당회와 유사하지만 다른 점이 있습니다. 당시에 콘시스토리움에는 제네바시에 소속된 전체 교회의 목사와 장로, 그리고 집사의 대표만이 아니라, 시의회 의원들도 참석했기 때문입니다. 또한 그 토론 주제의 범위에 있어서도 교회 내의 치리와 행정뿐 아니라, 제네바 시민 전체의 삶을 대상으로 하였다는 점도 오늘날 지역 교회의 당회와 차이가 있습니다. 하지만 콘시스토리움의 활동은 오늘날 당회의 활동과 유사한 점도 많았습니다. 무엇보다 지역 교회 성도들의 영적 삶을 책임졌기 때문입니다.

칼뱅이 제2차 제네바 사역을 훌륭하게 수행할 수 있었던 것에는 콘시스토리움의 역할이 매우 컸습니다. 당시 콘시스토리움 기록에 한동안 자주 등장했던 제네바 출신의 칼 장수였던 클로드 클레망이라는 사람의 이야기는 칼뱅의 콘시스토리움이 얼마나 목회적으로 중요한 역할을 했는지를 보여줍니다.[23] 1542년과 그 이듬해, 클레망은 온전한 개신교인이 아니라는 의심을 받고 콘시스토리움에 고발당했습니다. 그가 로마 가톨릭 미사에 참석한다는 소문도 있었습니다. 콘시스토리움 회원들은 조사 끝에 그가 미사에는 참석하지 않았지만 성당을 방문한 적이 있으며, 무엇보다 개신교회의 예배에 참석하지 않는다는 것을 알게 되었습니다. 그래서 그는 경고를 받았습니다. 1546년에 클레망은 간음죄로 콘시스토리움에 한 번 더 고발당했습니다. 그리고 클레망의 아들 도미니크도 역시 고발당했는데, 그의 죄는 더욱 심각했습니다. 도미니크는 자기 형제 장토의 아내의 어머니와 누이와 동시에 동침을 했다는 것이었습니다. 클레망의 두 아들 도미니크와 장토는 다투었고, 온 가족이 복잡한 스캔들에 휘말렸습니다. 결국 클레망과 그의 아내 자켐을 포함한 그의 가족은 투옥되었습니다.

    이 모든 복잡한 일을 제네바 교회의 콘시스토리움은 차근차근 처리했습니다. 콘시스토리움 회원들은 클레망의 가족을 만나 상담하기도 하고, 회유하기도 하고, 질책하기도 했습니다. 그러면서 그들은 엉망이 된 가족을 회복하기 위해 진정 노력했던 것입니다. 사실 콘시스토리움의 기록을 보면 이런 일들이 숱하게 등장합니다. 많은 사람이 칼뱅을 제네바의 폭군으로 묘사하곤 하지만, 사실은 전혀 그렇지 않습니다.[24] 오히려 칼뱅은 콘시스토리움의 도움을 받아 성도들을 아름답게 목양했습니다. 그리고 이 모든 일로부터 칼뱅은 빠져 있었습니다. 콘시스토리움의 기록에 그의 이름이 나오지 않는 것을 보면, 칼뱅이 장로들이 목양 사역을 잘 감당할 수 있도록 그들을 북돋워 주었다고 추측해 볼 수 있습니다. 이처럼 교회사에서는 장로들의 사역이 매우 중요했습니다.

장로의 자격

각 교단은 장로직에 대한 엄격한 자격 조건을 법으로 정해 놓았습니다.[25] 그중 성경에서 직접 도출된 사안도 있고, 성경에 직접 나오지 않지만 성경의 원리와 교회의 전통과 각 교단의 상황과 형편에 맞게 설정한 사안도 있습니다. 성경은 장로 직분에 관해 여러 가르침을 주고 있습니다. 특별히 디모데전서와 디도서를 보면, 감독의 직분, 곧 오늘날 목사직과 장로직의 자격에 관해 매우 자세하게 설명해 놓았습니다.[26] 이 내용을 자세히 살펴본다면 매우 큰 유익을 얻을 수 있습니다.

> 미쁘다 이 말이여, 곧 사람이 감독의 직분을 얻으려 함은 선한 일을 사모하는 것이라 함이로다. 그러므로 감독은 책망할 것이 없으며 한 아내의 남편이 되며 절제하며 신중하며 단정하며 나그네를 대접하며 가르치기를 잘하며 술을 즐기지 아니하며 구타하지 아니하며 오직 관용하며 다투지 아니하며 돈을 사랑하지 아니하며 자기 집을 잘 다스려 자녀들로 모든 공손함으로 복종하게 하는 자라야 할지며 (사람이 자기 집을 다스릴 줄 알지 못하면 어찌 하나님의 교회를 돌보리요) 새로 입교한 자도 말지니 교만하여져서 마귀를 정죄하는 그 정죄에 빠질까 함이요 또한 외인에게서도 선한 증거를 얻은 자라야 할지니 비방과 마귀의 올무에 빠질까 염려하라(딤전 3:1-7).

> 책망할 것이 없고 한 아내의 남편이며 방탕하다는 비난을 받거나 불순종하는 일이 없는 믿는 자녀를 둔 자라야 할지라. 감독은 하나님의 청지기로서 책망할 것이 없고 제 고집대로 하지 아니하며 급히 분내지 아니하며 술을 즐기지 아니하며 구타하지 아니하며 더러운 이득을 탐하지 아니하며 오직 나그네를 대접하며 선행을 좋아하며 신중하며 의로우며 거룩하며 절제하며 미쁜 말씀의 가르침을 그대로 지켜야 하리니 이는 능히 바른 교훈으로 권면하고 거슬러 말하는 자들을 책망하게 하려 함이라(딛 1:6-9).

본문에 나오는 감독직은 오늘날의 목사직과 장로직 모두에 해당합니다. 따라서 모든 자격 요건은 목사와 장로 모두에게 해당하는 것으로 보아야 합니다. 디모데전서 3장에서 사도 바울은 "미쁘다 이 말이여!"라며 감탄문으로 시작합니다. 한글 성경으로 보면, 바울은 목회서신에서 다섯 번 이와 같이 감탄을 합니다(딤전 1:15; 3:1, 16; 4:9; 딤후 2:11).[27] 물론 헬라어 본문에서 보면 감탄사가 없습니다. 하지만 감탄문으로 번역해도 이상할 것은 없습니다. 다른 네 곳에서 사도가 감탄을 쏟아 내는 것은 이해가 되지만, 직분자를 세우는 절차를 설명하는 장면에서 사도가 감탄하는 것은 잘 이해가 되지 않을 수 있습니다. 하지만 선교사 바울의 입장에서 생각해 보면 충분히 이해할 수 있습니다. 자신이 복음을 전하여 자란 이방인 교회인 에베소 교회가 직분자를 세울 정도로 든든히 서 가는 모습을 볼 때 바울은 얼마나 감격스러웠겠습니까? 이 감격은 전도를 해본 사람만이 압니다. 내가 전도한 사람이 집사가 되고, 권사가 되고, 장로가 되고, 목사가 되는 것을 보면 정말 감격스럽습니다. 바울은 이런 가슴 벅찬 감격을 주체하지 못하고 탄성을 지르고 있는 것입니다.

바울은 이어서 "사람이 감독의 직분을 얻으려 함은 선한 일을 사모하는 것이라"고 말합니다. 감독이 되려면 선한 일을 사모해야 한다고 바울은 말하는데, 이것은 진리입니다. 선한 일을 사모한다는 것은 영혼을 섬기기 위해 하는 모든 선한 행동을 의미합니다. 오늘날 교회에서 장로 직분은 명예직으로 여겨지는 경우가 많습니다. 그래서 사람들은 장로가 되고 싶어 하고, 장로가 되어서도 발 벗고 성도들을 섬기기보다는 오히려 섬김과 대접을 받고 싶어 하는 경우가 많습니다. 이것은 직분의 본래 의미에서 한참 벗어난 모습입니다.

직분자는 자신의 것을 내려놓고 성도들을 섬겨야 합니다. 실제로 초대 교회에서 감독들은 개인의 안락, 행복, 재산 등을 전부 포기하고 주님의 양 떼를 치는 일에만 헌신했습니다. 심지어 순교하는 순간에도 감독들은 먼저 나섰습니다.

이는 오늘날 참된 교회에도 마찬가지로 적용되어야 할 요소입니다. 여러 장로교회와 개혁교회에서 장로직은 종신직이 아닌, 3년 내지는 5년 정도의 한시적 직분으로 정해져 있습니다. 여러 이유가 있겠지만 가장 큰 이유는,

장로로 섬기는 일이 너무나 수고스러워서 종신직으로 한다면 아무도 그 직분을 맡고 싶어 하지 않을 것이기 때문입니다. 장로로 섬기게 되면 자신의 사업은 물론이고 자기 가정조차 이전처럼 제대로 돌보기 힘들 지경이 되기 때문에 장로직을 한시적 직분으로 정해 놓은 것입니다. 오늘날 많은 교회에서 장로직이 대접받고 군림하는 직분으로 여겨지고, 심지어 장로가 되기 위해 일종의 선거 활동이나 비도덕적 행위, 더 나아가 불법적 행위까지 일삼는 것은 비극이 아닐 수 없습니다. 아무나 장로가 되어서는 안 됩니다. 자신의 생업과 행복을 내려놓고 오직 주님께서 맡기신 선한 일에 열심을 내는 사람만이 장로가 될 수 있습니다.

사도는 감독직, 곧 목사직과 장로직을 위한 15가지의 자격 요건을 구체적으로 제시합니다. 이 15가지의 자격 요건은 공통의 특징이 있습니다.

첫째, 장로직의 자격은 사역이나 직무의 내용보다는 인격과 성품 그리고 신앙을 주로 고려하고 있다는 점입니다. 물론 장로가 일처리를 잘하는 사람이면 좋겠지만, 그보다 주님께서 우선적으로 보시는 것은 그 사람의 중심입니다. 일을 잘한다고 직분자가 될 수 있는 것은 아닙니다. 사회적 지위, 학력, 재력이 직분자의 기준이 될 수 없습니다. 중요한 것은 신앙적 인품과 그 사람의 됨됨이입니다. 바울은 이미 에베소의 잘못된 남녀 리더들 때문에 큰 곤혹을 치른 적이 있습니다(딤전 1:19-20; 딤후 3:5-7).[28] 아마도 그 경험이 바울로 하여금 교회 리더의 자격은 능력보다 신앙과 인품에 있다는 점을 깨닫게 했을 것입니다.

둘째, 열거된 자격 요건들은 다만 장로가 될 사람들만이 갖추어야 할 특별한 조건이 아니라, 예수님을 믿는 사람이라면 누구나 갖춰야 하고 사모해야 하는 신앙 인품이라는 점입니다. 이 15가지의 내용은 영적 엘리트를 위한 것이 아닙니다. 신앙인이라면 모두 마음에 새기고 훈련해야 하는 그리스도인의 삶의 기본 덕목들이라고 할 수 있습니다.

감독직 혹은 장로직을 위해 제시된 15가지의 자격 요건은 크게 셋으로 나눌 수 있습니다. 첫째는 갖추어야 할 일곱 가지 조건이고, 둘째는 피해야 할 일곱 가지 주의 사항이며, 마지막 한 가지는 필요한 점검 사항을 제시합니다. 디모데전서 3:2-7을 도표로 정리하면 아래와 같습니다.

갖추어야 할 일곱 가지 덕목	기본 덕목	책망할 것이 없으며
		한 아내의 남편이 되며
	개인의 성숙	절제하며
		신중하며
		단정하며
	직무에 관한 덕목	나그네를 대접하며
		가르치기를 잘하며
피해야 할 일곱 가지 주의 사항	타인과 관련한 덕목	술을 즐기지 아니하며
		구타하지 아니하며
		오직 관용하며
		다투지 아니하며
	경제생활	돈을 사랑하지 아니하며
	가정생활	자기 집을 잘 다스려 자녀들로 모든 공손함으로 복종하게 하는 자라야 할지며 (사람이 자기 집을 다스릴 줄 알지 못하면 어찌 하나님의 교회를 돌보리요)
	신앙 경력	새로 입교한 자도 말지니 교만하여져서 마귀를 정죄하는 그 정죄에 빠질까 함이요
필요한 점검 사항	교회 밖 사람들의 평판	외인에게서도 선한 증거를 얻은 자라야 할지니 비방과 마귀의 올무에 빠질까 염려하라

디도서 1:6-9에서도 이와 비슷한 내용이 나옵니다. 항목별로 나누어서 도표로 정리하면 아래와 같습니다.

장로	기본 덕목	책망할 것이 없고
	가정생활	한 아내의 남편이며
		방탕하다는 비난을 받거나 불순종하는 일이 없는 믿는 자녀를 둔 자라야 할지라
감독	삶의 기본 태도	하나님의 청지기로서
	개인의 성품	책망할 것이 없고
		제 고집대로 하지 아니하며
		급히 분내지 아니하며
	생활 습관	술을 즐기지 아니하며
		구타하지 아니하며
	직무에 관한 덕목	더러운 이득을 탐하지 아니하며
		오직 나그네를 대접하며
		선행을 좋아하며
	개인의 성숙	신중하며
		의로우며
		거룩하며
		절제하며
	말씀과 관련한 사역	미쁜 말씀의 가르침을 그대로 지켜야 하리니
		이는 능히 바른 교훈으로 권면하고
		거슬러 말하는 자들을 책망하게 하려 함이라

디모데전서 3장을 기준으로 살펴보고, 디도서 1장의 내용을 덧붙여 설명하겠습니다.[29] 디모데전서 3장에서 갖추어야 하는 일곱 가지 덕목을 먼저 살펴봅시다.

기본 덕목 1. "책망할 것이 없으며"

디모데전서 3:2에서 장로가 갖추어야 하는 일곱 가지 덕목은 첫 번째 덕목 말고는 모두 긍정적 형태로 제시됩니다. 제일 먼저 "감독은 책망할 것이 없으며"(아네필렘프톤)라고 했습니다. 첫 번째 항목부터 너무 엄격한 기준을 제시하는 듯 보입니다. 세상에 책망할 것이 전혀 없는 완벽한 사람이 어디 있겠습니까? 하지만 여기서 책망할 것이 없다는 말은 완전함을 뜻하기보다는, 객관적이고 사회적으로 볼 때 큰 문제가 되는 일이 없음을 가리킵니다. 디도서 1:6도 장로의 첫 조건을 "책망할 것이 없고"라고 말합니다. 장로가 될 사람은 그 누구로부터 객관적으로 비난받을 여지가 없는 사람이어야 합니다.

물론 신앙생활하기 전에 저지른 죄는 용서받을 수 있습니다. 예수님을 믿음으로써 새 사람이 되었기 때문입니다. 신앙생활을 한 이후에 저지른 공적 범죄가 있을 경우 장로로 선출하지 않는 것이 좋습니다. 하지만 이 경우에도 공적으로 분명하게 회개하고 삶의 변화가 확실하다면 장로로 세울 수 있습니다.[30]

이와 함께 의도하지 않고 저지른 실수도 역시 용서받을 수 있습니다. 하지만 지속하여 나타나는 잘못된 습관이나 개선의 여지가 보이지 않는 죄는 용납될 수 없습니다. 그렇기 때문에 장로를 선출하기 전 후보를 두루 알아보고 신중하게 검토하는 것은 필수입니다. 장로가 될 사람은 개인의 신앙 훈련과 인격 성숙에 있어서, 또한 맡게 될 직무와 관련하여 비난의 여지가 없는 사람이어야 합니다.

제가 아는 미국의 좋은 교회가 있습니다. 미시간주 그랜드래피즈에 소재한 갈보리교회 Calvary Church 입니다.[31] 이 교회는 장로로 선출될 사람들을 주보에 공지한 다음 투표할 때까지 몇 달 동안 여유 시간을 갖습니다. 그때 후보들의 결정적인 흠결 사항을 아는 사람이 있다면 교역자들에게 알리도록 요청합니다. 그 과정은 철저하게 비밀로 진행됩니다. 만일 여러 사람의 신고가 들어와서 후보가 문제 있는 사람으로 판명되고 본인도 그 사실을 고백하면, 그 회기에는 장로 후보가 될 자격을 박탈당합니다. 본인이 충분히 반성하고 회개하여 그 죄와 단절했다는 것이 분명할 때 다시 장로 후보로 나설 수 있습니다.

기본 덕목 2. "한 아내의 남편이 되며"

사도는 장로가 될 사람이 갖춰야 하는 두 번째 덕목은 "한 아내의 남편이 되며"(미아스 귀나이코스 안드라)라고 했습니다. 이것은 성적 순결을 지시할 뿐 아니라, 아내와의 관계가 원만하고, 부부 사이의 도리를 다하는 것을 뜻합니다. 한 사람의 사생활을 가장 잘 아는 사람은 아내입니다. 따라서 아내와의 원만한 관계가 장로로 선출될 사람의 덕목이 되어야 하는 것은 당연합니다.

한 아내의 남편이 되어야 한다는 자격이 반드시 기혼자를 뜻하는 것은 아닙니다. 독신인 사람도 장로가 될 수 있습니다. 기독교 역사상 독신으로 지내면서도 가르치는 장로와 치리하는 장로의 역할을 잘 감당한 사람들이 많습니다.[32] 하지만 대부분의 교회는 장로의 직무와 건덕을 위해 기혼자를 장로로 세우고 있습니다.

이와 함께 이혼한 사람이 장로가 될 수 있느냐, 하는 문제를 생각해 볼 수 있습니다. 이혼한 사람에게 직분을 부여할 수 있느냐 없느냐 하는 것은 교회마다 판단이 다를 수 있습니다. 만일 성경이 말하는 합법적 이유에서 이혼한 사람의 경우에는 직분을 줄 수 있습니다. 여기서 합법적 이혼 사유란 간음의 이유로 이혼한 경우(마 5:32)와 신앙의 차이로 이혼한 경우(고전 7:15)를 뜻합니다. 물론 이러한 경우에도 성경과 교회법에 명시된 집사, 장로, 권사의 자격을 갖추고 있다면 직분을 줄 수 있습니다. 다시 말해, 이혼 이후의 삶이 이 본문에서 말하는 것처럼 15가지 덕목을 견지해야 할 것이고, 특히 재혼을 했다면 부부 관계에 있어서 신의를 지키는 사람이어야 합니다.[33]

개인의 성숙 3. "절제하며"

디모데전서 3:2 중반부에 나오는 세 가지 덕목은 개인의 성숙과 관련합니다. "절제하며"(네팔리온)라는 말은 자기 관리를 잘하는 사람을 뜻합니다. 영적 관리, 정신과 마음의 관리, 더 나아가 시간과 건강 그리고 물질 관리 등을 잘하는 사람을 뜻합니다. 장로가 될 사람이 절제하지 못한다면 다른 사람들에게 절제와 인내를 가르치거나 요구할 수 없을 것입니다. 취미 생활을 할 때도 적당한 선에서 하는 사람이어야 하지 과도하게 집착하거나 그것에 시간을 빼앗기면 곤란합니다. 인터넷이나 스마트폰, 소셜네트워크, 유튜브 사용도 마찬가지입니다.

　자신을 먼저 다스릴 줄 아는 사람이라야 비로소 다른 사람을 다스릴 자격이 있습니다. 그러나 이것은 도덕적이고 인격적인 수양으로 이루어지지 않습니다. 성령의 도우심으로만 가능한 일입니다. 또한 가족과 이웃 성도들과의 관계 속에서 점차 훈련되어야 하는 성품입니다. 성령께서는 한 번에 우리를 변화시키시기도 하지만, 반복과 습관을 통해 점진적으로 절제력을 키워가시기도 합니다.[34]

개인의 성숙 4. "신중하며"

자기 관리의 두 번째 영역은 "신중하며"(소프로나)입니다. 이는 우유부단한 성격을 가리키는 것이 아니라, 지각이 있고 사려 깊고 건전하고 지혜로운 성품을 뜻합니다. 극단을 추구하기보다는 여러 가지를 종합하여 판단할 줄 아는 중용의 미덕을 말합니다. 이러한 중용의 미덕은 타고난 성격일 수도 있겠으나 무엇보다 지속적이고 깊은 기도 생활을 통해 형성됩니다. 어느 한쪽으로 사고가 치우쳐서 경직된 사람이 더러 있습니다.[35] 이런 사람들은 타인의 생각을 고려할 줄 모르며, 자신의 생각을 바꾸거나 양보할 줄 모릅니다. 이런 사람은 장로가 되어선 안 됩니다.

교회는 다양한 사람이 모인 공동체이므로, 마음과 생각이 열린 사람이 장로가 되어야 두루 의견을 듣고 종합할 수 있습니다. "감독"(에피스코포스)이라는 단어의 어원은 전체를 둘러보고 넓은 시야로 두루 지키면서도 늘 주의를 기울인다는 뜻을 가집니다.

디도서 1:7은 "제 고집대로 하지 아니하며"라고 말합니다. 독단주의자나 외골수인 사람은 하나님의 교회의 목자나 감독이 될 수 없습니다. 특히 현대 교회는 젊은 사람들이 교회를 점차 떠나고 있습니다. 그 이유 중 하나가 기성 교회의 리더들이 젊은 사람들의 의견을 전혀 수용하지 않거나 귀 기울여 듣지 않기 때문입니다. 나이가 들어도 생각이 열린 사람은 하나님 앞에서 꾸준히 반성하고 회개합니다. 또한 독서와 다양한 경험을 통해 지속적으로 두루 견문을 넓혀 갑니다.

개인의 성숙 5. "단정하며"

그다음 자격은 "단정하며"(코스미온)입니다. 우리말 표현만으로 이해하면 마치 옷매무새가 단정하거나 삶의 스타일이 깔끔한 것을 뜻하는 듯 보입니다. 물론 그런 뜻이 전혀 없는 것은 아닙니다. 하지만 그보다는 다른 사람을 존중할 줄 아는 마음을 갖고 있는 사람, 그리하여 남들로부터 칭찬과 존경을 두루 받는 사람을 뜻합니다. 그런 사람들은 다른 사람들이 봤을 때 삶에 질서가 잡혀 있고 매력적일 것입니다. 다른 사람을 먼저 배려할 줄 모르는 사람은 단정한 사람이 아닙니다. 기본 매너와 양식을 갖추는 것은 매우 중요합니다. 마음 자세에 있어서 신중한 사람은 겉으로 드러나는 삶에 있어서도 단정합니다.

디도서 1:8은 개인의 성숙에 "의로우며"와 "거룩하며"를 넣었습니다. 의로움은 도덕적이고 윤리적인 개념 이전에 관계적 개념입니다. 장로가 될 사람은 하나님과의 깊은 인격적 관계가 형성되어 있어야 합니다. 또한 다른 사람들과의 관계 역시 원만해야 합니다. 성경에서 말하는 거룩은 거리 개념입니다. 하나님과 가까우면 거룩한 것이고, 그렇지 않으면 속된 것입니다. 장로가 될 사람은 언제나 하나님과 가까이 지내기를 원하는 사람입니다.

직무에 관한 덕목 6. "나그네를 대접하며"

개인의 덕목과 성숙을 묻는 질문이 끝나고, 디모데전서 3장 후반부에는 직무와 관련한 두 가지 자격 조건이 나옵니다. 우선, 장로가 될 사람의 조건을 "나그네를 대접하며"(필로크세논)라고 명시합니다. 어원으로 보자면 "낯선 사람을 사랑하는 자"라는 뜻입니다. 손님 대접, 특히 나그네를 잘 대접하는 것을 가리킵니다.

나그네를 대접하는 일은 고대 사회의 중요한 사회적 관습이었습니다. 그것은 비단 기독교 세계뿐 아니라 일반 사람들의 관습이기도 했습니다. 왜냐하면 나그네를 대접하면 훗날 자신이 나그네가 되었을 때 대접을 받을 수 있기 때문입니다.

이러한 관습은 조선 시대에도 있었습니다. 사극을 보면 나그네가 길을 가다가 아무 집이나 들러 하룻밤 재워 달라고 하는 장면이 종종 나옵니다. 대개 집 주인들은 흔쾌히 나그네를 재워 줍니다. 실제로 조선 시대 미국 선교사들은 이러한 기록을 남기기도 했습니다. "조선 땅을 전도하러 다닐 때는 밤에 어디서 잠을 잘까 걱정하지 않아도 된다. 아무 집이나 들어가서 재워 달라고 하면 다 재워 준다." 특히 바울 시대의 여관은 안전하지도, 청결하지도 않았습니다. 그래서 나그네를 대접하는 일은 나그네를 보호하는 일이기도 했습니다.

그런데 사실 나그네를 대접하라는 이 명령에는 더 중요한 신학적 의미가 있습니다. 첫째, 고대 교회에는 나그네들 가운데 많은 사람이 전도자였습니다. 이들을 잘 대접하는 일은 복음을 전파하고 수호하는 일에 큰 몫을 담당했습니다. 2세기 초, 교회 리더들의 가르침을 기록한 것으로 보이는 『디다케』 제3부 11, 12장은 순회 전도자들을 어떻게 대해야 하는지에 관해 아주 상세하게 논합니다. 특히 그들 중에는 이단도 있었기 때문에 나그네를 대접하는 장로는 항상 복음의 수호와 전파를 염두에 두어야 했습니다.[36]

둘째, 나그네를 섬기는 일은 우리 삶의 원래 모습을 잘 상기시켜 줍니다. 모든 성도는 이 땅에서 나그네 인생을 살아갑니다. 이 세상은 궁극적 고향도, 영원한 처소도 아닙니다. 우리는 다만 잠시 이 세상에 살다가 모든 것을 두고 떠날 뿐입니다. 이렇게 우리 인생이 기본적으로 나그네 인생이라는 사실을 아는 사람은 나그네들을 볼 때 동질감을 느낍니다. 모른 척 그냥 보낼 수 없습니다. 잠을 재워 주지 못하는 상황이라면, 한 끼 식사라도 대접하고, 그것도 안 되면 물 한 잔이라도 대접하면서 대화를 나누어야 합니다.

여호와 하나님은 말씀하십니다. "너는 이방 나그네를 압제하지 말며 그들을 학대하지 말라. 너희도 애굽 땅에서 나그네였음이라"(출 22:21). 나그네를 잘 대접하는 사람은 장로가 될 자격이 있습니다. 왜냐하면 자신도 이 땅에서 잠시 살다 떠날 나그네임을 알고 있기 때문입니다.[37]

손님 대접을 잘하는 것은 장로만의 일이 아닙니다. 히브리서 13:2에 보면, "손님 대접하기를 잊지 말라. 이로써 부지중에 천사들을 대접한 이들이 있었느니라"는 말씀이 나옵니다. 이 구절은 창세기 18장에 나오는 아브라함과 사라의 이야기를 떠올리게 합니다. 아브라함과 사라는 지나가는 세 나그네를 극진히 대접합니다. 아브라함은 그들에게 발을 씻을 물을 주고, 아내에게 부탁하여 빵을 만들도록 합니다(4, 6절). 그리고 사라는 남편의 말에 순종하여 고운 가루 세 스아, 곧 22리터의 빵을 구웠다고 합니다(창 18:6).[38] 이것은 세 사람 분량 치고는 너무나 많은 양입니다. 아브라함과 사라는 사랑에 있어서 손이 큰 사람들이었다고 볼 수 있습니다. 그리하여 그들은 하나님의 천사들을 대접하는 사람이 되었습니다.

현대 교회에는 유동적인 교우가 아주 많습니다. 지방에 있는 교회의 경우 청년들이 대학을 마치면 서울이나 대도시로 직장을 찾아 이주하는 경우가 잦습니다. 비단 지방에 있는 교회뿐 아니라 대도시에 위치한 교회 역시 예전보다 직장, 학교, 업무 등의 이유로 이동하는 교우가 많아졌습니다. 이러한 상황에서 나그네를 잘 대접하라는 말씀은 직분자들과 일반 성도들의 섬김을 결코 헛되지 않게 만들 것입니다.

특히 이민 교회에서는 더욱더 중요한 문제입니다. 이민 교회를 방문하는 성도들은 다수가 나그네입니다. 잠시 머물다가 떠날 사람들입니다. 이들을 섬기는 일은 힘들고 때때로 허탈감을 주기도 합니다. 사랑을 베풀고 정이 들어서 친해질 만하면 떠나곤 하기 때문입니다. 이러한 섬김과 베풂은 열매가 없어 보이고 허무한 결과를 낳는 것 같습니다. 하지만 성경이 말하는 사랑은 계산하는 사랑이 아닙니다. 우리가 조건 없는 사랑을 베푼다면 그것은 그리스도의 사랑을 가장 잘 실천하는 것입니다. 이러한 사랑은 하나님께서 전부 기억해 주실 것입니다.

직무에 관한 덕목 7. "가르치기를 잘하며"

직무와 관련한 두 번째 자격 요건은 "가르치기를 잘하는"(디닥티콘)입니다. 이것은 "자꾸 가르치려 든다"고 할 때의 부정적 의미가 아니라, 가르치는 데 있어서 좋은 기술을 갖춘 상태를 뜻합니다. 어떤 사람은 천성적으로 가르치는 데 능한 사람이 있습니다. 하지만 본문의 정확한 의미는 숙고하고 연습하여 잘 가르치게 된 상태를 뜻합니다.

장로직과 집사직의 뚜렷한 차이가 있습니다. 장로직에는 언제나 가르치는 요소가 들어간다는 점입니다. 가르치는 장로이든, 치리하는 장로이든, 그 직무 안에는 다른 이들을 성경적 원리에 따라서 가르치는 요소가 들어갑니다. 따라서 장로는 복음의 진리를 명확하게 알아야 할 뿐 아니라, 성경의 세세한 내용까지도 잘 알고 있어야 합니다. 이것은 세 가지 측면에서 매우 중요합니다.

첫째, 현대 교회는 언제나 이단에 노출되어 있습니다. 따라서 장로는 기독교 교리를 포괄적이고 깊이 있게 이해하여 잘못된 사상으로부터 교회를 지키고 파수해야 할 의무가 있습니다. 장로는 잘 가르치는 자가 되어서, 진리를 대적하는 이들을 경계하고, 또한 성경적으로 부드럽게 설득하여 돌이킬 수 있어야 합니다.

둘째, 현대인들은 복잡한 삶을 살면서 많은 결정을 내려야 합니다. 고대 이스라엘 장로들은 삶의 다양한 지혜를 전수해 주는 사람이었습니다.[39] 이와 마찬가지로 신약 교회의 장로들은 인생의 제반 문제로 상담해 오는 사람들에게 다만 "기도하겠습니다"라든지, "제 인생 경험에 따르면 이렇습니다"라는 식으로 대답해서는 안 됩니다. 성경의 원리를 가르치고 그 원리에 따라 결정하도록 도와주어야 합니다.

셋째, 장로들은 하나님의 백성을 선도하고 권징할 의무가 있습니다. 타인의 잘못을 발견했을 때 지적하는 일은 쉽습니다. 하지만 원리를 잘 가르쳐 잘못을 미연에 방지하는 일이라든지, 아니면 사건이 발생한 이후에라도 잘못한 사람을 바른 삶으로 돌이키는 일은 쉽지 않습니다. 이럴 때 잘 가르치는 장로는 그릇된 길을 가는 사람을 잘 설득하여 다시금 하나님의 길을 걷도록 도와줄 수 있습니다.

주의 사항

디모데전서 3:3부터는 장로가 될 사람이 피해야 할 일곱 가지 주의 사항이 나옵니다. 그중 처음 나오는 네 가지는 공동체 내 타인과 관련하여 지켜야 하는 내용들입니다.

타인과 관련한 덕목 1. "술을 즐기지 아니하며"

"술을 즐기지 아니하며"(메 파로이논)라고 했습니다. 이것은 술을 지나치게 많이 마시는 사람이라든지, 술에 중독된 사람을 장로로 세워서는 안 된다는 뜻입니다. 술을 지나치게 많이 마시는 사람은 반드시 실수를 합니다. 바울은 에베소서 5:18에서 "술 취하지 말라. 이는 방탕한 것이니 오직 성령으로 충만함을 받으라"고 명합니다. 술 취하는 이는 술의 지배를 받습니다. 이것은 사리분별이 약해지는 것을 뜻합니다. 하지만 성령으로 충만한 이는 성령의 다스리심을 받습니다. 그리하여 모든 것을 지혜롭고 의롭고 사랑 가운데 판단하게 됩니다.

또한, 술에 중독된 사람 역시 심각한 문제가 있습니다. 모든 종류의 중독은 사람의 일상을 방해합니다. 마약이나 약물 중독이라든지, 게임이나 도박 중독, 심지어 좋아하는 스포츠, 드라마, 취미 생활 역시 중독이 될 수 있습니다. 이런 것들에 중독된 사람은 삶에 질서가 없고, 우선순위를 가리지 못하게 됩니다. 장로가 될 사람이 자신의 삶을 관리하지 못하면 그 개인이나 가정뿐 아니라 교회에도 큰 해를 끼칠 수 있으므로 경계해야 합니다.

타인과 관련한 덕목 2. "구타하지 아니하며"

"구타하지 아니하며"(메 플렉텐)는 폭력을 쓰는 것뿐 아니라, 싸움질을 좋아하는 것을 의미합니다. "술을 즐기지 아니하며"라는 경고 뒤에 구타와 폭력, 그리고 싸우는 기질을 이어서 언급하는 것은 술에 취한 사람이 쉽게 폭력적으로 변하기 때문입니다. 술에 취해 폭력을 행사하는 주폭(酒暴)은 사회적으로 큰 문제가 됩니다. 이는 가정을 파괴하는 주범입니다. 또한 술을 마시지 않았는데도 여차하면 언성을 높이고 싸우기를 좋아하며 심지어 폭력으로 문제를 해결하려는 사람도 있습니다. 장로가 주먹질을 한다는 것은 도무지 이해가 되지 않습니다만, 바울 사도가 직접 언급한 것을 보면 당시 그러한 사례가 있었음을 짐작해 볼 수 있습니다. 혈기 부리는 것을 좋아하는 사람은 반드시 교회에 문제를 야기합니다. 따라서 그런 사람을 장로로 선출해서는 안 됩니다.

타인과 관련한 덕목 3. "오직 관용하며"

"오직 관용하며"(에피에이케)라는 말은 구약성경 칠십인경과 신약성경에서 사용된 용례를 보면 크게 세 가지 의미가 있습니다.[40] 첫째는 오래 참는 것을 말합니다. 이것은 하나님의 인내를 가리킬 때 사용되었습니다(왕상 12:22; 시 85:5; 단 3:42). 둘째는 주권자가 베푸는 친절을 말합니다. 왕이 아랫사람에게 자비를 베푸는 것을 말합니다(에 3:13; 8:12). 셋째는 너무 까다롭게 하지 않는 것을 말합니다. 여기서 까다롭다는 것은 법조항을 문자 하나하나에 이르기까지 전부 적용하는 것을 가리킵니다.

장로는 언약 공동체의 파수꾼으로서 다른 사람들을 영적으로 감독하며 지도할 의무가 있습니다. 하지만 그럴 때도 조심해야 합니다. 장로가 지나치게 엄격하면 공동체에 활기가 사라지기 마련입니다. 사사건건 간섭하고 조정하며 참견하는 사람은 타인을 피곤하게 하고 주눅 들게 만듭니다. 일반적으로 장로는 넓은 마음을 가져야 합니다. 다른 사람의 의견을 존중하고, 그 사람의 입장에 서서 생각할 줄 알아야 합니다. 만일 분명히 잘못된 것을 보았을 때조차도 개인적으로 온화하게 가르치고 교정해 주어야 합니다. 야단치듯이 비인격적으로 사람들을 대하는 사람을 좋아하는 이는 아무도 없을 것이고, 결국 그의 권위는 약해질 것입니다.

이것은 당회나 재직회에서도 마찬가지입니다. 다른 사람의 의견에 경청할 줄 아는 사람이 보다 건설적이고 나은 결정을 내립니다. 자신의 의견이 언제나 옳다고 믿는 사람은 독단적인 사람이지 지혜로운 사람이 아닙니다. 다른 이들의 말을 충분히 듣는 사람이 관용적인 사람입니다. 물론 우리는 복음과 성경의 핵심 진리를 반드시 사수해야 합니다. 하지만 그 외의 부분들은 자신의 이권이나 생각을 내려놓고, 수용하고 양보하고 협력할 수 있어야 합니다.

타인과 관련한 덕목 4. "다투지 아니하며"

장로가 될 사람은 관용해야 한다는 언급 이후에 좀 더 구체적으로 "다투지 아니하며"(하마콘)라는 규정이 나옵니다. 이 단어는 소극적으로 해석하면, 싸우지 않는다는 뜻입니다. 폭력을 휘두르는 싸움은 물론이고, 말로도 다른 이와 다투지 않는 것을 뜻합니다. 싸움은 문제를 해결해 주지 않습니다. 오히려 문제를 더 크게 만들 뿐입니다. 싸우지 않고 평화롭게 문제를 해결하고 사람들을 인도하는 사람이 더 큰 사람입니다. 특히 교회가 분쟁 중에 있을 때에는 시비를 걸지 않는 사람이 매우 중요한 역할을 합니다. 서로 관계가 좋지 않은 사람들 사이에서 분쟁을 이용하여 사람들을 자기편으로 만들고, 자신의 뜻을 관철하려는 사람은 장로가 되어서는 안 됩니다.

보다 적극적으로 보자면, "다투지 아니하며"라는 말은 평화를 추구하는 사람이 되어야 한다는 뜻입니다. 마태복음 5:9에서 예수님은 "화평하게 하는 자는 복이 있나니 그들이 하나님의 아들이라 일컬음을 받을 것임이요"라고 하셨습니다. 성도의 다른 이름은 "화평하게 하는 자"라고 할 수 있습니다. 성도는 자신이 다른 사람들과 화평하게 지낼 뿐 아니라, 다른 사람들도 서로 화평하도록 돕는 사람이 되어야 합니다. 그렇게 하기 위해서는 먼저 주 예수 그리스도로 말미암아 하나님과 화평을 누리는 수직적 측면이 우선됩니다(롬 5:1).

이 점에서 장로는 예수 그리스도를 깊이 묵상하고 그분을 닮은 사람이 되어야 합니다. 예수 그리스도는 이 땅에 화평을 주시기 위해 오셨고, 교회를 화평의 공동체로 세우셨습니다. 그리스도의 십자가 사역으로 말미암아 이전에 원수가 되었던 사람들 사이에는 막힌 담이 허물어졌고 그들은 하나가 되었습니다(엡 2:14; 골 1:20). 그리스도 안에서 한 새 사람이 만들어졌기 때문입니다(엡 2:15).[41] 예수 그리스도의 복음을 아는 사람은 화평을 자신의 주된 삶의 목표로 삼을 것입니다(고후 5:17-21). 이것은 자기 한 사람만 잘 지내는 사람이 되는 것에 만족해서는 안 된다는 것을 의미합니다. 다른 사람과 잘 지낼 뿐 아니라, 특히 불화하던 사람들이 서로 화해하고 잘 지낼 수 있도록 돕는 사람이 있다면, 그 사람은 진정 장로가 될 자격을 갖추었다고 볼 수 있습니다. 그 사람은 예수 그리스도를 많이 닮은 사람이기 때문입니다.

경제생활에서의 덕목 5. "돈을 사랑하지 아니하며"

"돈을 사랑하지 아니하며"(아필라르귀론)라는 말은 헬라어 단어를 그대로 풀어서 잘 번역한 것입니다. 히브리서 13:5은 "돈을 사랑하지 말고 있는 바를 족한 줄로 알라. 그가 친히 말씀하시기를 내가 결코 너희를 버리지 아니하고 너희를 떠나지 아니하리라 하셨느니라"고 말씀합니다. 돈을 사랑하지 않을 수 있는 사람은 하나님이 자신의 삶을 지키신다는 믿음을 가진 사람입니다. 사도 바울이 디모데후서 3:2에서 예언했듯이, 말세지말이 되면 될수록 사람들은 자기를 사랑하며 돈을 사랑합니다. 현대의 우상 숭배는 결국 자기 사랑과 돈에 대한 탐심으로 나타납니다. 더구나 팬데믹과 전쟁의 소식, 시장의 빠른 유동성과 스테그플레이션에 대한 공포 등으로 사람들은 이전보다 더욱 돈을 사랑하는 쪽으로 치닫고 있습니다. 이럴 때 장로는 돈이 아니라, 하나님께서 우리를 지켜 주시며, 하나님을 신실하게 섬기는 사람은 재물을 오히려 경히 여긴다는 것을 몸소 보여줄 필요가 있습니다(눅 16:13).

특별히 초대 교회는 설교자, 곧 가르치는 장로가 돈을 사랑하지 않는 것을 매우 중요하게 생각했습니다. 초대 교회에는 고정된 설교자가 없는 교회가 많았습니다. 그런 교회에는 순회 설교자들이 돌아다니며 설교를 했습니다(『디다케』, 11장 3-12절). 오늘날 우리는 교단이 있기에 어떤 목사님이 누구인지 다 알 수 있습니다. 인터넷에서도 많은 정보를 얻을 수 있습니다. 그러나 초대 교회는 교단도 없었고, 인터넷도 없었습니다. 그래서 순회 설교자가 전하는 말씀이 진짜 하나님의 말씀인지, 아니면 가짜인지 분별할 필요가 있었습니다. 이 분별 기준은 순회 설교자의 삶이었습니다. 초대 교회의 문서(『디다케』 11,6, 11,9)는 설교자가 돈을 좋아하거나 얻어먹는 것을 좋아하면 절대로 그 사람은 참된 설교자가 아니라고 못 박습니다. 거짓 사역자는 돈을 좋아합니다. 마음에 순수한 열정이 없으니 돈만 밝히는 것입니다. 또한 참된 설교자에 관해서는 "설교자가 검소하고, 진실하고, 구제에 힘쓰면 그 사람은 참된 사람이다"라고 적고 있습니다. "돈을 사랑하지 않는 사람"은 이렇듯 적극적으로 보자면 다른 사람들에게 나누어 주기를 좋아하는 사람을 가리킵니다. 교부 아우구스티누스는 "훌륭한 삶이 웅변적인 설교가 된다"라고 했습니다.[42] 목회자의 삶이 받쳐 줄 때, 그의 설교는 세상에서 가장 강력한 힘을 가질 것입니다. 보잘것없는 언변을 가졌다 할지라도, 깨끗하고 진실한 삶을 통해 예수 그리스도의 모습을 보여주는 목회자의 설교는 심령을 파고들어 사람을 변화시키는 힘을 가지고 있습니다.

이것은 치리하는 장로도 마찬가지입니다. 장로가 돈을 사랑하는 모습을 보인다면 모든 성도가 복음을 가볍게 여길 것입니다. 반대로 하나님으로 만족하며 항상 감사로 살아가는 사람이 장로가 된다면, 그런 모범을 보는 성도들은 이 땅의 가치를 추구하지 않고 하늘에 소망을 두는 사람들이 될 것입니다.

가정생활에서의 덕목 6. "자기 집을 잘 다스려"

이 덕목은 디모데전서 3:4-5에서 두 번이나 걸쳐서 설명할 만큼 아주 중요한 덕목입니다. "자기 집을 잘 다스려"(투 이디우 칼로스 프로이스타메논)라는 말은 자신의 가정을 앞에서 잘 "지도한다"는 뜻입니다.[43] "다스린다"(프로이스테미)는 단어는 디모데전서에서 주로 공적 직무와 관련하여 사용되었습니다. 이로써 가정을 잘 다스리는 것 역시 하나의 공적이고 영적인 "사역"처럼 중요하게 생각해야 한다는 것을 유추해 볼 수 있습니다.

한 사람이 자기 집을 잘 다스리는지 아닌지는 무엇보다 자녀들의 모습을 통해 알 수 있습니다. 그래서 사도는 "자녀들로 모든 공손함으로 복종하게 하는 자"가 장로가 될 자격이 있다고 말합니다. 왜냐하면 사람이 자기 집을 다스리지 못하면 하나님의 교회를 돌볼 수 없기 때문입니다.

여기서 자녀들이 "모든 공손함으로 복종한다"고 했을 때 "모든 공손함으로"(메타 파세스 셈노테토스)라는 말은 "온전한 경건과 거룩함으로"라는 의미입니다. 다시 말해, 이 말은 자녀들이 예의 있고 공손하다는 것을 의미하기보다는—물론 그런 측면도 빼놓을 수 없겠지만—그들의 경건한 마음과 신앙을 가리킵니다.

자녀가 온전한 경건과 거룩함으로 부모와 하나님께 순종하도록 하기 위해서는 네 가지가 필요합니다. 첫째는 공예배입니다. 장로가 될 사람은 온 가족이 공예배에 참석하도록 이끌어야 합니다. 그리고 설교 말씀을 자녀들이 얼마나 이해하고 어떻게 반응하고 실천하는지 점검해야 합니다. 이것은 가장 기본입니다. 청소년 자녀를 둔 부모의 경우 입시철이 되면 자녀들이 교회에 가지 않고 학원에 가도록 지도하는 부모가 있는데, 이는 부모와 자녀의 영혼을 모두 갉아먹는 행위라고 볼 수 있습니다. 그런 사람이 장로가 되어선 안 됩니다.

둘째는 가정예배입니다. 장로가 될 사람은 정기적으로 가정예배를 드리는 사람이어야 합니다. 자기 가정을 말씀으로 지도하지 못하는 사람이 교회를 다스릴 수 없으며, 자기 가정을 말씀으로 인도하지 않는 사람이 다른 사람을 인도할 수 없습니다. 가정예배의 중요 요소는 찬송, 말씀, 나눔, 기도입니다. 가정예배를 지속하여 드리는 자녀들이라야 비로소 경건한 마음과 신앙의 인격을 가질 수 있습니다.

셋째는 경건 생활입니다. 자녀들이 아침에 일어나 혼자서 말씀을 읽고 기도할 수 있도록 습관을 만들어 주어야 합니다. 물론 이런 습관은 부모가 모범을 보일 때 더욱 빨리 정착할 것입니다. 장로가 될 사람은 자녀가 지금 어떤 말씀을 묵상하고 있으며 어떻게 그것을 구체적으로 실천하고 있는지 확인하고 도와줄 의무가 있습니다.

넷째는 교리 교육입니다. 장로가 될 사람은 자녀들이 기독교의 기본 교리를 이해하고 있는지 확인해야 합니다. 또한 이러한 체계적 이해 가운데 자녀들이 성경을 읽고 기도를 하고 기독교 세계관과 가치 속에서 삶을 살아가도록 그들을 이끌어야 합니다. 따라서 날마다 성경 읽기와 더불어서 웨스트민스터 소교리문답과 하이델베르크 교리문답 등을 가르치는 일이 필요합니다.

무엇보다 중요한 것은 가정에서 예수 그리스도에 대한 대화와 나눔입니다. 간혹 장로의 자녀들 가운데 교회 생활을 제대로 하지 않는 경우가 있습니다. 그것은 일차적으로 부모의 책임일 가능성이 높습니다. 장로는 교회의 사정을 가장 많이 아는 사람입니다. 장로의 아내도 마찬가지입니다. 이들이 가정에서 교회 이야기를 하다 보면 반드시 좋지 않은 이야기를 하게 됩니다. 어릴 적부터 교회 내 어두운 이야기를 수도 없이 듣고 자란 아이들이 교회 생활을 제대로 하기란 어렵습니다. 그래서 조엘 비키 Joel R. Beeke는 가정에서 자녀들

앞에서 교회를 비판하는 부모는 자녀들의 영혼에 큰 해를 입히는 사람들이라고 강하게 표현했습니다. 장로뿐 아니라 모든 믿는 부모는 가정에서 자녀들에게 교회에 대한 이야기보다 예수 그리스도에 대한 이야기를 많이 해야 합니다. 물론 자녀들이 크면 교회의 잘못된 일에 대해 성경적이고 건설적으로 비판하는 관점도 알려 주어야 하겠지만, 자녀들이 어릴 때 교회와 교우를 험담하고 비난하는 모습을 보이는 습관은 매우 좋지 않습니다.

이렇게 자녀들이 온전한 경건, 거룩, 신앙의 인격을 지니도록 양육하기 위해서는 부부가 함께 협력할 수밖에 없습니다. 따라서 한 사람의 자녀가 훌륭하게 신앙적으로 성숙하는 것을 보면 그 사람이 배우자와 갖는 건실한 관계 역시 예상할 수 있습니다. 물론 주님을 믿지 않는 배우자와 살면서도 자녀들을 신앙적으로 잘 양육하는 것은 매우 훌륭한 일입니다. 하지만 장로가 될 사람의 배우자가 신앙이 없을 경우, 그 사람이 자녀를 신앙적으로 양육하고 교회를 성경적으로 지도하기가 쉽지 않을 것입니다.

신앙의 경력 7. "새로 입교한 자도 말지니"

디모데전서 3:6에서 "새로 입교한 자도 말지니"(메 네오퓌톤)란 말은 회심한 지 얼마 되지 않은 사람을 가리킵니다. 너무나 당연한 말이지만 장로가 될 사람은 반드시 회심한 신자여야 합니다. 그러나 회심한 지 얼마 되지 않은 사람은 아무리 영적 열심이 있고 중심이 바르다 할지라도 장로로 세워서는 안 됩니다. 사도는 그 이유가 "교만"에 있다고 말합니다. 성경은 인간의 심성을 매우 구체적이고 현실적으로 묘사합니다. 신앙 경력이 얼마 안 되는 사람이 장로가 되면 더욱 겸손해지는 것이 아니라 교만해진다고 말합니다.

교만은 모든 죄의 근원입니다. 이 사실을 아우구스티누스가 가장 잘 지적했습니다.⁴⁴ 성경은 많은 곳에서 교만의 죄를 매우 엄격하게 경계합니다. 대표적으로 잠언 16:18은 이렇게 말합니다. "교만은 패망의 선봉이요 거만한 마음은 넘어짐의 앞잡이니라." 교회 역사에서는 "죽음에 이르는 일곱 가지 죄"를 규정했는데, 그중에서도 가장 먼저 교만을 언급하는 까닭도 이 때문입니다.⁴⁵

교만한 사람은 절대 장로가 되어서는 안 됩니다. 디모데전서 3:6이 말씀하듯이 그런 사람은 마귀가 받는 심판을 받을 것입니다. 주변을 둘러보면, 장로가 되기 전에는 교만하지 않았던 사람도 장로가 된 이후에 교만하게 되는 경우가 더러 있습니다. 하지만 아무리 살펴보더라도 장로가 되기 전에 교만했던 사람이 장로가 된 이후에 겸손해진 경우는 찾아볼 수 없습니다. 교만한 사람이 장로가 되면 교회의 영적 분위기를 완전히 흐려 놓습니다. 그것은 다른 직분자들도 마찬가지입니다. 교만한 목사와 집사 그리고 권사 역시 하나님의 교회를 제대로 섬길 수 없습니다. 하나님은 교만한 자를 물리치시고 겸손한 자에게 은혜를 주십니다(약 4:6).

점검 사항. 교회 밖 사람들의 평판

바울 사도는 디모데전서 3:7에서 장로의 자격을 논하면서 "교회 밖 사람들에게서 좋은 증언을 받아야만 한다"(데이 데 카이 마르투리안 칼렌 아포 톤 엑소덴)라고 가르칩니다. 이 역시 권고 사항이 아니라 필수 사항입니다(헬라어 "데이"는 반드시 ~해야 한다는 뜻). 우리는 교회 안에서 가면을 쓰고 다닐 수 있습니다. 그렇기 때문에 교회에서는 웃는 모습을 하고 친절을 베풀며 좋은 인상을 줄 수 있습니다. 그러다가도 교회 밖 직장 동료, 친구, 친척, 사업처 사람들에게는 함부로 하는 경우가 있습니다. 사실 기독교인들의 이러한 이중적인 모습은 어제오늘의 일이 아닙니다. 이미 예수님은 종교적 위선을 심하게 질책하셨고, 사도들도 위선을 금지했습니다(마 6:2, 5, 16; 딤전 4:2; 벧전 2:1).

어쩌면 한국 사회에서 복음화를 방해하는 가장 큰 걸림돌은 기독교인들의 위선인지도 모릅니다. 따라서 교회 안에서뿐 아니라, 교회 밖 사람들에게도 좋은 평가를 받는 사람은 복음에 충실하고 일관성 있게 살아가는 사람일 가능성이 높습니다. 물론 교회 밖 사람들이 교회의 직분자를 세우는 일에 관여한다는 말은 아닙니다. 하지만 한 사람의 진정한 모습은 교회 안에서보다 교회 밖에서 더 분명하고 진솔하게 드러날 수 있습니다.

오늘날 한국 기독교는 "성경적" 혹은 "복음"이라는 미명하에 무례한 모습을 보이는 경우가 많습니다. 하지만 사도는 성경적 복음을 가진 사람들은 비기독교인들에게도 좋은 평판을 받는다는 것을 가르칩니다. 그리스도인이 복음 때문에 세상 사람들에게 지탄을 받는다면 그것은 옳은 일입니다. 하지만 위선적인 모습이나 무례한 모습 때문에 세상 사람들의 비방을 받는다면, 이는 오히려 하나님의 영광을 가리고 복음 전파를 방해하는 일입니다. 안타깝게도 역사상 많은 경우, 기독교를 비판하는 이들은 복음 자체 때문이 아니라 기독교인들의 잘못된 모습 때문에 기독교를 비판했습니다.

기독교인들의 잘못된 모습을 보면서 교회에 환멸을 느낀 사람은 역으로 한 사람의 참된 기독교인의 삶의 모습에 감화를 받아 교회로 돌아올 수 있습니다. 장로가 될 사람은 세상 사람들에게도 호감을 주고 칭찬을 받는 사람이 되어야 합니다.

장로의 사역

교회의 표지

장로의 직무 가운데 권징과 치리가 있는데 이는 교회의 표지와 관련이 있습니다. 교회의 표지 marks of the church; notae ecclesiae 에 관해 잠시 살펴보겠습니다(딤전 5:17; 롬 12:7-8). 교회의 표지란 참된 교회를 구분하는 핵심적 특징을 가리킵니다. 종교개혁자들은 때로 여러 가지 교회의 표지를 제시하기도 했습니다. 예를 들어, 루터는 『공의회와 교회에 관하여』(1539년)라는 글에서 말씀, 세례, 성만찬, 죄 사함의 권세, 안수, 기도, 찬양, 감사, 거룩한 십자가의 치유로서 고난과 시련을 교회의 표지로 제시했습니다. 그는 또한 『한스 보르스트를 반박하여』에서는 말씀, 성례, 직임, 신앙고백, 주기도문, 정부에 대한 존중, 결혼 제도, 복수 금지 등을 교회의 표지에 추가하기도 했습니다.[46]

    칼뱅은 최종판(1559년) 『기독교 강요』 4권 1장 9절에서 "하나님의 말씀이 순수하게 선포되고 경청되며 그리스도의 제도를 좇아서 성례가 거행되는 것을 우리가 보게 되는 곳에는 어디든지 하나님의 교회가 어떤 모습으로 존재한다는 데 전혀 모호함이 없다"라고 적었습니다. 하지만 그는 사도행전 2:42의 주석에서 "교회의 참되고 진정한 표지 nota[s] ... vera et genuina ecclesiae"로서 교리 doctrina, 기도 preces, 교제 communicatio, 빵을 뗌 fractio panis 을 제시하기도 했습니다.[47] 따라서 칼뱅은 교회의 표지를 몇 가지 요소로 정확하게 제한하려는 의도를 갖지 않았다고 볼 수 있습니다. 하지만 그가 최종판 『기독교 강요』에서 자주 강조했듯이, '하나님 말씀의 순수한 선포 pura verbi Dei praedicatio'와 '성례의 합법적 시행 legitima sacramentorum administratio'은 교회의 가장 확실하고 분명한 표지가 됩니다.

예외가 없는 것은 아니지만, 전체적으로 보자면 16세기의 종교개혁자들과 그 이후의 루터파 정통주의자들은 말씀과 성례를 교회의 표지로 보았고, 권징 혹은 치리는 말씀과 성례의 효과로 보는 경향이 있었습니다. 하지만 17세기 개혁파 정통주의 신학자들은 말씀과 성례와 함께 권징을 교회의 표지로 보는 경향이 강했습니다.[48]

종교개혁자들과 그 후예들에게 있어서, 참된 교회의 가장 중요한 표지는 하나님의 말씀이었습니다. 그들은 교회는 하나님이 말씀하시는 바로 그곳에 서 있다고 종종 말했습니다.[49] 변함없고 오류 없는 유일한 교회의 표지는 언제나 하나님의 말씀이었기 때문입니다. 그리고 바로 그 하나님의 말씀이 성례를 구성하는 한에서, 성례전 역시 교회의 표지에 속합니다. 루터파 교회의 가장 중요한 신앙고백서인 『아우크스부르크 신앙고백서』, 제7조에는 교회의 표지의 핵심을 이렇게 진술합니다.

> 우리는 또한 이렇게 가르친다. 하나의 거룩한 그리스도의 교회는 항상 있으며 살아남을 것이다. 이 교회는 복음이 순수하게 선포되고 그 복음에 일치되게 성례가 거행되는 모든 신자의 모임이다. 왜냐하면 복음을 순수하게 이해하는 대로 전파하고 하나님의 말씀에 일치되게 성례전을 거행하면, 그것으로 그리스도의 교회의 참된 일치를 위하여 충분하기 때문이다.

참된 교회는 참된 성도들의 모임입니다. 참된 교회는 복음을 순수하게 설교하고, 복음을 따라 거룩한 성례전을 베풉니다. 하나님의 말씀이 순수하게 설교로 나타나고, 성례전이 합법적으로 집례가 되는 그곳에 교회가 있습니다.

교회의 표지로서 치리와 권징

치리와 권징은 교회를 올바로 세우기 위해 꼭 필요한 일입니다. 여러 종교개혁자는 올바른 권징을 성경적 설교와 적법한 성례와 더불어 교회의 표지에 넣었습니다. 예외적으로 칼뱅은 권징을 참된 교회의 표지로 보는 것을 거부했습니다(『기독교 강요』, 4.1.9). 그는 말씀 선포와 성례의 올바른 집행만을 교회의 표지에 넣었습니다.[50] 칼뱅은 말씀과 성례는 교회의 심장과 같아서 만일 손상될 경우 교회가 죽게 되지만, 권징은 교회를 세우기 위한 목적으로 시행되기에 그 자체로 교회의 존폐가 걸린 문제는 아니라고 보았습니다. 또한 설교가 순수하게 전파되고 성례가 합법적으로 집행되는 곳에는 권징 또한 제 역할을 할 것이라고 기대했습니다.[51] 하지만 칼뱅은 권징과 치리가 교회에 반드시 있어야 한다고 생각했습니다. 사실 칼뱅은 그 어떤 종교개혁자 못지않게 권징의 올바른 시행을 위해 애썼던 사람입니다.[52] 그는 그리스도의 몸에 있어서 권징은 모든 신자의 책임이라고 주장했습니다(『기독교 강요』, 4.12.2).[53] 실제로 『기독교 강요』 제4권 12장은 권징에 관해 아주 자세하게 설명한 지침서입니다.

권징을 교회의 표지로 여기지 않았던 칼뱅과 달리 많은 개혁파 신앙고백과 개혁파 신학자들은 권징을 교회의 표지로 보았습니다.[54] 『제1 스코틀랜드 신앙고백서』(1560), 제18장은 교회의 표지로서, "하나님의 말씀의 참된 설교", "그리스도 예수의 성례의 바른 집행", "올바르게 시행된 교회의 권징"을 제시합니다.[55] 마찬가지로 『벨직 신앙고백서』, 제29조는 "복음의 참된 교리가 설교되는가?", "그리스도에 의해 제정된 성례가 순수하게 집행되는가?", "죄를 벌하는 데 있어서 교회 권징이 실행되는가?"에 의거하여 참된 교회를 분별할 수 있다고 가르칩니다.[56]

헤르만 바빙크는 교회의 표지를 말씀 하나로 본 사람들(베자, 소니우스, 알스테드, 에임스, 헤이다누스, 마레시우스), 말씀과 성례 둘로 본 사람들(칼뱅, 불링거, 잔키우스, 유니우스, 고마루스, 마스트리히트, 마르크), 말씀과 성례와 권징 셋으로 본 사람들(히페리우스, 버미글리, 우르시누스, 트렐카티우스, 왈레이우스, 아미로, 하이데거, 벤델리누스)이 있다고 지적합니다. 하지만 알스테드, 알팅, 마레시우스, 훗팅거, 헤이다누스, 투레티누스, 마스트리히트 같은 사람들은 "이런 차이는 내용보다는 명칭의 차이이며, 사실상 단지 하나의 표지, 곧 설교, 교육, 고백, 성사, 생활 등에서 다양한 방식으로 시행되고 고백되는 하나이며 동일한 말씀이 존재한다고 올바르게 지적했다"고 말합니다.[57]

치리나 권징이란 말을 들으면 부정적 이미지를 먼저 떠올리지만 사실은 그렇지 않습니다. 말씀과 교회법의 원리에 따라서 성도들의 영적 삶을 지도하고 돕는 것이 바로 치리와 권징입니다. 칼뱅은 『히브리서 주석』(1549년판)에서 교회의 통치는 사람의 뜻이 아니라 하나님의 뜻과 방법대로 세워져야 한다고 주장합니다. 오직 하나님만이 교회의 통치자이시기 때문입니다.[58] 칼뱅이 제네바 교회를 위해 교회법을 만들 때에도 가장 주안점에 두었던 것은 하나님의 말씀에 따른 하나님의 통치가 가장 잘 실현되는 것이었습니다.

칼뱅은 우리의 육체가 방탕함에 빠지지 않도록 하기 위해서 하나님의 훈련과 규칙의 멍에 아래 우리를 묶어 두셨다고 주장하면서 치리의 중요성을 강조했습니다.[59] 하지만 치리는 미움이나 사사로운 감정에서 비롯하지 않고 하나님의 자녀를 향한 사랑에서 비롯합니다.[60] 칼뱅이 사역한 제네바 교회의 당회록을 보면 권징에 대한 기록이 많습니다. 하지만 그중 많은 부분이 성도들의 다툼과 갈등을 조정하는 것이었으며, 영적인 나태와 방종을 계도(啓導)하는 일이었습니다. 한 예로 상속 재산 때문에 서로 다투는 형제를 화해시키기도 했습니다. 또한 간음한 남자를 다시는 그렇게 살지 않도록 교도하는 한편,

그의 아내에게는 남편을 용서하고 받아들일 것을 부탁하기도 했습니다. 이 모든 것을 사랑의 권면의 연장선으로 이해해야 합니다.

칼뱅은 권징의 목적이 돌이킴이라는 사실을 확고히 했습니다. 그래서 징계를 받아 수찬 정지를 당한 사람이라고 할지라도 교회의 예배를 빠져서는 안 된다고 말했습니다. 그는 권징을 교회의 정체성과 통일성을 유지하고, 그리스도인들이 영적 열매를 맺도록 이끄는 결정적 수단으로 이해했습니다. 그에게 권징은 그리스도에 대한 복종과 충성을 지원하고 말씀에 순종하도록 박차를 가하는 수단이었습니다.[61]

따라서 성도들은 교회의 치리에 반드시 순종해야 합니다. 하나님의 징계를 회피하는 일은 하나님의 자녀 됨의 복을 거절하는 것이기 때문입니다.[62] 성경 지식과 삶의 실천은 언제나 일치해야 합니다. 그래서 성도들에게 "신앙적 훈련"은 필수입니다. 장로들은 바로 성도의 신앙 훈련을 돕고, 가정과 일상의 삶을 영적으로 지도하는 역할을 해야 합니다.

영적 목양

성도들의 영적 상태를 살피는 일은 장로가 해야 할 가장 중요한 일입니다. 무엇보다 장로는 설교자의 설교가 성도들의 삶에 구체적으로 적용되도록 도와주어야 합니다. 한국 교회 설교의 문제점 중 하나는, 설교자가 설교를 하고 나서 도무지 피드백을 받을 길이 없다는 점입니다. 그나마 작은 교회에서는 설교 후에 자연스러운 만남과 대화를 통해서 설교에 관해 물어볼 기회가 있을 수 있습니다. 하지만 규모가 큰 교회에서는 목사의 설교에 관해 성도들이 물어볼 수 있는 기회가 거의 없습니다.

이에 대해서 저는 우선 설교자 본인이 정기적으로 성도들이 설교에 관해

질문할 수 있는 공간을 마련하는 것이 매우 중요하다고 생각합니다. 하지만 그것이 항상 가능한 일이 아니기 때문에 당회나 장로들과의 만남을 통해 그들이 설교를 제대로 이해하고 있는지 확인해야 합니다. 이를 위해서 장로들은 성도들이 설교자의 설교를 잘 이해하고 있는지, 그리고 그것을 잘 적용하는지, 또한 오해는 없는지 자주 살펴야 합니다.

설교 외에도 장로들은 성도들의 일상적 삶과 신앙생활에 대해 자주 묻고 확인해야 합니다. 성도들이 어떻게 신앙생활을 하든 내가 상관할 바가 아니라고 생각하는 개인주의적 무관심을 장로들은 항상 극복해야 합니다. 장로의 직무를 소홀히 해서는 안 됩니다.

심방, 위로, 교훈, 권면

언약 공동체를 지키기 위해서는 구체적으로 성도들이 복음을 믿고 그 믿은 바대로 살고 있는지 점검할 필요가 있습니다. 그렇기에 개혁교회는 목사의 중요한 직무로 성도들을 개인적으로 심방하거나 대화하여 그들에게 구원의 확신이 있으며 복음을 잘 이해하고 있는지를 살피도록 했습니다.[63]

심방은 장로의 사역에서 가장 중요한 일입니다. 집사와 장로의 직무에 있어서 가장 큰 차이는 바로 "당회 참석 여부가 아니라, 심방 여부"입니다. 그러나 한국 교회에서 장로의 심방은 극히 제한적입니다. 기나긴 교회의 역사를 돌이켜 볼 때, 심방이 약해진 것은 중세부터였습니다. 교인들이 교회에 와서 고해성사를 하고 미사와 성찬에 참여하게 된 관습 때문입니다.[64] 그러나 개혁교회와 장로교회는 장로가 성도의 집과 삶의 현장으로 찾아가서 그들을 심방합니다. 장로는 교회에 새 가족이 오면 심방해야 할 의무가 있습니다. 혼자 가기 힘들면 목회자와 함께 가야 합니다. 그리고 무엇보다 시험에 든 사람이나 영적으로 연약한 사람들을 심방해야 합니다. 현대 한국 사회의 특성상 집을 직접 방문하는 것이 힘들다면, 적어도 교회나 공적 장소에서 만나서 대화해야 하며, 만일 그것도 힘들면 전화로라도 심방을 해야 합니다.

장로가 성도를 만나서 해야 하는 이야기는 세상을 살아가는 일반적 이야기들로만 채워져서는 안 됩니다. 무엇보다 "설교조의 이야기"나 "훈계조의 이야기"가 되어서는 곤란합니다. 성도의 이야기를 충분히 들으면서도 적절히 권면과 위로를 전해야 합니다. 그렇게 하기 위해서는 사전에 철저한 준비가 필요합니다. 그렇지 않으면 시간만 낭비하게 됩니다. 장로의 심방은 개인뿐 아니라 가족 전체를 돌보는 일이어야 하며, 무엇보다 아이들 역시 심방의 대상에서 제외해서는 안 됩니다. 장로가 자신의 이야기(인생담, 최근 사는 이야기, 자녀 이야기 등)만 해서도 안 되며, 교회에 대한 세세한 이야기를 들려주어 시험에 들게 해서도 안 됩니다. 또한 목사의 설교에 시비를 거는 내용을 성도들과 나누는 것도 곤란합니다. 그것은 목사에게 직접 가서 물어봐야 할 것입니다. 무엇보다 심방의 마지막은 심방 내용을 하나님께 아뢰는 목회적 기도로 마쳐야 합니다. "예", "아니오"로 쉽게 대답할 수 있는 질문이어서는 대화가 원활하게 이어지지 않습니다. 아래와 같은 질문들이 좋습니다.[65]

- ◆ 설교에서 받는 유익은 무엇입니까? 설교를 실천하기 위해 구체적으로 어떤 노력을 하십니까? 예배를 준비하고 참석하기 위해 어떤 노력들을 하십니까?

- ◆ 교회에서 참여하는 활동들이 있습니까? 교회 활동(성경 공부, 봉사, 교사, 찬양대, 선교 활동 등)을 하면서 어떤 생각을 갖게 됩니까? 힘든 점이나 개선해야 할 부분이 있습니까?

◆ 어떤 성도들과 주로 교제하십니까? 성도의 교제에서 느끼는 어려움이 있습니까? 혹시 주변에 도움이 필요한 성도들을 아십니까?

◆ 본인과 자녀들은 어떻게 기도 생활을 하십니까? 가정 예배를 언제, 어떻게 드리십니까? 전도나 선교를 위해 노력하는 부분이 있습니까?

◆ 자녀들의 신앙 교육을 위해 읽히는 책이 있습니까? 자녀들이 교회에서나 학교에서 겪는 어려움은 어떤 것이 있습니까?

◆ 가족들 (혹은 친척과 친구) 사이에 염려나 고통을 주는 문제가 있습니까? 부부 사이나 부모와 자식 사이에 대화를 얼마나 하십니까? 이 부분에서 겪는 어려움이 있습니까?

◆ 직장 생활은 어떠십니까? 직장의 분위기나 상황은 어떠합니까?

◆ 혹시 전문적인 조언이나 상담이 필요한 경우가 있습니까? 기독인 상담사의 도움이 필요하십니까?

◆ 성찬에 참여하기 위해 어떤 준비를 하십니까? 가족 중 세례를 받아야 할 사람이 있습니까?

양육, 기도, 전도

구약과 신약 시대 장로의 직무는 연속성과 불연속성이 있지만, 연속성에 있어서 가장 중요한 점이 언약의 공동체를 지키는 일입니다. 장로들은 언약의 자녀들이 지속적으로 성장하도록 해야 하며 그들을 악의 위험으로부터 지켜야 합니다. 이를 위해서 장로는 매일 성도들을 떠올리며 집과 교회와 일터에서 기도해야 할 의무가 있습니다. 또한 장로는 자신의 친척이나 친구들, 직장에서 만나는 이들이나 이웃들을 전도하여 교회로 인도할 의무도 있습니다. 베드로 사도는 "너희 마음에 그리스도를 주로 삼아 거룩하게 하고 너희 속에 있는 소망에 관한 이유를 묻는 자에게는 대답할 것을 항상 준비하되 온유와 두려움으로 하고"(벧전 3:15)라고 말합니다. 이것은 모든 성도에게 주신 말씀이지만, 특히 장로의 삶은 다른 사람들에게 "소망의 삶"을 보여주어야 하며, 자신이 믿는 바의 이유를 알려 줄 수 있도록 준비해야 합니다.

목사와의 협력

목회는 목사 혼자 감당하는 사역이 아닙니다. 반드시 그 사역을 돕는 사람이 있기 마련입니다. 그중에서 장로의 도움은 목회에 필수적입니다. 따라서 여러 이유로 아직 장로가 세워지지 않은 경우에는 훈련과 선별의 과정을 거치고 정상적인 선출 과정을 거쳐 장로를 세워야 합니다. 물론 이 일은 서두른다고 해서 좋은 것이 아닙니다. 자격이 되는 사람을 장로로 선출할 수 있도록 충분한 기도와 준비가 필요합니다. 장로로 세움 받기 위해서는 무엇보다 목사의 목회론을 공유해야 합니다. 그래야 실제로 장로가 되었을 때 불필요한 오해나 마찰 없이 목회 제반 사항을 의논할 수 있습니다.

장로는 네 가지 점에서 목회를 도울 수 있습니다. 첫째, 장로는 목사의 목회 비전과 목회 철학을 성도들에게 잘 설명해 줄 수 있고, 이에 대한 동기 부여를 할 수 있습니다. 둘째, 장로는 때로 성도들의 실제적 고민과 고충 사항을 목사보다 분명하고 구체적으로 알고서 이를 목사에게 전달할 수 있습니다. 셋째, 장로는 실무나 행정과 관련하여 오랜 경험을 바탕으로 성도들에게 조언해 줄 수 있고, 목사와 구체적으로 상의할 수 있습니다. 넷째, 장로는 목사의 설교가 성경적이며, 교리적으로 문제가 없는지 살피고 조언할 수 있습니다. 또한 현재 교회 상황에 필요한 설교 주제나 본문을 건의할 수 있습니다. 그리고 설교자의 설교 태도나 의사소통 기술, 언어 습관에 대해서도 적절하게 조언해 줄 수 있습니다.[66]

장로의 든든한 지원과 협력 속에서 목회하는 목사만큼 행복한 사람은 없을 것입니다. 따라서 장로는 목사의 목회를 돕기 위한 충분한 준비와 기도, 훈련과 고민이 필요합니다. 이 일은 단기간에 이루어지지 않고 오랜 시간이 걸릴 것입니다. 하지만 장로는 이를 기쁘게 감당해야 합니다. 언약 공동체를 책임지는 감독자이기 때문입니다. 주님께서 이 땅의 장로들을 통해서 주님의 교회를 든든히 세워 나가시기를 기도합니다.

4장.
집사직

구약에서의 집사직

장로직과 집사직

장로와 집사, 이 두 직분은 상호 보완 관계에 있습니다. 하나는 목양의 직분이라면, 다른 하나는 가난한 자들과 도움이 필요한 자들을 실질적 측면에서 돕는 직분입니다.[1] 그런데 구약성경에 장로직은 나오지만 집사직은 나오지 않습니다.[2] 집사직의 본질은 가난하고 연약한 자들을 구제하고 돕는 자비와 자유의 사역입니다.[3] 비록 구약 시대에는 그 일만을 특정하여 감당했던 직분이 없었지만, 그럼에도 불구하고 구약의 이스라엘 백성은 가난한 자들을 구제하는 일을 무척 중요하게 여겼습니다. 율법은 이런 일을 사실상 하나님의 온 백성이 감당해야 하는 일로 규정하고 있습니다.

우리는 신앙을 생각할 때 추상적으로 생각하기 쉽습니다. 하지만 하나님은 우리가 삶의 모든 부분에서 신앙의 자유와 유익을 누리도록 하십니다. 만일 하나님의 백성이 경제적, 사회적, 정신적으로 압박을 받는다면, 그가 받은 구원의 의미는 퇴색될 것입니다. 이스라엘 백성을 애굽에서 해방하신 하나님은 그들이 더 이상 어떤 것에도 종노릇하지 않고 참된 자유를 누리며 살기를 원하십니다. 그렇기에 하나님의 온 백성은 자비와 자유의 사역을 통해 구원의 은덕이 삶의 전 영역에 온전히 흘러가도록 서로 도와야 했습니다.[4]

"가난한 자들"의 의미

구약 시대에 도움이 필요한 자들은 "가난한 자들"이라고 불렸습니다. 이들을

물질적으로 가난한 자들, 힘없는 자들, 괴롭힘과 억압을 받는 자들로 나누어 볼 수 있습니다.[5]

물질적으로 가난한 자들은 너무나 가난해서 다른 사람의 도움을 받지 못하면 살아갈 수 없는 이들이었습니다. 신명기 15장에서는 희년법을 만들어서 가난한 자들의 빚을 탕감받도록 했습니다(신 15:4; 24:14; 시 109:16). 성경은 가난한 자들을 돕는 일을 정의로운 행동으로 봅니다.

힘없는 자들이란 자신들의 부와 사회적 지위가 급격하게 줄어들거나 아예 소실되어 버린 사람들입니다(출 30:15; 레 14:21-22). 하나님은 그들을 특별히 돌보시길 원합니다. 여기에는 육체적으로나 정신적으로 장애가 생긴 자들도 포함됩니다. 따라서 정신질환자와 장애인들에게 사랑을 베푸는 것은 구약성경의 관점에서 보더라도 필수적인 일입니다.

괴롭힘과 억압을 받는 자들은 부자와 권력자들로부터 협박과 착취를 받는 자들입니다(사 3:14; 겔 18:16-18; 암 2:7). 악인에게 고통을 당하는 경건한 사람들도 포함됩니다(시 10:2; 사 14:32). 하나님은 그들의 기도를 들으시고 응답하십니다. 따라서 언약 백성은 그들을 도와주어야 합니다.

가난한 사람의 부류

구약에서 하나님의 백성은 이렇게 경제적으로, 사회적으로, 육체적으로, 영적으로 "가난한 사람들"을 도울 의무가 있었습니다. 가난한 사람들 안에는 구체적으로 소농이나 소작농(출 23:11; 레 19:10; 23:22; 암 2:6-7; 8:4-6; 사 26:5-6), 고아와 과부(출 22:22, 24; 신 10:18; 14:29), 거류민(이민자)과 이방인(신 10:18; 14:29; 24:14, 17-21; 겔 22:29), 외국인과 나그네(신 15:3; 23:20), 레위인(민 18:21-32; 신 12:12, 18-19)이 속했습니다.

가난한 사람을 돌볼 책임

일차적으로 이런 사람들을 돌볼 의무와 책임은 가족에게 있었습니다(레 25:23-28). 하지만 사회가 공적으로 이들을 돌보아야 했습니다(출 23:3; 신 16:19; 시 82:3). 왕과 국가 역시 가난한 자들을 돌보아야 할 의무가 있었습니다. 아래와 같이 솔로몬이 자신의 왕권을 위해 기도했던 시편 72편의 기도를 보면 이 사실을 알 수 있습니다.

> 하나님이여, 주의 판단력을 왕에게 주시고 주의 공의를 왕의 아들에게 주소서. 그가 주의 백성을 공의로 재판하며 주의 가난한 자를 정의로 재판하리니 의로 말미암아 산들이 백성에게 평강을 주며 작은 산들도 그리하리로다. 그가 가난한 백성의 억울함을 풀어 주며 궁핍한 자의 자손을 구원하며 압박하는 자를 꺾으리로다.……그는 궁핍한 자가 부르짖을 때에 건지며 도움이 없는 가난한 자도 건지며 그는 가난한 자와 궁핍한 자를 불쌍히 여기며 궁핍한 자의 생명을 구원하며 그들의 생명을 압박과 강포에서 구원하리니 그들의 피가 그의 눈 앞에서 존귀히 여김을 받으리로다(시 72:1-14).

만일 가정, 사회, 국가가 이렇게 가난한 자들을 돌보는 일을 잘하지 못하면 그 공동체는 하나님의 언약적 형벌을 받습니다. 실제로 구약 이스라엘이 포로 생활을 했던 이유 중 하나는 가난한 사람들을 돌보지 않았기 때문이라고 성경은 말합니다(겔 16:49 참조).[6]

신약에서의 집사직

집사직의 기원과 예수의 집사적 사역

사도행전 6장을 집사직이 처음 제정된 곳으로 볼 수 있습니다. 사도들이 일곱 일꾼을 택하게 된 직접적 계기는 헬라파 과부들이 매일의 구제에서 제외되었기 때문입니다. 하지만 집사직 역시 장로직과 마찬가지로 예수 그리스도께서 보이신 모범에 기초합니다.[7] 우리 주 예수 그리스도께서는 말씀과 삶으로써 가난하고 궁핍한 자들을 어떻게 섬겨야 하는지를 몸소 가르치셨습니다. 주님은 야훼의 종으로 이사야 53:5-12의 예언을 성취하셨습니다. 주님은 스스로 가장 낮은 자가 되어 섬김을 받는 자가 아니라 섬기는 자가 되셨습니다(요 13: 1-20; 마 20:25-28). 예수님은 "가난하고 궁핍한 자들"을 도우셨습니다. 그들의 병을 고쳐 주시고, 그들을 위로해 주셨습니다(마 8:14-17). 주님은 부자 청년에게 그 소유를 전부 팔아 가난한 자들에게 나누어 주고 주님을 따르도록 명했습니다(눅 18:22).

주님의 이러한 정신은 초대 교회 성도들에게 그대로 전수되었습니다. 예수님의 부활 메시지는 사람들이 이 땅의 재물에 소망을 두지 않도록 그들을 바꿔 놓았습니다.[8] 그래서 기독교 안에 가난이 현실적인 문제로 부상했을 때 성도들은 즉시 그들이 가진 것들을 나누기 시작했던 것입니다(행 2:44-45). 아마도 가난한 자들 가운데 상당수는 그리스도인이 됨으로써 이전에 회당 공동체에 속해 누리던 경제적 유익들을 잃어버리게 된 사람들이었을 것입니다.[9] 그들은 교회의 돌봄을 받았습니다. 그리하여 교회 안에는 살아 있고 실질적인 기쁨의 교제가 있었습니다.

한 가지 주목할 것은 교회가 세워진 초기 시절에만 해도 집사직이 아직 없었고, 모든 성도가 함께 구제와 자비의 사역을 했다는 점입니다. 그리고 사도들이 그 일을 주도했습니다.[10] 이것은 구제와 자비의 사역이 하나님의 온 백성의 사역이라는 구약의 가르침과 일치하는 행동이었습니다.

하지만 나중에 모든 필요가 전부 채워지지 못하여 헬라파 과부들이 원망하는 일이 생기게 되면서 집사들에 대한 이야기가 나옵니다. 그제야 비로소 식탁에서 구제의 봉사를 할 몇몇 형제를 특별히 임명하여 음식과 필요한 물질을 분배하는 일을 맡기게 되었습니다(행 6:1-6).

하지만 집사가 세워지기 전까지, 그리고 그 이후에도 여전히 구제의 직무는 하나님의 온 백성의 일이었습니다. 구약에서와 마찬가지로 가까운 가족이 생계를 책임져야 했습니다(딤전 5:3-4, 8). 그리고 교회 공동체가 물론 이 일에 힘써야 했습니다. 사도 바울은 이방인 교회로 하여금 예루살렘에 있는 교회들을 물질적으로 돕게 했습니다(고후 8-9장; 행 11:29). 물질적 도움뿐 아니라 정신적이고 정서적으로 어려움에 처한 자들을 돕는 일을 가족과 교회가 함께 해야 합니다.

가난하고 궁핍한 사람들을 돕는 일에는 국가 역시 중요한 역할을 해야 합니다. 국가는 하나님의 종이기 때문입니다(롬 13장). 성도들은 국가가 가난한 자들을 돕도록 늘 힘써야 합니다.[11] 최근 수십 년간, 영국 성공회는 정부로 하여금 파산한 사람들을 돕도록 지속적으로 촉구했고, 나름대로 열매를 거두었습니다. 교회가 사회를 하루아침에 바꿀 수는 없습니다. 하지만 교회는 자신이 처한 상황 안에서 국가의 보다 나은 변화를 위해 적극적으로 역할을 감당해야 합니다.[12] 교회는 무엇보다 세상의 빛과 소금으로서 세상 가운데 모범이 되어야 합니다. 교회 밖의 가난한 사람들에게 그리스도의 사랑을 나타내는 일에 힘써야 하는 이유가 여기 있습니다(갈 6:9-10).

신약성경에 나타난 집사직

신약성경에서 최초로 집사를 가장 분명하게 언급한 곳은 빌립보서 1:1입니다.[13] 바울은 빌립보 성도들에게 편지를 쓸 때 로마 감옥에 갇혀 있었습니다. 빌립보 성도들은 바울을 지극히 사랑하여 그가 감옥에 갇혀 있을 때도(주후 60-62) 그들의 사랑을 전하고 또 그를 돕기 위해 에바브로디도를 그곳으로 보냈습니다.[14] 첫 인사에 감독들과 집사들을 언급했다는 것은 교회가 물질을 바울에게 보내는 일을 창의하고 주도하는 데 있어 그들의 역할이 특별했다는 것을 말해 준다고 볼 수 있습니다.

사도행전 6장에는 집사들이 최초로 선출된 배경과 그들의 사역과 그 결과가 기록되어 있습니다. 집사직 선출 배경은 4장부터 보아야 제대로 이해할 수 있습니다. 아래와 같은 말씀이 나옵니다.

> 믿는 무리가 한마음과 한 뜻이 되어 모든 물건을 서로 통용하고 자기 재물을 조금이라도 자기 것이라 하는 이가 하나도 없더라. 사도들이 큰 권능으로 주 예수의 부활을 증언하니 무리가 큰 은혜를 받아 그 중에 가난한 사람이 없으니 이는 밭과 집 있는 자는 팔아 그 판 것의 값을 가져다가 사도들의 발 앞에 두매 그들이 각 사람의 필요를 따라 나누어 줌이라(행 4:32-35).

이렇게 신자들이 모든 물건을 서로 통용함으로써 교중 가운데 가난한 사람이 없게 된 현상을 두고 여러 가지 해석이 있습니다. 저는 이 현상을 네 가지로 해석할 수 있다고 생각합니다. 첫째는, 종말의 완성에 대한 구약 예언의 성취이자 장차 완성될 천국의 모습을 미리 앞당겨 보여준 것입니다. 둘째는, 부활하신 예수님에 대한 신앙이 모든 성도를 한 가족으로 묶어 놓았기에 모든 성도가 자신의 소유를 팔아 자신의 영적인 형제자매를 돌본 것입니다(막 3:31-35; 요 19:27 참조). 셋째는, 이제 새 언약의 시대가 도래했기 때문에 옛 언약(구약 시대)의 기업이었던 땅을 물리적으로 소유해야 할 이유가 없어졌던 것입니다.[15] 넷째는, 이것이 구약 시대부터 이미 해오던 가난한 자들을 돕던 관습이 성령님의 임재로 말미암아 확대되었다고 보는 것입니다. 오순절 성령께서 임재하신 교회는 백성 중 가난한 자들이 한 사람도 없게 함으로써, 구원을 받은 사람들이 경제적 어려움으로 인해 자유를 누리지 못하는 일이 없도록 했습니다.[16]

그런데 그런 초대 교회에 문제가 발생했습니다. 구제를 통하여 자유를 온전히 누리게 하는 사역에서 제외된 사람들이 생겨난 것입니다. 그들은 헬라파 과부들이었습니다. 사도들의 구제 사역은 주로 가난한 자들, 특히 과부들을 위해 이루어졌습니다. 그런데 교회 안에 인종적 불평등이 들어오게 된 것입니다. 당시 예루살렘 전체 인구의 10-20퍼센트가 헬라파 유대인이었습니다.[17] 사도들이나 일선에서 일하던 자들은 모두 히브리파 유대인들이었고, 아마도 언어와 문화가 일치하던 유대파 과부들이 우선적으로 돌봄을 받았던 것 같습니다. 자신들이 구제의 대상에서 빠지게 되자, 헬라파 과부들은 불만을 토로했습니다.[18] 이에 대해 사도들은 구제의 일을 맡을 사람 일곱을 택하여 따로 세웠습니다. 그리고 자신들은 말씀과 기도에 전무專務했습니다. 그 결과, 하나님의 말씀이 교회를 더욱 흥왕하게 만들었습니다.[19]

사도행전 6장에서 선출된 사람들이 "집사"라고 불리지 않기 때문에, 이 일곱 사람은 "집사"가 아니라고 주장하는 이들도 있습니다.[20] 하지만 저는 몇몇 근거에서 그들을 집사로 보는 것이 자연스럽다고 생각합니다.[21] 첫째로, 원어 성경은 이 문맥에서 "봉사한다"(디아코네오)와 "봉사"(디아코니아)를 나란히 사용합니다. 이것은 "집사"를 뜻하는 단어(디아코노스)와 연관이 깊습니다. 둘째로, 그들이 봉사한 내용이 가난한 이들을 구제하는 것이므로 집사의 직무와 일치합니다. 셋째로, 디모데전서 3:8-12에서 집사의 자격을 이야기하는 것과 사도행전 6장의 일곱 사람의 자격이 매우 흡사합니다.[22] 그리고 고대 교부들, 예를 들어 이레나이우스Irenaeus(2세기 초기부터 약 202년경까지 살았던 교부)도 이들을 집사라고 불렀습니다.[23]

자비와 자유의 직분

정리하자면, 집사직은 가난한 자들을 돕는 일을 전담하는 직분입니다. 구약 시대에는 이 일이 하나님의 온 백성의 의무였습니다. 하지만 신약 시대에 와서 특별한 계기로 집사직이 공적 직분으로 사도들에 의해 세워졌습니다. 집사직은 하나님의 백성이 그 어떤 것에도 예속되지 않도록 하는 자유의 직분입니다. 성도들이 경제적으로나 사회적으로나 정신적으로 압박을 받는다면 신앙의 자유를 누릴 수 없을 것입니다. 바로 이 일로부터 해방되도록 도와주는 일이 바로 집사의 과업입니다. 칼뱅은 초대 교회의 역사 속에서 한때는 교회의 모든 재산이 교역자들의 생활과 가난한 자들을 구제하기 위한 공적 경비로 사용되었음을 지적합니다.[24] 교회 역사에서 교회 내 구제와 교회 외 구제 사역은 항상 중요했습니다.[25] 바로 이 일을 집사들이 관장합니다. 따라서 집사직을 한마디로 표현하자면, "자비와 자유의 직분"이라고 말할 수 있습니다.

집사의 자격

각 교단은 집사직의 자격을 법적으로 정해 놓았습니다.[26] 성경은 집사직의 자격을 엄격하게 제시합니다. 디모데전서 3:8-13을 보면 그 자격 요건이 세세하게 나옵니다.

> 이와 같이 집사들도 정중하고 일구이언을 하지 아니하고 술에 인박히지 아니하고 더러운 이를 탐하지 아니하고 깨끗한 양심에 믿음의 비밀을 가진 자라야 할지니 이에 이 사람들을 먼저 시험하여 보고 그 후에 책망할 것이 없으면 집사의 직분을 맡게 할 것이요 여자들도 이와 같이 정숙하고 모함하지 아니하며 절제하며 모든 일에 충성된 자라야 할지니라. 집사들은 한 아내의 남편이 되어 자녀와 자기 집을 잘 다스리는 자일지니 집사의 직분을 잘한 자들은 아름다운 지위와 그리스도 예수 안에 있는 믿음에 큰 담력을 얻느니라(딤전 3:8-13).

집사執事라는 단어는 일반 사회에서 "주인 가까이에 있으면서 그 집안일을 맡아보는 사람"이라는 의미로 사용됩니다. 한국 교회 안에는 집사직을 마치 장로와 성도들 사이에서 봉사하는 직분 정도로 이해하는 경향이 있습니다.[27] 오늘날 한국 교회는 "서리 집사"라는 이름을 가진 많은 집사가 있습니다. 이것은 이름을 부르지 않고 어떤 직책이나 호칭을 부르는 한국의 유교 문화로 인해 생긴 현상입니다. 그리고 직분의 책임감을 느끼게 함으로써 교회의 양적, 질적 성장을 꾀하는 방편으로 "서리 집사"라는 자리가 만들어졌을 것입니다. 사실 "서리 집사"라는 제도에는 성경적 근거가 없습니다. 하지만 문화적 측면을 전혀 무시할 수 없기에 개별 교회와 교단의 형편을 고려하는 것이 필요합니다.

성경은 "자비와 자유의 직분"인 집사직을 맡을 사람이 어떤 자격 조건을 갖추어야 하는지 자세히 가르칩니다. 디모데전서 3:8은 도덕적 자격, 9절은 신앙적 자격, 10절은 개인적 성품, 그리고 12절은 가정적 자격을 논합니다. 이것을 도표로 정리하면 다음과 같습니다.

도덕적 자격	정중하고
	일구이언을 하지 아니하고
	술에 인박히지 아니하고
	더러운 이를 탐하지 아니하고
신앙적 자격	깨끗한 양심에
	믿음의 비밀을 가진 자
개인적 성품	책망할 것이 없으면
가정적 자격	한 아내의 남편이 되어
	자녀를 잘 다스리는 자
	자기 집을 잘 다스리는 자

이 도표에서 우선 알 수 있는 사항이 몇 가지 있습니다. 첫째, "이와 같이"라고 하여 집사직 역시 장로직 못지않은 엄격한 자격을 갖추어야 할 것을 명령합니다.[28] 오늘날 많은 사람이 목사, 장로, 집사, 권사직을 일종의 수직적 위계질서의 관계로 생각하곤 합니다. 하지만 성경은 그렇게 가르치지 않습니다. 모든 직분자는 하나님 앞에서 대등한 관계이며, 서로 맡은 역할이 다를 뿐입니다. 이처럼 직분자들은 수평적 연합과 협력의 관계에 있기 때문에, 성경은 집사직이라고 해서 장로직보다 못한 기준을 제시하지 않습니다. 직분에

수직적 위계질서가 있어서는 안 된다는 것은 초대 교회가 이미 확립한 전통입니다. 이는 섬기는 자 모두가 종이 되어야 한다는 주님의 말씀을 신학화한 것이었습니다.[29]

둘째, 성경은 장로(혹은 감독)의 경우와 마찬가지로 집사의 직분에서도 능력보다 성품과 인격을 더 중요하게 여깁니다. 세상은 유능한 사람을 찾지만 교회는 그리스도의 성품을 닮은 사람을 일꾼으로 뽑습니다.[30] 하나님은 금이나 은으로 된 그릇을 선호하는 것이 아니라, 깨끗한 그릇을 사용하십니다.[31]

셋째, 일상적 자격을 8절에서 먼저 논한 뒤 영적 자격을 9절에서 논한다는 사실을 기억해야 합니다. 이것은 영적 자격이 일상적 자격보다 덜 중요하다는 것이 결코 아닙니다. 하지만 겉으로 드러나는 일상의 모습을 보면 그 사람의 영적 삶을 알 수 있기에 가시적인 자격을 먼저 언급하는 것입니다. 참된 신앙인은 참된 인간이기 마련입니다.

도덕적 자격 1. "정중하고"

디모데전서 3:8에서 "정중하고"(셈노스)라는 말은 "존경할 만하고"라는 뜻입니다. 이것은 하나님의 성품을 닮아서 사람들 사이에서 그 성품을 드러내는 삶을 뜻합니다.[32] 빌립보서 4:8[33]은 이 덕목을 모든 그리스도인이 가져야 할 덕목으로 제시합니다. 집사의 자격으로 "정중하고"를 가장 먼저 넣은 것은 집사가 교회와 가정 그리고 사회생활에서 얼마나 행실이 바르고 존경스러운 사람이어야 하는지에 대한 강조입니다. 집사를 선출할 때는 그 사람이 하나님의 성품을 닮아서 존경스러운 사람인지를 가장 먼저 점검해야 합니다.

도덕적 자격 2. "일구이언을 하지 아니하고"

그렇다면 어떤 사람이 존경할 만한 사람일까요? 8절의 나머지 구절들이 이를 설명해 줍니다. 우선, 존경스러운 사람은 자신의 말에 신실한 사람입니다. 그래서 먼저 "일구이언을 하지 아니하고"라는 조건을 제시합니다.

"일구이언"(메디로고스)이란 말은 일차적으로 어떤 말을 "반복한다"는 뜻입니다. 이것은 네 가지를 의미합니다. 첫째, 말에 절제가 없거나 다른 사람의 이야기를 널리 퍼뜨리는 것을 가리킵니다. 집사의 직무는 "가난한 자"를 돕는 일입니다. 이것은 영적으로, 정신적으로, 육체적으로, 사회적으로 연약한 사람을 섬기는 일입니다. 이 일을 하다 보면 교우들의 어렵고 힘든 사정을 알게 됩니다. 집사가 그들의 사정을 다른 사람에게 무분별하게 퍼뜨린다면 큰일이 생깁니다. 그래서 집사는 무엇보다 언어를 절제할 줄 아는 사람이어야 합니다.

둘째로, "일구이언"이란 이 사람 만나서는 이 말하고 저 사람 만나서는 저 말을 하는 것이라든지, 어제 한 말과 오늘 한 말이 다른 경우도 해당합니다. 확실한 지식 없이 말하거나 이야기의 맥락에 따라 내용과 정도를 달리 말하기 때문에 생기는 일입니다. 모든 사람에게 잘하려다 보니, 비위를 맞추다가 이 사람에게는 이 말, 저 사람에게는 저 말을 하는 경우도 이에 해당합니다. 비록 의도하지 않게 생긴 일일지라도 일구이언을 하는 것입니다.

셋째로, 거짓말을 하거나 정확하게 말하지 않는 것, 혹은 사실을 부풀려서 과장하는 것 역시 "일구이언"에 해당합니다. 재미를 위해서나 혹은 악의를 가지고 사실을 왜곡하는 것 역시 "일구이언"의 일종입니다. 그런 사람에게는 진실을 기대할 수 없습니다. 집사직은 특별히 연약한 자를 돌보는 사역이므로 말로써 다른 이에게 상처를 주는 일을 해서는 안 됩니다.

넷째로, 말만 하고 행동에 옮기지 않는 것도 "일구이언"에 해당합니다(참조. 마 21:28-30). 말만 많이 하고 행동으로 옮기지 않으면 나중에 반드시 말을 바꾸게 됩니다. 집사는 내뱉은 말을 행동으로 옮기는 사람이어야 합니다.

말은 사실 마음의 문제이고 이는 더 깊은 곳에 자리한 신앙의 문제입니다. 진실하고 참된 믿음을 가진 사람은 일구이언하지 않습니다. 따라서 말의 문제도 역시 성령님의 은혜로 극복할 수 있습니다.

도덕적 자격 3. "술에 인박히지 아니하고"

"술에 인박히지 아니하고"(메 오이노 폴로 프로세콘타스)라는 말은 술에 깊이 빠져들지 않는다는 뜻입니다. 다시 말해, 술에 중독되지 않은 상태를 의미합니다. 뇌에 관한 한 연구는 알코올 중독자와 게임 중독자의 뇌가 비슷하다고 밝힌 바 있습니다.[34] 중독자는 정상 생활이 불가능합니다. 사실 술 중독뿐 아니라, 이외의 모든 중독이 조심스럽게 접근하여 해결해야 할 심각한 문제입니다. 중독에는 다양한 형태가 있습니다. 술 중독, 일 중독, 투기 중독, 관계 중독, 연애 중독, 포르노 중독, 음식 중독, 게임 중독, 쇼핑 중독, SNS(페이스북, 카카오톡, 인스타그램, 트위터 등)와 유튜브 중독 등이 있습니다.[35] 아무리 좋은 취미 생활이나 운동이라도 중독이 될 정도로 몰입한다면 위험합니다. 심지어 종교 활동을 중독처럼 하는 사람도 있을 수 있습니다.

이처럼 신자가 어떤 것에 중독이 된다거나 인이 박힌다는 것은 하나님과 그분의 말씀에 집중하지 못한 삶을 살고 있음을 뜻합니다. 무언가에 중독된 집사는 하나님 사랑과 이웃 사랑의 이중계명(마 22:37-40[36])을 지킬 수 없습니다. 결코 다른 사람을 돌볼 수 없습니다.[37] 자신이 자유를 누리지 못하는데 어떻게 다른 사람에게 복음의 자유를 선사할 수 있겠습니까? 반대로 술뿐만 아니라, 그 어떤 것에도 얽매이지 않고, 오직 하나님께만 집중하는 사람은 "자비와 자유의 직분"인 집사직을 잘 감당할 수 있습니다.

도덕적 자격 4. "더러운 이익을 탐하지 아니하는"

도덕적 자격의 네 번째는 "더러운 이익을 탐하지 아니하는"(메 아이스크로게 르데이스) 삶입니다. 장로직에서 돈을 사랑하지 않는 사람을 기준으로 제시했는데, 집사직은 더러운 이익을 탐하지 않는 사람을 제시합니다. 아주 저열한 방법을 써서라도 돈을 벌어야겠다는 생각을 가진 이가 바로 이익을 탐하는 사람입니다. 아주 인색하여서 사람들에게 지탄을 받는 사람을 뜻하기도 합니다. 뻔뻔하여서 부끄러운 줄 모르고 구두쇠 짓을 하는 것을 뜻하기도 합니다. 집사직은 구제를 하는 직분입니다. 집사가 될 사람이 베푸는 일에 인색하다면 직분을 가지고서도 여전히 다른 사람들을 돕지 못할 것이 너무나 분명합니다. 자신의 일상에서 구제와 베풂과 섬김의 훈련이 된 사람은 교회의 직분자가 되어서도 그 일을 잘 수행할 것입니다. 특히 집사는 교회의 재정을 관리하고 사용하고 책임지는 직분이기 때문에 더러운 이익을 탐하는 사람이 그 자리를 맡게 되면 반드시 문제가 발생할 것입니다.

돈 문제 앞에서는 모든 직분자가 조심해야 합니다. 베드로전서 5:2은 더러운 이익을 탐하지 말아야 한다는 동일한 사항을 장로직에 적용합니다. 위에서 보았듯이, 디모데전서 3:3에서 장로직을 맡을 사람이 돈을 사랑하지 않고 오직 주님만을 사랑해야 하는 것처럼, 집사직을 맡을 사람도 더러운 이익에 욕심을 내지 말고 오직 주님으로 만족해야 합니다. 이것은 디모데전서 6:5-10에 나오는 종말의 때에 사람들이 돈을 극단적으로 사랑하는 것을 염두에 두고 하신 말씀입니다.[38] 집사는 종말의 때에 돈을 사랑하지 않고 오히려 많이 나누어 줌으로써 하나님의 성품을 교회와 세상 가운데 증거해야 합니다.

신앙적 자격 5. "깨끗한 양심"

디모데전서 1:9에서 "깨끗한 양심에"(엔 카타라 쉬네이데세이)라는 표현은 성령으로 새롭게 된 양심을 가져야 한다는 뜻입니다. "양심"(쉰에이데시스)은 죄에 대해 분별력을 가진 인간 내면의 기능입니다. 개혁신학자들은 양심에 관한 많은 토론을 했습니다.[39] 양심이란 좁게 말해서 죄를 지적하는 심판자입니다. 그렇게 보자면 타락 이전 죄가 없던 인간에게는 양심이 없었다고도 볼 수 있습니다. 그런데 양심이란 넓게 말해서 선한 상태와 자신의 현재 모습이 일치하고 있는지를 감찰하는 내면의 기관이라고도 볼 수 있습니다. 그렇게 보면 인간은 누구에게나 양심이 있고, 타락 전의 아담에게도 양심이 있었다고 말할 수 있습니다.

그런데 중요한 것은 양심이 외부의 환경과 내면의 죄의 영향을 받는다는 사실입니다. 사도 바울은 디모데전서 1:5에서 "선한 양심"을, 1:19에서 "착한 양심"을, 3:9에서 "깨끗한 양심"을 언급합니다. 반대로 4:2에서는 "화인을 맞은 양심"을, 디도서 1:15에서는 "더러워진 양심"을 언급합니다. 화인을 맞은 양심이란 참과 거짓, 옳고 그름에 대한 감각이 마비되고 시들고 굳어진 것을 뜻합니다.[40] 사람마다 차이가 있겠지만, 타락한 인간의 양심을 이러한 상태라고 말할 수 있습니다.

원래 하나님은 선한 양심을 주셔서 인간을 창조하셨습니다. 타락한 인간이라도 옳고 그른 것을 분별할 수는 있습니다(롬 2:15). 하지만 타락한 시대일수록 인간의 양심은 죄로 더욱 얼룩져 있습니다. 하지만 예수 그리스도께서는 우리로 하여금 악한 양심에서 벗어나게 해주셨습니다. 사도는 자신이 주는 교훈의 목적은 "청결한 마음과 선한 양심과 거짓이 없는 믿음에서 나오는 사랑"이라고 말합니다(딤전 1:5). 따라서 말씀과 성령으로 청결해진 마음 안에 선한 양심이 자리를 잡고, 거기서부터 참된 믿음과 사랑이 나오는 것임을 알게 됩니다. 직분자들의 양심은 이미 깨끗해졌지만, 더욱 선한 양심을 가지도록 노력해야 합니다(벧전 3:16 참조). 그러한 양심은 하나님의 계명을 먼저 주의하고 이웃에게 덕을 세우는 양심입니다(고전 10:29 참조).

신앙적 자격 6. "믿음의 비밀을 가진 자"

이제 바울은 여기에 더하여 "믿음의 비밀을 가져야 함"(에콘타스 토 뮈스테리온 테스 피스테오스)에 대해 말합니다. 여기서 말하는 "믿음의 비밀"은 믿음의 행위fides quae나 내용fides qua에 어떤 신비스럽고 비밀스러운 측면이 있어서 그렇게 표현했다기보다는,[41] '복음'을 '비밀'로 표현한 바울의 어법에 근거합니다.[42] 바울은 예수 그리스도의 완전한 복음이 구약 시대에는 하나님의 백성에게 감추어져 있다가 신약 시대에 드러났기 때문에 '비밀'이라고 불렀습니다. 따라서 "깨끗한 양심에 믿음의 비밀"을 가져야 한다는 것은 집사들이 깨끗한 양심을 가져야 할 뿐 아니라, 복음을 잘 알고 있어야 한다는 의미입니다.[43] 특별히 그것을 "믿음의 비밀"로 표현한 것은 '믿음직스러운 복음'이라는 뜻도 될 수 있고, '믿는 바 내용이 되는 복음'이라는 뜻도 됩니다. 어떤 쪽으로 해석하든 중요한 것은 집사들은 복음을 잘 아는 사람이어야 합니다.

개인적 성품 7. "책망할 것이 없으면"

바울은 "이에 이 사람들을 먼저 시험하여 보고 그 후에 책망할 것이 없으면 집사의 직분을 맡게 할 것이요"(10절)라고 명령합니다. "책망할 것이 없으면"(아넹클레토이)이라는 말에서, 집사 역시 검증을 받은 사람만이 감당할 수 있다는 것을 깨닫게 됩니다. 그런데 여기서 시험한다는 표현이나 책망할 것이 없음을 확인한다는 표현은, 초대 교회의 세례 의식을 떠올리게 합니다. 초대 교회 당시 세례를 받기 위해서는 3년 이상의 오랜 준비가 필요했습니다. 그 기간에 모든 세례 준비자는 기독교 교리와 윤리에 있어서 깊은 가르침을 받고 그것을 고백과 삶으로 드러내야 했습니다.[44] 그리고 세례받기 전에 신앙의 기본에 관한 질문들을 받았고, 이를 공적으로 고백했습니다. 집사가 되는 이들은 벌써 이런 의식을 모두 통과한 사람들입니다. 그럼에도 불구하고 다시 시험을 치러 책망할 것이 없을 때 집사직을 주어야 한다는 것은 그만큼 초대 교회가 직분자를 세울 때 엄격했음을 보여줍니다.

가정적 자격 8. "한 아내의 남편이며"

디모데전서 3:11은 여성도들에 관해 언급합니다. 이 부분은 권사직을 다룰 때 설명할 것입니다. 이어지는 12절에서 바울은 "한 아내의 남편이며"(미아스 귀나이코스 안드레스)라고 말합니다. 성경이 말하는 결혼은 한 남자와 한 여자가 하나님과 사람 앞에서 공적으로 서약하고 하나가 되는 연합의 관계입니다. 집사가 될 사람은 한 여인과 결혼한 남자여야 합니다. 이는 성경적인 가정을 이룬 사람을 뜻합니다.

  이 말씀은 아내에게 도리를 다하는 의무를 담고 있습니다. 아내를 사랑하기에 아내에 대한 책임을 다하는 것도 아름답습니다. 하지만 하나님 앞에서 살아가기 때문에 아내에게 도리를 다하는 모습은 더욱더 아름답습니다. 남녀평등에 대해서 성경은 귀중한 가르침을 줍니다. 창세기 1:27은 "하나님이 자기 형상 곧 하나님의 형상대로 사람을 창조하시되 남자와 여자를 창조하시고"라고 합니다. 남성과 여성 모두 하나님의 형상대로 지음 받았습니다. 그렇기에 하나님 앞에서 모든 남녀는 평등합니다. 하지만 가정에서는 남성과 여성이 조화를 이룰 필요가 있습니다. 어떤 일이 남편이 해야 할 인인지, 어떤 일이 아내가 해야 할 일인지 결정되어 있는 것은 아닙니다. 하지만 남성과 여성이 각자 잘할 수 있는 부분에 대해서는 자신의 몫을 다해야 합니다. 그러지 않고 일방적으로 한쪽이 희생을 당하는 것은 올바르지 않습니다. "한 아내의 남편"이 된 집사는 "아내 사랑하기를 그리스도께서 교회를 사랑하시고 그 교회를 위하여 자신을 주심 같이" 할 것입니다(엡 5:25).

"한 아내의 남편"을 강조하는 이 말씀은 집사의 성적 순결을 내포합니다. 성적인 죄는 인간이 빠질 수 있는 가장 흔한 죄입니다. 특히 요즘처럼 성적으로 타락한 사회에서 우리는 일평생 성적인 죄의 유혹에 노출되어 살아갑니다. 따라서 집사들은 항상 이를 조심해야 합니다. 교회는 남성과 여성이 함께 세워 가는 공동체입니다. 교회에서는 남녀가 가장 자연스럽게 만날 수 있습니다. 그럴수록 더욱 조심해야 합니다. 성적 타락은 단지 집사뿐 아니라 모든 성도가 주의해야 할 일입니다. 성령으로 충만하여 거룩한 삶을 추구하지 않는다면 성적 타락은 우리에게 언제든지 유혹의 손길을 건넬 것입니다. 반대로 성령 충만한 사람은 그 어떤 유혹에도 빠지지 않고 오직 주님만을 바라보며 나아갈 것입니다. 집사가 될 사람은 생각과 말과 행동으로 정결을 추구해야 합니다.

가정적 자격 9. "자녀를 잘 다스리는 자"

디모데전서 3:11은 "자녀를 잘 다스리는 자"(테크논 칼로스 프로이스타메노이)

에 대해 가르칩니다. 앞에서 사도 바울은 장로직의 덕목을 설명할 때 "자기 집을 잘 다스리는 일"에 대해서 4절과 5절 두 절에 걸쳐 길게 설명했습니다. 집사직의 덕목에는 보다 간단하게 제시되어 있지만, 원리는 동일합니다. 집사 역시 자녀들을 잘 다스려야 하는데, 여기서 "다스린다"(프로이스테미)는 말은 공적 직무를 뜻합니다. 이것은 자녀 양육에 있어서 집사는 사사로운 일을 제 마음 내키는 대로 해서는 안 되고, 오히려 성경적 원리와 교회가 가르치는 원리에 따라서 해야 한다는 의미를 내포합니다. 이를 위해서 몇 가지가 필요합니다.

첫째로, 부모의 본입니다. 자녀들은 부모의 앞모습이 아니라 뒷모습을 보고 자란다는 말이 있습니다. 그때마다 자녀들을 훈계하지 못하는 부모라도 자신의 삶의 모범을 올바르게 보여준다면 자녀들은 그 뒤를 따라서 영적으로 성숙해질 것입니다. 부모의 경건 생활은 반드시 자녀에게 영향을 미칩니다. 매일 성경을 읽고 기도를 하는 부모를 보고 자란 자녀들은 언젠가 그 모습을 따라하게 되어 있습니다. 세상의 악한 질서를 거슬러 바른 교훈을 줄 수 있는 것은 부모의 훌륭한 영적 모범입니다.

둘째로, 부모의 좋은 성품입니다. 교회에서는 친절한데 가정에서는 엄하거나 난폭하다면, 자녀들은 부모의 위선에 부모뿐 아니라 주님을 떠날 가능성도 생깁니다. 따라서 부모는 언제나 자녀들을 따뜻한 사랑으로 대해야 합니다. 때때로 엄한 훈계도 필요하겠지만, 언제나 사랑을 방편과 목적으로 삼아 훈계해야 합니다.

셋째로, 가정 예배입니다. 바쁜 현대인들이 가정 예배를 정기적으로 드리는 것은 물론 쉽지 않은 일입니다. 자녀들이 장성하면 더욱 그럴 것입니다. 하지만 자주는 아니어도 함께 예배를 드리는 가정을 하나님은 기뻐하십니다. 예배를 사수하는 가정을 하나님은 지켜 주십니다. 가정 예배에 자녀들이 동참할 수 있도록 도와주어야 합니다. 가령, 예배 중 찬송을 정하는 것이나 성경 본문을 택해서 정기적으로 읽는 일, 예배를 시작하고 마칠 때 기도하는 것에 대해 자녀와 상의할 필요가 있습니다. 물론 강압적인 자세는 좋지 않습니다. 자녀들이 자발적으로 가정 예배에 참여할 수 있도록 지혜를 발휘해야 합니다.

넷째로, 진솔한 대화입니다. 오늘날 가정에서는 함께하는 식사 시간이 점점 줄어들고 있습니다. 저명한 기독교 철학자인 니콜라스 월터스토프는 자신의 인생에서 자녀들과 함께 아침과 저녁을 먹고, 같이 성경을 읽고 기도한 일을 감사함으로 회고합니다.[45] 자녀의 눈을 바라보며 대화할 수 있는 시간은 생각보다 많지 않습니다.[46] 기회가 있을 때 깊은 대화를 자주 하는 것이 중요합니다. 무엇보다 예수님에 관한 대화를 자주 해야 합니다. 세속화의 물결이 거칠게 흐르는 이 세대에서는 신앙을 잃게 만드는 요인이 많습니다. 그럴 때 부모와 자식 간의 솔직한 신앙적 대화는 자녀의 신앙에 있어서 중요한 이정표를 제시할 것입니다.

가정적 자격 10. "자기 집을 잘 다스리는 자"

사도 바울은 집사직의 자격을 논하면서 마지막으로 "자기 집을 잘 다스리는 자"(프로이스타메노이 카이 톤 이디온 오이콘)에 관해 말합니다. 위에서 언급한 것처럼 자녀들을 영적으로 양육하고 지도하기 위해서는 집 전체를 잘 다스려야 합니다. "다스린다"(프로이스테미)는 말 안에는 "돌본다, 도움을 준다, 보호한다"는 의미가 있습니다. 그리고 그 일을 대충 하는 것이 아니라, 열심히 하기 위해 늘 신경을 쓰고 노력한다는 의미가 담겨 있습니다(딛 3:8 참조).[47] 자녀들과 집을 잘 다스리기 위해서는 남편과 아내가 함께 노력해야 합니다. 부부의 연합은 주 안에서 가정을 함께 세워 갈 때 더욱더 공고해지고 아름다워집니다.

성경에 따르면 다스리는 직무는 장로의 직무입니다. 집사는 자녀와 가정을 다스리는 과정에서 교회를 다스리는 방법을 훈련할 수 있습니다. 반드시 집사가 된 이후에 장로가 되어야 하는 것은 아니지만, 잘 훈련된 집사는 장로직 또한 잘 수행할 것입니다.

집사의 사역

칼뱅은 가난한 자들을 돌보는 일은 집사들에게 일임되었다고 말합니다. 그는 "구제하는 자는 성실함으로……긍휼을 베푸는 자는 즐거움으로 할 것이니라"고 하는 로마서 12:8에 따라, 집사의 사역을 두 가지로 나누었습니다. 구제를 집행하는 집사와 가난한 자들과 병자를 돌보는 집사입니다.[48] 일반적으로 교회법에서 규정하는 집사의 직무는 다음과 같습니다.

    집사는 당회의 지도를 받음
    교회의 봉사를 담당
    교회의 서무를 담당
    교회의 회계를 담당
    교인들의 구제를 담당

이 내용들은 모두 "자비와 자유의 직분"을 맡은 집사의 역할을 보여줍니다. 집사는 교회의 서무와 회계를 담당하고 당회의 지도하에 봉사와 구제를 하는 직분입니다. 그렇기 때문에 집사는 목사 및 장로와 긴밀한 대화와 협력을 하며 자신의 직무를 감당해야 합니다.

5장.
권사직

권사직의 역사

구약 시대에 여성의 직무에 관해서 성경은 자세히 알려 주지 않습니다. 여사사나 여선지자가 있긴 했지만 하나님이 한시적으로 그들을 세우신 듯한 인상을 줍니다. 구체적으로 그들의 직무가 어떠했는지 공적으로 천명하지 않습니다.

하지만 신약 시대로 들어와 교회는 여성의 역할은 매우 중요하게 다룹니다. 실제로 예수님의 제자들(열두 사도 외에 넓은 의미의 제자군) 가운데는 여제자들이 많았던 것으로 보입니다.

또한 초대 교회에서 여성도들의 역할은 매우 중요했습니다. 그렇기 때문에 사도는 여자들(과부, 늙은 여자, 젊은 여자)에 대한 지침을 많이 기록해 놓은 것입니다. 대표적인 곳이 디모데전서 5장과 디도서 2장입니다.

> 늙은이를 꾸짖지 말고 권하되 아버지에게 하듯 하며 젊은이에게는 형제에게 하듯 하고 늙은 여자에게는 어머니에게 하듯 하며 젊은 여자에게는 온전히 깨끗함으로 자매에게 하듯 하라. 참 과부인 과부를 존대하라. 만일 어떤 과부에게 자녀나 손자들이 있거든 그들로 먼저 자기 집에서 효를 행하여 부모에게 보답하기를 배우게 하라. 이것이 하나님 앞에 받으실 만한 것이니라. 참 과부로서 외로운 자는 하나님께 소망을 두어 주야로 항상 간구와 기도를 하거니와 향락을 좋아하는 자는 살았으나 죽었느니라. 네가 또한 이것을 명하여 그들로 책망 받을 것이 없게 하라. 누구든지 자기 친족 특히 자기 가족을 돌보지 아니하면 믿음을 배반한 자요 불신자보다 더 악한 자니라. 과부로 명부에 올릴 자는 나이가 육십이 덜 되지 아니하고 한 남편의 아내였던

자로서 선한 행실의 증거가 있어 혹은 자녀를 양육하며 혹은 나그네를 대접하며 혹은 성도들의 발을 씻으며 혹은 환난 당한 자들을 구제하며 혹은 모든 선한 일을 행한 자라야 할 것이요 젊은 과부는 올리지 말지니 이는 정욕으로 그리스도를 배반할 때에 시집 가고자 함이니 처음 믿음을 저버렸으므로 정죄를 받느니라. 또 그들은 게으름을 익혀 집집으로 돌아 다니고 게으를 뿐 아니라 쓸데없는 말을 하며 일을 만들며 마땅히 아니할 말을 하나니 그러므로 젊은이는 시집 가서 아이를 낳고 집을 다스리고 대적에게 비방할 기회를 조금도 주지 말기를 원하노라. 이미 사탄에게 돌아간 자들도 있도다. 만일 믿는 여자에게 과부 친척이 있거든 자기가 도와 주고 교회가 짐지지 않게 하라. 이는 참 과부를 도와 주게 하려 함이라(딤전 5:1-16).

오직 너는 바른 교훈에 합당한 것을 말하여 늙은 남자로는 절제하며 경건하며 신중하며 믿음과 사랑과 인내함에 온전하게 하고 늙은 여자로는 이와 같이 행실이 거룩하며 모함하지 말며 많은 술의 종이 되지 아니하며 선한 것을 가르치는 자들이 되고 그들로 젊은 여자들을 교훈하되 그 남편과 자녀를 사랑하며 신중하며 순전하며 집안 일을 하며 선하며 자기 남편에게 복종하게 하라. 이는 하나님의 말씀이 비방을 받지 않게 하려 함이라. 너는 이와 같이 젊은 남자들을 신중하도록 권면하되 범사에 네 자신이 선한 일의 본을 보이며 교훈에 부패하지 아니함과 단정함과 책망할 것이 없는 바른 말을 하게 하라. 이는 대적하는 자로 하여금 부끄러워 우리를 악하다 할 것이 없게 하려 함이라(딛 2:1-8).

권사직은 사실 성경이 직접적으로 언급하지 않지만, 이러한 여성들에 대한 규정들을 근거로 하여 교회사적 필요에 의해 세워진 직분이라고 볼 수 있습니다. 흥미롭게도 2세기 후반경 테르툴리아누스^{Tertullianus}는 "과부라는 직분"이 존재했다는 사실에 대해 의심할 수 없이 확실한 증거를 보여줍니다. 2세기 후반과 3세기에 "명부에 올라간 과부들"은 기도에 힘썼고, 병자를 간호했으며, 고아를 돌보고, 감옥에 갇힌 그리스도인들을 방문하고, 이교도 여인들에게 복음을 전했으며, 회심한 여인들이 세례를 받을 수 있도록 가르치는 일을 했습니다.[1]

존 스토트$^{John Stott}$는 디모데전서 5:9에 나오는 "과부의 명부"에 대해서 "도움이 필요한 과부가 아니라 봉사할 수 있는 과부를 위한 것으로 보인다"라고 추정합니다.[2] 동시에 그는 "사실 이상적으로는 건강과 체력이 허락하기만 한다면 도움을 받는 자들과 봉사하는 자들은 같아야 할 것이다.······기독교의 구제는 결코 수혜자를 비하해서는 안 된다. 오히려 그들의 존엄성을 증진시켜야 한다"라고 적었습니다.[3] 그렇게 볼 때 디모데전서 5:9에 나오는 "과부의 명부"는 섬기는 자의 명부인 것이 분명한데, 그들 가운데서는 또한 도움을 받는 자들도 있을 것이라고 추측하는 것이 옳아 보입니다.

보통 목사, 장로, 집사를 "성경적 직분"으로 부르고, 권사는 "헌법적 직분"이라고 부릅니다. 성경이 목사, 장로, 집사를 직접 명시하는 데 반해서, 권사는 성경이 직접 명시하지 않습니다. 하지만 권사는 성경에 암시되어 있고 교회사적 토대에 근거하여 헌법에서 명시한 직분입니다. 우리는 이러한 헌법적 직분을 모두 폐기해야 한다는 견해나 그런 견해를 주장하는 교회에 대한 지나친 비난 모두를 경계해야 합니다.[4]

교회사에서 권사직은 집사직과 비슷한 맥락에서 파악되거나, 장로직과 집사직이 부분적으로 섞여 있는 직분으로 여겨지거나, 안수집사와 비슷하게 이해되어 왔습니다. 미국 교회사에서는 권사직을 "나이가 든 여집사$^{senior\ deaconness}$"의 개념으로 이해하기도 했습니다.[5] 교회사에서 권사직은 기도에 힘쓰고, 가난한 자, 병든 자, 환난당한 자를 돌보는 직분이었고, 여인들을 대상으로 한 복음 전파 세례 교육을 맡은 직분이었습니다. 또한 교회 안에서 시험에 든 자나 연약한 자를 심방하여 권면하는 직분입니다. 따라서 권사의 직무 중 가장 중요한 것은 당회의 지도하에 교인들을 심방하는 것입니다. 이 일은 권사 제도가 도입되기 전 여집사에게 맡겨진 일이었으나, 권사 제도 도입 후에는 권사가 맡게 되었습니다.[6]

이 모든 가르침을 종합적으로 살펴보면, 권사직은 성숙한 여성도의 직분으로서 거룩한 행실의 모범이 되고, 모든 면에서 완전하여 귀감이 되며, 가정과 교회를 잘 돌보는 직분이라고 할 수 있습니다. "권면과 돌봄의 직분"이 바로 권사직이라고 할 수 있습니다.

권사의 법적 자격

일반적으로 교회법에서는 권사(勸士)의 자격을 아래와 같이 규정합니다.

> 권사는 다음의 자격을 구비하여야 한다.
> 첫째, 45세 이상 65세 이하의 여자 세례 교인으로 무흠하게 5년을 경과한 자.
> 둘째, 행위가 복음에 적합하고 생활에 모범이 되는 자.

나이 제한에 있어서는 교단마다 다른 규정을 적용할 수 있습니다. 앞에서 말한 것처럼, 권사는 나이든 여집사의 개념으로 이해하는 것이 좋습니다.

그래서 20-30대 여성도를 권사로 세우지 않는 것이 상례입니다. 단순히 나이가 찬 것이 중요하기보다는 복음에 적합한 그 삶의 모습이 중요합니다. 교회의 직분은 복음적 삶이 기초가 되어야 제대로 수행할 수 있기 때문입니다.

권사의 자격

디모데전서 3:11-13을 보면 권사의 직분에 관한 많은 가르침을 얻을 수 있습니다.

> 여자들도 이와 같이 정숙하고 모함하지 아니하며 절제하며 모든 일에 충성된 자라야 할지니라. 집사들은 한 아내의 남편이 되어 자녀와 자기 집을 잘 다스리는 자일지니 집사의 직분을 잘한 자들은 아름다운 지위와 그리스도 예수 안에 있는 믿음에 큰 담력을 얻느니라(딤전 3:11-13).

이 본문에서 권사라는 칭호는 나오지 않습니다. 하지만 이 본문을 권사의 직분에 적용하여 생각해도 좋습니다.[7] 11절에 나오는 "여자들"이 누구를 가리키는지에 관해서는 다양한 의견이 있습니다. 혹자는 집사의 아내들이라고 생각하지만 그것은 타당하지 않습니다. 어떤 사람이 집사가 되는 데 아내까지 자격을 논한다면 마땅히 장로(감독)가 되는 데도 그런 규정을 두어야 공정합니다. 그러나 감독의 자격을 논할 때 그 아내의 자격은 언급되지 않습니다. 그렇기 때문에 이 여자들이 집사의 아내를 의미한다는 주장은 설득력이 없습니다.

문장의 구조를 통해 볼 때 감독과 집사에 준하는 또 하나의 "독립된 직분"을 논하는 것으로 이해하는 것이 더 타당합니다. "이와 같이 집사들도"라고 시작하는 8절이나 "여자들도 이와 같이"라고 하는 11절은 구조상 대칭을 이루고 있기 때문입니다. 11절을 다시 봅시다. "여자들도 이와 같이 정숙하고 모함하지 아니하며 절제하며 모든 일에 충성된 자라야 할지니라."

도표로 표시하면 아래와 같습니다.

개인적 성품	정숙하고
	모함하지 아니하며
	절제하며
	모든 일에 충성된 자
신앙적 자격	깨끗한 양심에
	믿음의 비밀을 가진 자
가정적 자격	한 남편의 아내가 되어
	자녀를 잘 양육하는 자
	자기 집을 잘 관리하는 자

개인적 성품 1. "정숙하고"

디모데전서 3:11을 권사의 자격에 적용해 보겠습니다. 먼저 "정숙하고"라고 말합니다. 같은 단어(셈노스)를 8절에서는 "정중하고"라고 옮겼고, 11절에서는 "정숙하고"라고 번역했습니다. 하지만 이 말의 기본적 의미는 "존경할 만하고"라는 뜻입니다. 교회의 직분을 맡은 사람은 집사나 권사를 막론하고 "존경할 만해야 한다"는 기준을 가장 먼저 제시합니다. 이는 권사로 세워지는 사람 역시 모든 교우로부터 그 신앙적 성품과 인격이 존중받아야 한다는 뜻입니다. 장로의 아내이니까, 혹은 교회 생활을 오래한 여성도이니까, 혹은 나이가 많이 들었으니까 권사로 세운다는 것은 전혀 성경적이지 않습니다. "존경할 만하다"는 것은 행동에 있어 진중하고 가볍지 않다는 뜻입니다. 또한 모든 일을 함에 있어서 꾸짖거나 책망할 것이 없는 상태를 의미하기도 합니다. 물론 영적 측면에서 봤을 때 거룩한 삶의 태도를 항상 견지하고 있는 사람이어야 합니다.

개인적 성품 2. "모함하지 아니하며"

조금 더 구체적으로 어떤 여성도가 존경을 받는 사람인지 알려 주고 있습니다. 먼저 "모함하지 아니하며"(메 디아볼루스)라고 말합니다. 여기서 "모함하다"라는 말은 사탄(디아볼로스)이 하는 짓을 한다는 뜻입니다. 그것은 다른 사람을 참소하고, 고발하고, 헐뜯는 행위를 가리킵니다.

집사의 경우에는 "일구이언을 하지 아니하고"라고 했는데, 여기서는 "모함하지 아니하며"라고 한 이유가 있습니다. 집사의 경우, 주로 돈과 관련한 일이나 행정적이고 사무적인 일을 하기 때문에 "일구이언하기"가 매우 쉽습니다. 말에 절제가 없거나 다른 사람의 이야기를 널리 퍼뜨릴 수 있고, 사람이나 상황에 따라 다른 말을 할 수도 있으며, 과장하거나 행동이 뒤따르지 않는 말을 하게 될 가능성이 높습니다.

간혹 집사는 권면의 일을 하거나 기도 모임 등에서 자칫 모함하는 말을 하기가 쉽습니다. 이것은 다른 사람에 대한 좋지 못한 이야기를 퍼뜨리거나, 편 가르기를 하거나, 심지어 누군가를 따돌리고 무시하는 일을 가리킵니다.

오래전 미국에서 미국 대부분의 지역이 영하로 내려갈 정도로 엄청난 추위가 왔다는 텔레비전 뉴스를 본 적이 있습니다.[8] 아침 뉴스라서 그런지 다수

의 앵커가 여성이었습니다. 재밌고 박진감이 넘쳐 한 마디 한 마디가 귀에 쏙
쏙 들어왔습니다. 그러다가 중간에 남자 앵커가 한 번 나왔는데, 갑자기 이야
기하는 속도가 느려지고 말도 별로 재미없었습니다. 답답함이 느껴질 정도였
습니다. 너무 일반화하고 싶지는 않지만, 역시 뉴스 앵커도 여성들이 말을 더
잘하는구나, 하고 생각했습니다. 물론 말을 잘하고 많이 하는 정도는 사람마
다 개인차가 있다는 것과 여기서 남녀 차이를 강조하는 것이 목적이 아니라
는 점은 다들 이해하시리라 믿습니다.

아무튼 이렇게 말을 잘하고 빨리하고 많이 하는 것이 장점만은 아닙니
다. 장점은 언제나 단점이 될 수 있기 때문입니다. 어쩌면 권사들은 교회에서
가장 많은 이야기를 듣는 사람일 수 있습니다. 하지만 어떤 이야기를 들었다
고 해서 그것을 곧장 다른 사람들에게 전달해서는 안 됩니다. 누군가의 기도
제목을 들었을 때 모든 사람이 알고 기도해야 하는 경우와 소수의 사람들만
알고 기도해야 하는 경우를 구분할 줄 알아야 합니다. 많은 경우에 기도 제목
의 나눔이 안 좋은 소문이나 다른 이의 불행의 전파처가 되는 경우가 많습니
다. 다른 사람의 마음을 공감하고 함께 아파하며 기도하는 것과 그들의 비밀
을 널리 퍼뜨리는 것은 전혀 다른 문제입니다.

더군다나 어떤 이들은 누군가의 이야기에 자신의 생각과 상상력과 감정
을 덧붙여서 전파하기도 합니다. 이것은 교회 공동체를 좀먹는 일입니다. 권
사는 말을 절제할 줄 알아야 하고 말로 은혜를 전파해야 합니다. 권사勸士라
는 명칭에 걸맞게 교우들의 삶을 은혜로 돌보고 보살피는 사람이 되어야 합
니다. 그러기 위해서는 반드시 말을 훈련하고 통제해야 합니다.

개인적 성품 3. "절제하며"

바울은 여성 직분자의 자격으로 "절제하며"(네팔리우스)를 언급합니다. 이 단어는 디도서 2:2에서 나이 든 사람들이 갖춰야 하는 덕목으로 제시되기도 했습니다.[9] 이 단어는 일차적으로는 술을 절제하는 것을 뜻합니다. 구약성경은 제사장들이 회막에 들어갈 때 "포도주나 독주를 마시지 말라. 그리하여 너희 죽음을 면하라"고 명령합니다(레 10:9). 술을 절제하지 못하는 사람은 하나님의 일을 할 수 없기 때문입니다.

하지만, 여기서 말하는 절제는 더 폭넓게 적용할 수 있습니다. 특히 말의 절제까지 포함할 수 있습니다. 여성 직분자들의 말은 교회에 적지 않은 영향을 미칩니다. 그렇기에 말의 절제는 필수적입니다. 말의 절제는 기도가 깊은 사람만이 할 수 있습니다. 교회의 모든 직분자가 기도를 열심히 해야겠지만, 특별히 권사는 기도의 큰 소명을 받았습니다. 권사는 주로 다른 이들보다 나이가 많은 여성입니다. 이들이 가장 잘 섬길 수 있는 영역 중 하나가 기도입니다. 교회 전체를 살피면서 어머니와 같은 심정으로 하나님께 매일 나아갈 수 있기 때문입니다.

한국 교회의 부흥에는 권사들의 기도가 필수적이었습니다. 새벽마다, 밤마다 부르짖는 권사들의 기도는 하나님께서 우리를 긍휼히 여기시도록 간구하는 기도였습니다. 하지만 카카오톡과 유튜브가 일상화되고 너무나도 바쁜 현대 사회에서는 권사의 기도가 점차 희귀해지고 있습니다. 교회의 큰 위기가 아닐 수 없습니다. 권사의 입에 기도가 가득할 때, 모함하는 말이 사라질 뿐 아니라 꼭 필요한 권면의 말을 가장 잘할 수 있는 상태가 됩니다.

개인적 성품 4. "모든 일에 충성된 자"

교회를 섬기는 여성도의 네 번째 요건으로 바울은 "모든 일에 충성된 자라야 할지니라"(피스타스 엔 파신)고 말합니다. 여기서도 어떤 구체적 측면을 지시하지 않고 "모든 일"이라고 표현합니다. 남성의 경우 "돈 문제"에 있어서 신실할 것을 요구했는데, 여성의 경우 그것뿐 아니라 "모든 일"에 충성할 것을 요구합니다.

물론 권사의 경우에도 남자 집사와 동등하게 해석하여, "돈 문제"에 있어서 더러운 이익을 탐하지 않는 생활 태도가 필요하다고 생각할 수 있습니다. 하지만 그보다는 "모든 일"을 말 그대로 받아들이는 것도 좋습니다. 교회생활, 가정생활, 사회생활 등 삶의 모든 면에서 충성을 요구하는 것입니다. 어떻게 보면 남성 직분자의 경우보다 더욱 엄격해 보일 수 있습니다. 역으로 생각하면, 여성 직분자에 대한 기대치가 높다고도 볼 수 있습니다.

잠언 31:10-31을 보면 "현숙한 여인"이 나옵니다. 성경이 말하는 현숙한 여인은 다만 성품이 성숙한 정도에 그치는 것이 아닙니다. 그야말로 "모든 일"에 있어서 지혜롭고 온전한 여인을 가리킵니다.

깊은 신앙생활을 하는 성숙한 여성은 모든 면에서 온전할 수 있습니다. 사실 권사의 직분을 맡은 사람이 모든 일에 충성하지 않는다는 것은 오히려 부끄러운 일이라고 생각해야 합니다. 이것은 "완전주의"를 주장하는 것이 아닙니다. 인간이라면 누구나 부족한 면이 있습니다. 하지만 여러분이 만난 권사들 가운데 정말 신앙적으로 훌륭한 분을 한번 생각해 보시기 바랍니다. "그분은 정말 모든 일에 충성된 분이야"라는 생각이 들 것입니다. 바로 그런 사람이 권사가 되어야 합니다. 그렇지 못한 사람이 있다면 오히려 부끄러워하며 더욱 분발해야 합니다. 신앙 안에서 성숙한 여성은 모든 일에서 온전합니다.

여기서 언급되지 않은 부분이 있습니다. "이와 같이 여자들도"라는 표현에는 권사직의 자격 조건에도 역시 "깨끗한 양심과 믿음의 비밀을 가질 것"과 "한 남편의 아내가 되어 가정을 잘 꾸리는 일"이 포함된다고 볼 수 있습니다.

권사까지 될 정도인데 양심이 깨끗하지 않다는 것은 말이 안 됩니다. 순수한 마음과 신령한 정신(골 1:9)으로 주님을 온전히 따라야 합니다. 믿음의 비밀도 역시 마찬가지입니다. 권사는 교회의 어머니와 같아서 믿음의 자녀들에게 기도의 비밀, 섬김의 비밀, 말씀의 비밀, 신앙의 비밀을 많이 알려 줄 수 있어야 합니다. 그만큼 권사직이 중요합니다.

또한 가정에서는 한 남편의 아내가 되어 가정을 잘 꾸려야 합니다. 이것에는 남편을 보필하고 내조하는 일과 자녀 양육에 있어 모범이 되어야 한다는 뜻이 담겨 있습니다. 가끔씩 보면 다른 사람과의 대화에서 남편을 여지없이 깎아내리는 여성도들이 있습니다. 전혀 좋아 보이지 않습니다. 남편이 부족할지라도 세워 주고 인정해 주는 것이 신앙 있는 아내의 모습입니다. 남편에 대한 사랑이 식은 여성이 교회를 사랑한다는 것은 가능할 수는 있어도 건강하지 못한 일입니다.

자녀 양육에 있어서도 마찬가지입니다. 자녀 양육의 책임은 어머니에게만 있지 않고 아버지에게도 있습니다. 구약과 신약은 오히려 자녀 양육에 있어서 아버지의 역할을 매우 강조합니다. 하지만 오늘날에는 아버지와 자녀가 함께 보내는 시간이 극히 적습니다. 그럴 때 가정에서 여성의 역할이 매우 중요합니다. 여성은 자녀 양육에 힘쓸 뿐 아니라, 남편 역시 자녀들에게 관심을 기울일 수 있도록 유도하고 도와주어야 합니다.

특히 신앙 교육에 있어서 어머니가 이 일을 해야 합니다. 디모데는 외할머니와 어머니로부터 "거짓이 없는 믿음"을 물려받았습니다.[10] 어머니가 어렸을 때 읽어 주는 성경 말씀은 자녀들이 평생토록 간직하는 믿음의 씨앗이 됩니다. 권사들 중에서는 할머니도 많습니다. 할머니의 신앙이 손주들에게 얼마나 큰 영향을 미치는지는 이루 다 설명할 수 없습니다. 한 예로, 미국에서 흑인 인권 운동을 벌였던 마틴 루터 킹은 할머니로부터 모든 인간은 하나님 앞에서 동등하며 평등하다는 사상을 물려받았고, 그가 흑인 인권 운동을 벌였던 평생에 늘 그 말씀을 기억했다고 합니다. 물론 마틴 루터 킹이 흑인 인권 운동에 앞장서게 된 계기가 다만 할머니의 영향만은 아닐 것입니다. 하지만 할머니의 영향을 결코 무시할 수는 없습니다.[11] 이처럼 하나님은 나이가 많든 적든 자신의 소임을 다하며, 말씀대로 충실하게 살고자 하는 사람은 하나님 나라에 영향을 끼치도록 하십니다. 그렇기에 우리는 항상 모든 일에 충성하는 사람이 되어야 합니다.

권사의 사역

여러 교회법에서 정하는 권사의 직무는 다음과 같습니다.

- 당회의 지도를 받음
- 교인을 심방함
- 병자와 궁핍한 자, 환난당한 자, 시험 중에 있는 자와 연약한 자를 위로하고 격려함
- 교회의 덕을 세우기 위하여 힘씀

권사는 "권면과 돌봄의 직분"으로서 연약한 자들을 심방하고 돌보고, 그들을 위해 기도합니다. 권사는 모든 일에 충성된 자로서 교회의 건덕을 위해 노력합니다. 그런 점에서 권사는 당회의 지도를 받으면서 동시에 당회와 잘 협력하여 주님의 몸 된 교회를 아름답게 세워 나가야 할 것입니다.

영광스러운 교회, 영광스러운 직분

교회를 향하신 삼위 하나님의 사역은 직분자의 사역에서 구체화됩니다. 모든 성도는 직분자들로부터 영향을 받습니다. 목사의 말씀과 기도를 통해 진리를 배우고 영적 힘을 얻습니다. 장로의 사역을 통해 목양과 감독을 받습니다. 집사의 직무를 통해 하나님이 주시는 자유와 자비를 누립니다. 권사의 사역을 통해 권면과 돌봄을 받습니다. 목사, 장로, 집사, 권사는 하나님 앞에서 동등한 직분이며, 상호 보완적인 직분입니다. 성경이 말하는 직분에는 로마 가톨릭에서 말하는 위계질서가 없기 때문입니다.

바울은 디모데전서 3장에서 직분에 대해 가르친 뒤 교회를 "하나님의 집", "하나님의 교회", "진리의 기둥과 터"라고 표현합니다(15절). 교회는 일반 사회단체와는 다른 하나님의 집입니다. "하나님의 집" God's household 은 하나님의 권속이자 그분의 가족 공동체를 뜻합니다. 고대 그리스-로마 사회에서도 집을 다스리기 위한 나름의 규칙과 관습이 있었습니다. 하지만 교회는 더욱 분명한 하나님의 말씀에 따라 다스림을 받는 하나님의 가족입니다.[12] 교회는 인간이 기획한 모임 또는 조직이 아니기 때문입니다. 교회는 오직 하나님의 뜻대로 행해야 하는 곳이기에 하나님의 집으로 불립니다.

특히 바울은 교회를 가리켜 "살아 계신 하나님의 교회"라고 부릅니다. 여기서 "살아 계신 하나님"이란 표현은 이미 디모데전서 4:10에서도 나왔는데, 특히 구약에서 생명을 주시며, 생명을 양육하시는 하나님, 그리고 역사의 주관자로서 자기 백성을 지키시는 하나님을 상기시킵니다(수 3:10; 왕하 19:4, 16; 시 42:2; 사 37:4, 17; 호 1:10; 단 6:20).[13] 이방의 신들은 그 자체에 생명이 없기 때문에 생명을 건네줄 수 없습니다. 하지만 하나님은 언제나 살아 계신 하나님이시며, 생명의 주권자가 되십니다. 교회는 언제나 살아 계신 하나님의 교회로서 이 세상에 그리스도의 생명을 전달하며, 성령의 생명수를 공급할 수 있습니다. 그리고 교회가 그 일을 잘 감당할 수 있도록 하나님은 역사 속에서 교회를 친히 지키십니다. 살아 계신 하나님은 교회를 통해 생명의 사역을 온 세상에 펼치십니다. 칼뱅은 하나님의 이러한 생명의 역사에 대해서 "세상의 모든 부분은 하나님께서 그것에게 비밀스러운 힘을 주시는 한 살아 있다.……세상의 모든 것은 주님의 비밀스러운 물 주심에 의해서 살아난다"라고 설명했습니다.[14]

이어서 바울은 교회는 진리의 기둥과 터라고 말합니다. 교회는 진리를 든든하게 받치는 기둥이 되어야 하며, 진리가 자리 잡은 터가 되어야 합니다. 이것은 교회의 사명이기 이전에 하나님이 교회 안에서 하시는 일을 묘사합니다.[15] "기둥"이란 표현은 구약 시대 이스라엘 백성을 인도하셨던 구름 기둥과 불 기둥을 떠올립니다(출 13:21-22; 14:24; 33:9). "터"는 든든함과 안정성을 상징합니다. 터와 기둥이 있을 때 건물이 세워질 수 있습니다. 교회는 진리를 선포하고 실천하는 공동체입니다. 그리고 그러한 진리의 건축물이 제대로 세워지기 위해서는 하나님의 역사가 필수적입니다.[16]

바울은 또한 예수 그리스도에 대한 고백으로 자신의 가르침을 끝맺습니다. 이것은 아마도 초대 교회에서 널리 불렸던 찬송의 한 소절 같습니다. 그래서 어떤 성경 해석자들은 바울이 직분론을 찬송으로 끝맺고 있는 것은 직분의 목적이 찬송이기 때문이라고 설명합니다. 틀린 말은 아닙니다. 하지만 그보다 더 본질적인 것이 있습니다. 모든 직분의 모범이 되시는 분이 예수 그리스도이시기에, 그분을 마지막으로 기억하게 함으로써 직분자들이 자신의 사명과 역할을 분명하게 인식시키기 위한 의도라고 생각하는 것이 더 좋습니다. 교회가 그리스도를 분명하게 기억하는 한, 교회는 자신의 사명에 충실할 수 있기 때문입니다.[17]

    예수님은 경건의 비밀이 되십니다(16절). 구약성경과 신약성경이 말하는 "경건"의 의미는 서로 약간 다르지만 본질은 일치합니다. 구약성경에서 경건이란 히브리어로 "하시드"입니다. 이 말은 "헤세드"라는 단어와 깊은 연관성을 갖습니다.[18] "헤세드"는 "하나님의 언약적인 신실한 사랑"을 뜻합니다. 따라서 구약성경에서 "경건"이란 "하나님의 언약적 사랑을 받는 자" 혹은 "하나님의 언약적 사랑을 실천하는 자"라는 의미입니다.[19] 신약성경에서 "경건"은 헬라어로 "유세베이아"입니다. 일반적인 헬라어에서 "유세베이아"는 부모나 통치자에 대한 사랑과 존경심을 의미했습니다.[20] 이것이 하나님께 적용될 때, 경건이 되는 것입니다. 따라서 신약성경에서 "경건"이란 하나님을 경외하고 사랑하는 것을 뜻합니다.

    이렇게 보자면, 구약성경과 신약성경에서 경건의 핵심은 "하나님에 대한 사랑"에 있습니다. 하나님을 사랑하는 사람이 곧 경건한 사람입니다. 그런 사람은 하나님 앞에서 신실하게 살아가며, 하나님을 경외합니다.

    칼뱅은 경건에 대해서 다음과 같이 말했습니다.[21]

> 경건은 하나님에 대한 경외와 하나님에 대한 사랑이 결합한 것을 말하는데,

이 사랑은 그의 은혜를 깨달아 앎으로써 오는 것이다. 왜냐하면 사람들은 자기가 하나님께 모든 것을 빚지고 있다는 것, 하나님의 부성적인 사랑으로 양육을 받고 있다는 것, 자기가 누리고 있는 모든 복의 근원이 바로 하나님이시라는 것, 하나님을 떠나서는 아무것도 찾아서는 안 된다는 것, 이러한 모든 것을 인식하기 전에는 결코 그들이 자발적으로 하나님께 순종하며 봉사할 수 없기 때문이다. 아니, 그들이 완전한 행복을 하나님 안에 두지 않는 한, 그들은 진정으로 하나님께 헌신하지 못할 것이다.[22]

경건은 하나님의 사랑을 아는 데서 시작합니다. 경건을 갖춘 사람은 참된 봉사자가 될 수 있습니다. 그런 사람은 완전한 행복이 무엇인지 아는 사람입니다.

왜 바울이 그리스도를 찬양하는 맥락에서 "경건의 비밀"을 말할까요? 예수 그리스도가 어떤 분이신지 알면 경건이 증진되기 때문입니다. 그리스도는 경건의 비밀이 됩니다. 여기서 말하는 비밀은 복음이라는 의미도 있고, 중요한 가르침이라는 의미도 있습니다. 직분자들은 예수 그리스도를 늘 기억해야 합니다. 그럴 때 직분에 충실할 수 있습니다. 바울이 제시한 찬송에서 그리스도는 어떤 분이십니까?

첫째, 그리스도는 성육신하신 분입니다. 하나님이 친히 인간이 되어 이 땅에 오셨습니다. 그렇기에 직분자들도 역시 그리스도의 낮아지심과 겸손을 본받아야 합니다.[23]

둘째, 그리스도는 영으로 의롭다 하심을 받으셨습니다. 이것은 성령의 사역을 가리킵니다. 예수님은 항상 성령님과 동행하며 사역하셨습니다. 또한 성결의 영의 능력으로 부활하셨습니다. 부활은 예수님의 사역이 옳다고 인정해 주신 하나님의 역사입니다. 부활한 예수님은 지금도 성령으로 온 세상에서 사역하고 계십니다. 그리하여 육신으로 지상에 계실 때보다 더욱 광범위하고 충만하게 사역하십니다.[24] 직분자들도 역시 성령님과 동행하면서 사역을 해야 합니다. 그리고 하나님이 인정해 주시는 직분자가 되어야 합니다. 그리고 부활, 승천하신 그리스도의 승리를 믿으며 소망 가운데 담대하게 나아가야 합니다.

셋째, 그리스도는 복음을 만국에 전파하시고 승천하셔서 영광 중에 계시며, 다시 오실 것입니다. 하나님은 직분자들의 사역을 통해서 예수 그리스도의 복음을 전파하십니다. 부활, 승천하신 예수님은 직분자들을 지키시고 교회를 돌보십니다. 이 찬송이 그리스도의 승천으로 끝나는 것이 이상하게 보일 수도 있습니다. 순서상 가장 마지막 부분에는 승천하신 주님께서 다시 오셔서 주님의 신부인 교회와 함께 영원히 거하실 것을 노래하면 좋을 것 같기 때문입니다. 하지만 바울은 승천을 가장 마지막에 둠으로써 이미 일어난 영광스러운 승리를 보여줍니다.[25] 그리하여 직분자들로 하여금 더욱 확고한 소망을 갖게 합니다. 교회의 미래는 확실합니다. 그렇기에 직분자들은 어떤 어려움이 오더라도 낙망하지 않고 자신의 소임을 끝까지 감당할 수 있습니다.

이처럼 직분자들은 예수 그리스도를 묵상하면서 위로와 힘을 얻고, 예수 그리스도를 모범으로 자신의 사명을 이루어 가야 합니다. 직분자가 가져야 할 확신과 소망의 원천도 역시 그리스도에게만 있습니다. 오직 그리스도를 바라보는 직분자가 참된 직분자입니다.

> 내가 속히 네게 가기를 바라나 이것을 네게 쓰는 것은 만일 내가 지체하면 너로 하여금 하나님의 집에서 어떻게 행하여야 할지를 알게 하려 함이니 이 집은 살아 계신 하나님의 교회요 진리의 기둥과 터니라. 크도다 경건의 비밀이여, 그렇지 않다 하는 이 없도다. 그는 육신으로 나타난 바 되시고 영으

로 의롭다 하심을 받으시고 천사들에게 보이시고 만국에서 전파되시고 세상에서 믿은 바 되시고 영광 가운데서 올려지셨느니라(딤전 3:14-16).

이 말씀 가운데 그리스도를 묵상하며 닮아 가는 직분자들이 되시기 바랍니다.

나가는 말: 삼위일체 하나님의 가족, 교회

예수는 하나님 나라를 전파했지만 이 땅에 생긴 것은 교회였다는 말이 있습니다. 이 말은 때로 하나님 나라와 교회를 대조하기 위해 사용되기도 했습니다. 하지만 성경의 가르침에 따르면 교회야말로 하나님의 나라를 가장 잘 보여주는 기관입니다. 그래서 웨스트민스터 신앙고백서 제25장 2절은 "교회는 주 예수 그리스도의 나라이며……"라고 고백합니다.

하나님은 지금도 말씀과 성령으로 이 땅 끝에서부터 저 땅 끝까지 주님의 백성을 모으고 계십니다. 말씀의 순수한 선포와 성례의 올바른 거행이 이루어지는 참된 교회는 예수님이 다시 오실 때까지 이 땅에 존재할 것입니다. 주님은 당신의 교회를 지키실 것이기 때문입니다.

우리는 종종 교회에 실망하여 다른 길을 찾기도 합니다. 보다 온전한 교회를 찾아 떠나기도 하고, 더 나은 교회의 모습을 그려 보기도 합니다. 하지만 이렇든 저렇든 간에 칼뱅이 말한 것처럼 그 어떤 오점도 없는 교회를 찾는 것은 헛된 일입니다.[1] 하나님 나라가 이 땅에 온전히 임하지 않은 이상, 완전한 성도도 완전한 교회도 없을 것이기 때문입니다.

하지만 이러한 사실이 우리를 낙담하게 만들어서는 안 됩니다. 지금도 여기저기에서 참된 교회의 아름다운 이야기가 들려오고 있습니다. 복음의 생명력은 절대 그치지 않고 교회를 향한 하나님의 사랑은 다함이 없습니다.

교회는 삼위일체 하나님의 가족과 같습니다. 성경에는 하나님의 가족에 대한 은유가 많이 나옵니다. 하나님은 우리의 아버지입니다. 우리의 창조주이시며 구원주이시기 때문입니다(신 32:6). 우리는 예수님과 연합하여 하나님의 자녀가 되었습니다(요 1:12; 마 16:17). 예수님은 우리의 신랑이십니다. 주님이 우리를 피값으로 사셨고 티나 주름 잡힌 것 없이 우리를 거룩하고 흠이 없도록 하실 것이기 때문입니다(엡 5:27). 성령님은 우리를 삼위 하나님 속으로 들어오도록 하십니다(마 28:19; 막 1:8). 하늘 아버지의 자녀는 성령을 선물로 받습니다(눅 11:13). 성령님은 우리가 하나님의 자녀인 것을 증언하십니다(롬 8:16).

우리가 서로를 사랑해야 하는 이유가 바로 여기에 있습니다. 아무리 부족하고 못나도 가족은 가족이듯이, 하늘 가족인 교회는 서로를 더욱 아끼고 사랑해야 합니다. 교회는 아직 완전하지 않습니다. 하지만 루터가 말한 것처럼 언제나 새롭게 시작하는 것이 바로 신앙입니다. 교회가 날마다 하나님의 말씀 안에서 나아가고 있다면 교회는 거룩합니다. 하나님의 가족인 우리는 "자기 자신의 모든 경험에 반대하여 하나님이 '너는 오케이야'라고 말하는 것"을 말씀과 성령과 그리스도 안에서 듣습니다.[2] 바로 그 자리에서 보다 성경적인 교회를 세우고자 하는 우리의 노력은 다시 시작됩니다. 루터는 이렇게 말합니다. "발전한다는 것, 그것은 언제나 새롭게 시작하는 것이다."[3] 그렇기에 하늘 가족 교회를 세우고 경험하고자 하는 우리 모두는 매일 이렇게 기도할 수 있습니다.

"주여, 우리 교회가 주님을 향하여 살 수 있도록 우리를 도우소서!"[4]

질의응답

아담도 삼중직(왕직, 선지자직, 제사장직)을 행했나요?

아담은 삼중직(왕직, 제사장직, 선지자직)을 수행했습니다. 아담은 하나님의 대리 통치자인 왕으로서 온 우주 만물과 그 안에 있는 생물들을 다스리고 보존했습니다. 아담은 선지자로서 자신의 가족과 다른 피조물에게 하나님의 말씀과 뜻을 가르쳤습니다. 아담은 제사장으로서 기도와 예배를 드렸습니다. 아담이 안식일을 지킨 것에서 그의 제사장직을 유추할 수 있습니다.

보통 집사가 된 이후에 장로가 됩니다. 이런 순서를 꼭 지켜야 하나요?

집사가 된 이후에 장로가 되어야 할 근거는 없습니다. 하지만 집사직에 관한 설명 마지막 부분처럼, 가정을 잘 다스리는 사람이 교회를 잘 다스릴 수 있습니다. 이처럼 집사직을 잘 수행하는 모습을 보며 성도들은 그 사람의 성숙도를 판단할 수 있습니다.

목사, 장로, 집사, 권사 직분은 서로 어떻게 연관이 되나요?

목사, 장로, 집사, 권사는 상호 수평적 관계입니다. 로마 가톨릭은 직분들 사이에 위계질서가 있다고 가르칩니다. 이는 성경적이지 않습니다. 하지만 하나님은 말씀을 통하여 직분자들을 인도하시기에 목사직은 매우 중요합니다. 또한 목사는 장로와 함께 당회를 구성하기 때문에 목사와 장로 사이의 관계도 중요합니다. 그리고 집사와 권사의 활동은 당회의 지도를 받기에 서로 연결되어 있습니다. 하지만 이 관계는 일방적 관계가 아닙니다. 당회가 명령하면 무조건 순종하는 관계가 아니라는 뜻입니다. 오히려 집사와 권사는 교회에 필요한 제반 사항들을 당회에 적절하게 전달할 필요가 있습니다. 교회의 사역은 목사, 장로, 집사, 권사가 각자 자신의 고유한 업무를 수행하면서도, 많은 경우 서로 협력하여 함께 수행해야 합니다.

장로의 조건에 맞는 사람이 없는데도, 성도들의 숫자가 늘어난다면 꼭 장로를 세워야 합니까? 적당한 장로의 숫자는 어떻게 되나요?

약 30명의 입교인당 1명의 장로를 세우는 것이 바람직합니다.[1] 특별히 성도들의 숫자가 늘면 목회적 돌봄의 기회가 줄어들 수 있기 때문에 장로를 세워 동역하는 것이 매우 중요합니다. 물론 장로를 세울 때는 신중할 필요가 있습니다. 부자격자를 세우면 두고두고 후회할 수 있기 때문입니다. 그래서 목회자와 성도들이 판단했을 때 장로의 조건에 알맞은 사람이 없다면 기다려야 합니다. 그러나 그냥 무작정 기다리는 것이 아니라, 그런 조건에 맞는 사람이 나타나도록 성도들을 훈련시키고 기도해야 합니다.

칼뱅은 12명의 장로를 세웠습니다. 2명은 25인 소의회에서, 4명은 60인회에서, 6명은 200인회에서 세웠습니다. 이것은 그가 교회 전체의 의사소통이 원활하게 이루어지도록 노력했다는 증거입니다. 장로의 후보자는 시의회 의원이면서 모범적인 평신도로 구성했고 그 임기는 1년으로 정했습니다.[2]

가정예배는 구체적으로 어떻게 인도해야 하나요?

가정예배의 중요 요소는 찬송, 말씀, 나눔, 기도입니다. 순서는 찬송을 한 장 부르고, 그날에 해당하는 성경을 10절에서 20절 분량으로 읽고, 말씀의 내용을 간략하게 나눈 다음, 기도 제목을 나누고 함께 기도하고 마치면 됩니다. 이때 자녀들의 참여를 유도하는 것이 좋습니다. 부모와 자녀들이 찬송가를 번갈아 가면서 고르고 성경을 교독하며 마치는 기도도 역시 번갈아 가면서 하는 것이 좋습니다.

어린 자녀들의 경우 집중력이 떨어지므로 10분 이내가 적당합니다. 어떤 경우이든 가정예배 시간이 너무 길어서 부담이 되도록 하는 것은 좋지 않습니다. 날마다 시간을 정해서 예배드리는 것이 좋겠지만, 날마다 하지 못하면 일주일에 한두 번이라도 예배를 드리는 것이 아예 하지 않는 것보다 낫습니다. 시간은 가족이 전부 모일 수 있는 때로 유동적으로 정하면 됩니다.

교회가 예배 공동체라고 했는데, 예배에서 중요한 요소들은 무엇이며, 어떻게 예배를 구성하는 것이 좋을까요?

여기서 예배에 관한 모든 측면을 다룰 수는 없습니다. 하지만 예배의 본질은 하나님과의 만남, 곧 언약 관계를 확인하고 새롭게 하는 데 있습니다.[3] 캐나다 개혁교회의 봉사신학자 데든스[K. Deddens]는 예배는 언제나 언약적이어야 한다고 했는데, 왜냐하면 언약의 하나님께서 예배 가운데 항상 임재해 계시기 때문이라고 했습니다.[4] 예배의 중요한 요소들은 기도, 찬송, 말씀입니다. 예배 순서는 교중이 하나님께 바쳐 드리는 것(▲)과 하나님께서 교중에게 주시는 것(▼)이 교차적으로 진행되도록 하는 것이 좋습니다. 하지만 모든 교회가 반드시 공예배 순서를 이렇게 정해야 한다는 것은 아닙니다. 다만 여기에 나오는 예를 기초로, 우리의 예배가 송영적, 고백적, 표현적 요소(▲)와 선포적, 교훈적, 형성적 요소(▼) 중에서 어떤 것이 부족한지 살피고, 계속 보완해 나가는 노력이 필요할 것입니다. 도표를 참조하세요.[5]

예배순서

1. **개회**
   - ▲ 예배로의 초청(시 124:8)
   - ▼ 축복인사(고전 1:3; 계 1:4, 5)
   - ▲ 찬송

2. **죄의 공적인 고백**
   - ▼ 십계명(출 20장; 신 5장)과 그 요약
   - ▲ 죄의 공적인 고백
   - ▼ 용서하는 은혜의 선포
   - ▲ 감사의 찬송

3. **말씀의 봉사**
   - ▲ 성경을 열기 위한 간단한 기도
   - ▼ 성경의 공적인 봉독
   - ▲ 축복을 위한 기도송
   - ▼ 설교
   - ▲ 회중에 의한 아멘송

4. **성례 집행(선택적)**
   - ▼▲ 세례(필요할 때마다)
   - ▼▲ 성찬(가능한 한 자주함이 바람직)[6]

5. **기도와 중보**
   - ▲ 오전예배는 "교회와 교회가 속한 사회의 중요한 필요를 위해"
   (주의. 오후예배는 "교리문답 설교 이후의 기도")

6. **자비의 사역**
   - ▲ "자비의 헌금을 하기"

7. **폐회**
   - ▲ 마침 찬송
   - ▼ 축도 혹은 강복선언(민 6:24-26; 고후 13:14)

위에서 제시한 예배 순서를 그대로 따를 필요는 없겠지만, 예배가 하나님과 회중 사이의 언약적 상호 교통과 교제의 장소라는 것을 늘 염두에 두면서 순서를 정해야 합니다.

공적 기도는 내용이 풍부하면서도 시간상 절제하여 표현하기 위하여 사전에 준비를 해야 합니다. 이것은 이미 초대 교회 때부터 관찰할 수 있는 내용입니다. 대표 기도를 5분 이상 길게 하는 것은 바람직하지 않습니다. 또한 공기도에는 개교회의 필요 외에도 사회와 국가, 기도와 선교를 위한 기도가 들어가는 것이 바람직합니다.

찬송은 예배의 아주 중요한 요소이기 때문에 끊임없는 개혁이 필요합니다.[7] 예배에 적절한 찬송은 (1) 심령을 부드럽게 하여 하나님의 말씀을 사모하게 하는 노래, (2) 영적인 통찰력이 담겨 있어 지난 시간들을 회고하고 성경적으로 돌아볼 수 있는 노래, (3) 장중함과 위엄이 있어 너무 가볍지 않으며 회중이 함께 부르기 쉬운 노래가 적합합니다.

여기서 시편 찬송을 생각해 볼 수 있습니다. 사실상 시편 찬송은 종교개혁 운동이 확산되는 근간이었습니다. 시편에는 성도에게 필요한 신학과 성도가 직면하는 삶의 거의 모든 문제가 아주 풍성하게 담겨 있기에, 시편을 잘 가르치고 시편을 열심히 부른다면 건강한 교회를 세우는 데 큰 도움이 됩니다.[8] 그렇다고 교회에서 시편 찬송만 불러야 한다고 주장하고 그것을 독단적으로 고집하는 태도는 지양해야 합니다. 신약의 성도들인 우리는 구약성경인 시편에 전부 나타나지 않은, 신약의 복음과 은혜를 잘 표현한 찬송들을 부를 특권을 갖고 있기 때문입니다.

설교는 사실상 개신교 교회 예배의 핵심이라고 할 수 있습니다. 설교자가 최선을 다해서 말씀을 준비하여 성경과 현대 회중 사이에 다리를 놓는 작업이 설교입니다. 설교의 중요성에 대해서는 이 책 곳곳에서 설명하였으므로 참조하시기 바랍니다.

세례식은 어떻게 진행하는 것이 좋을까요?

초대 교회의 세례식에서 많은 것을 배울 수 있습니다. 오늘날은 세례를 너무 쉽게 생각해서 문제라고 볼 수 있습니다. 초대 교회의 예배는 두 부분으로 나누어져 있었습니다. 제1부는 찬송, 기도, 설교가 들어가 있었습니다. 이 순서에는 모든 사람이 참석할 수 있었습니다. 제2부는 성찬식 순서였습니다. 이때는 오직 세례를 받은 사람만이 참석이 가능했습니다.

당시에 세례는 매우 엄격했습니다.[9] 사도행전을 보면 예수님을 믿는 사람은 곧바로 세례를 받을 수 있었습니다. 왜냐하면 당시 대부분의 개종자는 유대인이었고, 그들은 신앙생활에 관해 잘 알고 있었기 때문입니다. 하지만 초대 교회에는 이방인도 많았습니다. 그래서 세례 준비 기간이 필요했습니다. 3세기부터는 보통 3년 동안 세례를 준비했습니다. 이 기간 동안 기독교 교리를 배워야 했고, 삶으로써 자신의 신앙을 증명해야 했습니다. 마지막으로 세례를 받기 전 신앙의 기본에 대한 질문들을 받았고, 공적으로 고백했습니다. 이것은 오늘날로 치면 일종의 '세례 간증문'이라 볼 수 있습니다.

세례는 1년에 한 번 부활절 아침에 행해졌습니다. 3세기 초부터 세례받는 이들은 금요일부터 주일 아침까지 계속 금식했습니다. 그뿐 아니라 세례를 베푸는 이와 교회의 모든 성도에게도 하루나 이틀 금식하도록 권면했습니다(『디다케』, 7장). 세례는 이 공동체와 생사고락을 같이 한다는 것을 뜻했기 때문에 온 성도가 관심을 가졌습니다. 보통 그들은 흐르는 물에서 침례를 받았습니다. 침례 후에 받는 흰옷은 그리스도의 새 생명을 상징했습니다(예수 그리스도로 덧입는다; 골 3:9-12; 계 3:4). 그리고 깨끗한 물을 마셨는데, 속까지 완전히 정화되었다는 뜻이었습니다. 그 후에는 기름을 발라 제사장 신분이 되었음을 표시하였고, 우유와 꿀을 주어서 약속의 땅에 들어감을 상징했습니다. 세례는 보통 흐르는 물living water에서 받았습니다. 그러나 흐르는 물이 없는 경우에는 오늘날 우리처럼 물을 뿌리는 것으로도 가능했습니다. 환자들을 위해서는 차가운 물 대신에 따뜻한 물로 침례를 받는 것도 허용했습니다(『디다케』, 7장). 침례교는 침례를 하는데, 다른 교단은 왜 물만 뿌리는 세례를 주냐고 궁금해하는 분이 있을 것입니다. 그러나 이런 외적 형식은 큰 문제가 되지 않습니다. 초대 교회는 세례의 형식보다 의미를 더욱더 중시했습니다.

이와 같은 초대 교회의 세례식에서 오늘날 적용할 수 있는 것을 택하여 교회의 상황에 따라 적용해 본다면 많은 유익이 있을 것입니다.[10]

성찬식은 어떻게 진행하는 것이 좋을까요?

성찬에는 세 가지 요소가 있습니다. 첫째, 부활하신 주님에 대한 기억입니다(과거의 그리스도). 오늘날 우리는 성찬을 통해 십자가에 달리신 예수님을 기억합니다. 그러나 초대 교회 성도들은 부활하신 예수님을 떠올렸습니다. 그들은 부활한 분이 지금 그 자리에 함께 현존하신다는 데 기쁨과 환희를 느꼈습니다. 그렇기 때문에 오늘날의 성찬처럼 무겁고 엄숙한 분위기보다는 밝고 기쁜 분위기가 더 많았습니다.[11]

둘째, 초대 교회 성찬에는 교제의 의미가 강했습니다(현재의 그리스도; 『디다케』, 9장 4절). 그때 성찬은 애찬과 함께 진행되었습니다. 그러니까 모여서 먼저 식사 교제를 하다가 식사를 마칠 때 성찬식을 가지는 경우가 있었습니다. 이런 모습은 교회의 하나 됨을 더 잘 보여줍니다. 2세기 초에 기록된 『디다케』 9장 4절에는 성찬의 빵에 관한 이러한 고백이 나옵니다. "이 빵 조각이 산들 위에 흩어졌다가 모여 하나가 된 것처럼, 당신 교회도 땅끝에서부터 당신 나라로 모여들게 하소서."

그랜드래피즈에 소재한 그 종의 교회 Church of the Servant 는 예배에 관해 많은 연구를 하는 교회입니다. 그 교회는 성찬의 의미를 살리기 위해서 하나의 빵을 사용합니다. 성찬식을 할 때 15명 정도가 앞으로 나와서 커다란 빵 하나를 가지고 돌립니다. 그 빵을 조금 떼어 자기가 가지고, 옆 사람에게 빵을 건네주면서 "당신을 위한 그리스도의 몸입니다 Christ's body for you"라고 말합니다. 그리고 이어서 하나의 포도주 잔을 돌리는데, 돌려 마시는 게 아니라 갖고 있던 빵을 그 포도주에 찍어서 먹습니다. 그리고 잔을 옆 사람에게 돌릴 적에도 역시 "당신을 위한 그리스도의 피입니다 Christ's blood for you"라고 말합니다. 그 교회는 한 번에 200명 정도가 예배를 드리기에 이런 모임을 8번 정도 반복합니다. 시간이 걸리지만 아주 의미가 있습니다. 팬데믹과 같은 특별한 상황이 아니라면 한국 교회에도 이 방식을 도입할 수 있다고 생각합니다. 성찬 빵과 잔을 나누어 주면서 "당신을 위한 그리스도의 몸과 피입니다"라고 말할 수 있습니다. 그리고 성도들의 일체감을 위해서 빵과 잔을 가지고 있다가 다 같이 한 번에 먹는 것도 좋은 방법입니다.

성찬의 세 번째 요소는 다시 오실 예수님에 대한 기대입니다(미래의 그리스도; 『디다케』, 10장). 초대 교회 성도들은 예배 시간마다 "마라나타"(주 예수여 오시옵소서!)를 외쳤습니다(『디다케』, 16장).[12] 그들은 성찬식을 하면서, 장차 재림하실 주 예수 그리스도와 더불어 먹고 마실 그 나라를 소망했습니다. 그들은 삶의 힘든 현실을 예수님의 재림에 대한 소망 가운데 극복했습니다.

이렇듯 성찬식에는 과거의 그리스도, 현재의 그리스도, 미래의 그리스도에 대한 내용들이 충분히 반영되어야 할 것입니다.

천국 상급이란 무엇인가요?

보통의 용법에서 성도가 죽어서 가는 곳을 "천국"이라고 부르지만, 사실 "낙원"이라고 부르는 것이 더 정확합니다. 예수님은 십자가상에서 강도에게 "오늘 네가 나와 함께 낙원에 있으리라"고 말씀하셨습니다(눅 23:43). 따라서 지금 성도가 죽어서 가는 곳을 "낙원"이라고 부르는 것이 더욱 성경적 용법에 가깝습니다. 왜냐하면 신약성경에서 "천국(혹은 하나님의 나라)"은 "하나님의 통치"를 말하는 것으로 예수 그리스도의 초림과 함께 이 땅에 이미 임한 것으로 묘사하고 있기 때문입니다. 그리고 그 천국은 장차 완성될 것입니다. 그 "완성될 천국"을 "새 하늘과 새 땅"[13](벧후 3:13; 계 21:1; 사 65:17; 66:22 참조)이라고 부릅니다.

상급에 대한 다양한 견해가 있습니다. 차등이 있는 물질적 상급을 주장한 사람들도 교회사에 많이 있었습니다. 반대로 차등이 없다고 주장한 사람들도 있었습니다. 대표적으로 아우구스티누스는 신자가 받는 구원을 상급이라고 표현했습니다(『요한서간 강해』, 3.11, 5.12).

잘못된 상급론이 가진 폐해들 때문에 상급 자체가 없다고 주장하는 이들도 있습니다. 하지만 성경에는 상급(혹은 보상)에 대한 언급이 많이 나옵니다.[14] 따라서 로마 가톨릭이나 일부 부흥사나 목사들이 말하는 잘못된 보상주의는 경계해야 하겠지만, 상급이라는 개념 자체를 버릴 수는 없습니다. 칼뱅도 역시 하나님은 신실한 자들에게 상급을 약속하셨다고 가르칩니다.[15] 하나님은 열심히 주님을 섬기는 언약 백성에게 말로 다할 수 없는 큰 선물들을 주십니다. 칼뱅은 현세에서는 하나님이 신자의 삶 속에 허락하신 다양한 "영적 복"을 상급이라고 말합니다. 물론 이 보상들은 우리의 선행이 완벽해서 주어지는 것이 아니라, 하나님의 은혜로 주어집니다. 열과 성을 다해 주님을 섬기는 신실한 백성은 다른 이들이 경험하지 못하는 언약적 복을 풍성하게 누립니다. 그들에게는 세상이 알지 못하는 기쁨과 만족, 평안과 감사가 있습니다. 그것을 통하여 그들은 더욱 감사하며 하나님을 섬길 수 있습니다.

그렇다면 새 하늘과 새 땅에서의 상급은 무엇일까요? 그것도 역시 이러한 영적 측면을 더욱 부각시켜 이해해야 합니다. 그렇지 않을 때 상급을 순전히 물질적으로 이해하게 됩니다. 만일 새 하늘과 새 땅에서의 상급이 물질적이라면 거기서도 차별과 차등이 있다는 말이 됩니다. 그렇다면 과연 그곳을 온전한 지복의 상태라고 말할 수 있을까요?

그렇기에 어떤 이들은 새 하늘과 새 땅에서의 상급은 순전히 영적인 것이라고 주장합니다. 보다 구체적으로는 서로를 섬길 기회를 더 많이 주는 것으로 보기도 합니다. 예를 들어 바울은 고린도전서 9:18에서 "그런즉 내 상이 무엇이냐 내가 복음을 전할 때에 값없이 전하고 복음으로 말미암아 내게 있는 권리를 다 쓰지 아니하는 이것이로다"라고 했습니다. 다른 이들을 위해 더욱 기쁘게 헌신하고 섬길 수 있는 은혜를 바로 상급이라고 주장한 것입니다. 어떤 이가 이런 상급을 더 많이 받을수록 곁에 있는 자들 역시 기쁠 것입니다. 연장선상에서 저는 성도들을 섬기도록 하나님께서 각자에게 주신 은사를 완성해 주시는 것이 천국의 상급이 아닌가 생각해 보았습니다.[16]

하나님이 아브라함에게 말씀하신 것처럼, 궁극적으로는 하나님이 우리의 상급이 되십니다(창 15:1).[17] 하나님보다 더 큰 상급은 있을 수 없으며, 하나님과 온전히 함께하는 자는 세상의 그 어떤 것을 상급으로 여길 수도, 그럴 필요도 없습니다. 이런 점에서 새 하늘과 새 땅에서 하나님을 상급으로 여기는 모든 성도는 "내 잔이 넘치나이다"라며 큰 기쁨과 감사의 고백을 할 것입니다.

한편, 어떤 이들은 이 땅에서 성화를 많이 이룬 신자나 성화를 덜 이룬 신자 모두 새 하늘과 새 땅에서 그 상태에서부터 하나님을 더욱 닮아 간다고 보기도 합니다.[18] 그러나 새 하늘과 새 땅은 시간적으로, 질적으로 보더라도 "완성의 상태"이기 때문에 이런 식의 차별을 두는 것은 옳지 않습니다.

장로 임기제에 대해서는 어떻게 생각해야 하나요?

장로직이 종신직이어야 하느냐, 한시직이어야 하느냐에 관해서 성경은 아무런 대답을 하지 않습니다. 하지만 교회사에는 종신직, 한시직 장로가 모두 있었습니다. 보다 중요한 것은 장로들이 자신의 가정과 사역을 돌아볼 수 있는 계기를 얻도록 시간을 마련하는 것입니다.[19]

스코틀랜드 장로교회에서는 윤번제가 있었습니다. 일정 기간 장로직을 여러 사람이 돌아가면서 맡는 것입니다(『스코틀랜드 제2치리서』, 6장). 미국 장로교회는 개체 교회가 공동의회를 통해 장로의 봉사 기간을 종신제 혹은 임기제 중 선택할 수 있다고 했습니다. 한 예로 정통장로교단(Orthodox Presbyterian Church)의 경우에는 장로의 임기를 3년으로 두고 있습니다.

조선예수교 장로회 총회는 1922년판 교회정치 13장에서 장로, 집사 선거 및 임직 규정에서 윤번제를 제시합니다. 장로 시무 기한은 3년이며 기한이 마치면 다시 치리하는 직무를 받지 못할 수 있다고 정했습니다.[20] 하지만 장로직 자체는 항존하며,[21] 당회 혹은 노회에서 선거를 통해 상회에 총대로 파송 받을 수도 있다고 했습니다.

하지만 1930년판 교회정치에서는 3년마다 시무 투표를 거쳐 계속 시무할 수 있도록 했습니다. 그리고 이런 규칙을 기장측은 1967년부터, 통합측은 1971년부터 삭제했고, 고신 교단은 1992년에 개정했습니다. 하지만 현재 고신 교단의 경우, 장로의 윤번 시무에 대해 개체 교회 당회원의 3분의 2 이상의 결의를 통해서 제정할 수 있도록 정해 놓았습니다.[22] 예를 들어, 만일 3년마다 1년씩 휴무하게 결의할 경우에, 3년 장로로 봉직하고, 1년을 쉰 다음, 투표를 통해 3분의 2 이상이 반대하지 않으면[23] 다시 3년 장로로 봉직할 수 있게 하는 식으로 정할 수 있습니다. 1년간 휴무할 때도 역시 "장로"라는 명칭으로 불리고 70세가 되면 은퇴를 해야 합니다.

저는 목사와 장로 사이에 있는 알력 다툼도 장로 임기제를 통해 완화할 수 있다고 생각합니다. 칼뱅은 장로의 임기를 1년으로 했습니다. 가령 장로가 1년 혹은 3년을 주기로 그 임기가 끝이 나고, 다시 장로가 되기 위해서는 적어도 1년 혹은 3년을 기다려야 하며, 그 이후에 완전히 새로운 투표 과정을 통해서 장로로 선출될 수 있다고 한다면, 어느 특정 장로에게 권력이 집중되는 경우가 없을 것이며, 목회자 역시 자신을 지지해 줄 장로를 계속 의존하지 않게 될 것입니다. 장로 임기제는 목회자 및 장로 모두에게 권력이 지나치게 집중되는 것을 동시에 막을 수 있습니다. 그리고 장로 역시 평신도의 한 사람으로 다시 지내 봐야 당회원들이 느끼는 문제를 실제로 알고, 다시 사역할 때 보다 나은 모습으로 사역할 수 있을 것입니다.

실제로 네덜란드 개혁교회에서는 교회 내부의 독재와 교권주의를 막기 위해, 교회 치리에 교인들의 영향을 보다 더 증대시키기 위해, 교회에 잠재해 있는 은사와 능력이 더 많이 나타나도록 장로들의 한시적 봉사를 더 선호했습니다.[24] 도르트교회정치(1619)에서 장로의 임기를 2년으로 정한 것도 그런 까닭입니다.[25]

어떻게 하면 목사님과 다른 직분자들의 생각이 일치할 수 있을까요?

목사와 집사가 함께 성경 공부를 하는 것이 중요합니다. 목사님이 직접 인도하는 소모임을 통해서 직분자들과 복음 안에서 일치하고, 깊은 유대 관계를 형성하고, 교회의 비전을 나누는 과정을 여러 해 거치다 보면, 자연스럽게 목사와 다른 직분자들의 생각이 일치하게 될 것입니다.

가나안 운동에 대해 어떻게 생각하는 것이 좋을까요?

가나안 운동은 기존 교회의 문제점에 대한 반작용으로 생긴 운동입니다. 그

운동이 건설적 대안이 되는 경우도 있고, 그렇지 않은 경우도 있습니다.

가나안 운동을 직분적 측면에서 평가하기보다는 기능적 측면에서 평가하는 것이 좋습니다. 왜냐하면 가나안 운동은 교회 직분의 수직적 구조와 교회가 가진 부패성 등을 비판하여 생겨난 흐름이기 때문입니다. 교회가 교회의 역할을 제대로 하지 못하고 직분자들(특히 목사나 장로)이 자신의 역할을 제대로 하지 못해서 많은 가정과 젊은이가 교회를 떠나고 있습니다.

하지만 저는 교회에 문제가 있을 때 교회를 떠나거나 옮기는 것이 능사는 아니라고 생각합니다. 어쩌면 하나님이 여러분을 문제 많은 그 교회에 두신 까닭은 여러분을 향한 그분의 뜻이 있기 때문일 수도 있습니다. 문제가 많고, 부족한 교회일수록, 진실하고 참된 하나님의 사람들이 필요합니다.

바바라 테일러 Barbara Brown Taylor가 쓴 『교회를 떠나며』라는 책이 있습니다.[26] 이 책은 여자 목사였던 한 분이 교회를 떠난 과정과 다시 조금씩 교회로 돌아오는 과정을 기술합니다. 특히 앞부분에서 그녀는 교회를 떠나며 신앙마저 떠나게 되는데, 이 이야기는 한국의 "가나안 성도들"에게 주는 여러 시사점이 있습니다.

책에서 테일러는 교회가 성도들을 묶어 두려고 하기보다는 세상을 향해 나아가도록 독려한다면 더욱 좋을 것이라고 지적합니다.[27] 교회가 사람들을 구속할수록 사람들은 오히려 교회를 떠나고 싶어 하는 것 같다는 인상을 줍니다. 그리고 자신은 일평생 하나님께 가까이 가고 싶어 했으나, 요즘 교회는 오히려 그것을 막고 있는 것 같다고 적습니다.[28]

하지만 테일러는 그리스도가 자신을 붙잡지 못한 곳에서 성령님은 자신을 붙잡았고, 성령님이 자신을 놓친 지점에서 하나님이 자신을 붙잡았음을 고백합니다.[29] 저자는 이러한 하나님의 삼중적 붙잡으심에 의해서 결국 교회를 완전히 떠나지 못합니다. 그녀는 가끔씩 몇몇 교회에서 설교를 하긴 하지만, 주일마다 출석하는 교회는 아직 없는 상태인 것 같습니다. 하지만 그녀는 교회를 떠나면서 확실히 신앙심 역시 약해지고 있음을 서술합니다.

교회를 다니면 신앙적 성숙에 제약을 받고, 교회를 떠나면 신앙이 약해지는 이런 이중적 비극을 어떻게 하면 좋을까요? 이 책이 주는 힌트에 근거하여 "가나안 교회" 현상을 막기 위해서 다음과 같은 세 가지를 제안할 수 있습니다.

첫째, 교회 공동체가 건실해야 합니다. 교제가 풍성하고 정직하며 사랑과 나눔이 가득해야 합니다. 교회 안에 자기 속내를 이야기할 수 있는 사람이 있어야 합니다.

둘째, 교회가 성도들에게 세상 속의 사명을 부여해야 합니다. 교회 안에만 붙잡아 두려고 하지 말고 세상 가운데 삼위 하나님의 파송을 받은 사람으로 살아가도록 해야 합니다. 설교자는 성도를 매주 세상으로 파송하는 삼위 하나님의 명령을 전달하는 대리자가 되어야 합니다.

셋째, 교회에서 하나님과의 깊은 만남과 사귐을 경험하도록 해야 합니다. 말씀과 기도와 찬양이 진정한 하나님과의 교제가 되도록 해야 합니다. 교회 예배에서 진정한 성령님의 생동적인 역사를 경험할 수 있어야 합니다.

주

들어가는 말: 교회란 무엇인가?

1 에드먼드 클라우니, 『교회』, 황영철 옮김(IVP, 1998), 15-16에서 재인용.
2 전통적 개혁파 교회론에서 "권징" 혹은 "치리"는 교회의 표지에 들어가기도 했고, 빠지기도 했다. 예를 들어, 칼뱅은 권징을 교회의 표지에서 제외했다(『기독교 강요』, 4.1.9); 헤르만 셀더하위스 편집, 『칼빈 핸드북』, 김귀탁 옮김(서울: 부흥과개혁사, 2013), 309(빌렘 발커의 견해), 643(게오르그 플라스거의 견해). 자세한 내용은 이 책의 "교회의 표지로서 치리와 권징"에 대한 부분을 참조하라.

1장. 삼위일체적 교회

1 구약성경에서 "하나님의 집"은 곧 "하나님의 성전"을 뜻한다. "여호와의 집 우리 여호와의 성전 곧 우리 하나님의 성전 뜰에 서 있는 너희여"(시 135:2). 신약에서는 이것을 교회에 적용하는데, 특히 바울 서신과 히브리서에서 이런 가르침이 많이 나타난다. "만일 내가 지체하면 너로 하여금 하나님의 집에서 어떻게 행하여야 할지를 알게 하려 함이니 이 집은 살아 계신 하나님의 교회요 진리의 기둥과 터니라"(딤전 3:15).
2 구원이란 하나님의 가족의 일원이 되는 것이다. 이에 대한 탁월한 분석은 아래 책을 참조하라. 얀 판 더 바트, 『요한문헌 개론』, 황원하 옮김(서울: 기독교문서선교회, 2011), 제2장 6절, "하나님의 가족의 일원이 되는 것".
3 헤르만 바빙크, 『개혁파 교의학: 단권축약본』, 김찬영, 장호준 옮김(서울: 새물결플러스, 2015), 1007-8(#490); 헤르만 바빙크, 『개혁교의학』, 박태현 옮김(서울: 부흥과개혁사, 2011), 2권 352(#490)을 참조하라.
4 마이클 그리피스, 『기억 상실증에 걸린 교회』, 권영석 옮김(서울: IVP, 1992).
5 16-17세기 개혁주의 신학자들이 잘 정립해 준 가르침이기도 하다. 유해무, 『개혁교의학』(서울: 크리스챤다이제스트, 1997), 547-552을 참조하라. 한스 큉, 『교회란 무엇인가』, 이홍근 옮김(칠곡군: 분도출판사, 1995), 85-116에서도 이런 구조를 제시한다. 이것이 그가 『교회』, 정지련 옮김(서울: 한들, 2007), "C. 교회의 근본 구조"에서 제시한 중요한 설명 방식이기도 하다.

6 성도들을 선택하시는 일에 오직 성부 하나님만 관여하시는 것은 아니다. 성부께서는 성자 안에서 성령의 사역을 근거로 하여 성도들을 선택하셨다. 하지만 이것을 경륜적 측면에서 표현할 때 성부의 선택이라고 부르는 것도 틀린 말은 아니다.

7 그렇다고 해서 성경의 표현을 거슬러서 용어를 남발하는 것은 옳지 않다. 예를 들어, 성경은 교회를 그리스도의 몸이라고 표현하지, 성령의 몸이라고 표현하지는 않기 때문이다. 이런 점을 염두에 두면서 삼위일체 하나님의 각 위격이 교회와 어떻게 연결되는지를 살펴보아야 한다.

8 『기독교 강요』, 4.1.2. 이 책에서 『기독교 강요』의 번역은 아래 우리말 번역을 참조하되, 필요에 따라 수정하기도 했다. 존 칼빈, 『기독교 강요』, 전4권, 문병호 옮김(서울: 생명의말씀사, 2020).

9 빌헬름 니젤, 『칼빈의 신학』, 이종성 옮김(서울: 대한기독교서회, 1990), 194.

10 이 점은 빌헬름 니젤은 소홀히 했으나, 오토 베버가 올바르게 강조했다. 이형기, 『종교개혁 신학사상』(서울: 장로회신학대학출판부, 1988), 455.

11 이는 우리의 믿음을 흔들어 놓는 교리가 아니다. 오히려 누구든지 믿음으로 자기가 그리스도의 몸에 속한 지체라는 자각을 가지는 사람은 은혜로운 선택 교리에 의해 해를 받지 아니하며 도리어 믿음의 확신이 보강된다. 니젤, 『칼빈의 신학』, 189.

12 17세기 개혁파 신학자 코케이우스(1603-1669)는 교회를 "세상으로부터 부름 받아 나온 공동체"(caetus evocandus ex mundo)라고 부른다. Cocceius, *Summa Doctrinae*, §110.

13 칼뱅 주석, 시편 28:8; Baum, G., Cunitz, E., and Reuss, E. edd., *Ioannis Calvini Opera quae supersunt omnia*, 59 vols, Brunsvigae 1863-1900 (=Corpus Reformatorum, 29-87), 31:285. "……ex hoc fonte fluere quaecunque in nos Deus confert beneficia, quia gratis in Christo nos elegit([우리를 선택하신] 하나님께서 우리에게 전달하시는 은총이 이 원천으로부터 흘러나온다. 왜냐하면 그리스도 안에서 은혜로 우리를 선택하셨기 때문이다)."

14 "그러므로 너희는 하나님이 택하사 거룩하고 사랑 받는 자처럼 긍휼과 자비와 겸손과 온유와 오래 참음을 옷 입고"(골 3:12). "주께서 사랑하시는 형제들아 우리가 항상 너희에 관하여 마땅히 하나님께 감사할 것은 하나님이 처음부터 너희를 택하사 성령의 거룩하게 하심과 진리를 믿음으로 구원을 받게 하심이니"(살후 2:13).

15 "야곱아, 너를 창조하신 여호와께서 지금 말씀하시느니라. 이스라엘아 너를 지으신 이가 말씀하시느니라. 너는 두려워하지 말라. 내가 너를 구속하였고 내가 너를 지명하여 불렀나니 너는 내 것이라"(사 43:1).

16 『기독교 강요』, 4.1.1; *Corpus Reformatorum*, 24:402.

17 『기독교 강요』, 4.1.7. 다음과 같은 말들도 참조하라. "참 교회라고 하여 누구나에게 다 보이는가요? 아닙니다. 오히려 교회는 세상에서 경멸의 대상입니다(칼뱅 주석, 미가서 4:11; *Corpus Reformatorum*, 43:361)." "마치 무덤 속과 같은 곳에서도 기적적으로 교회는 보존되어 있습니다(칼뱅 주석, 에스겔 16:53; *Corpus Reformatorum*, 40:387)."

18 우병훈, 『예정과 언약으로 읽는 그리스도의 구원』(서울: SFC, 2013), 제2장과 3장을 참조하라.

19 오토 베버, 『칼빈의 교회관』, 김영재 옮김(수원: 합신대학원 출판부, 2001), 22; 니젤, 앞 책, 198.

20 행위 언약 및 은혜 언약이 가진 유기적이고 포괄적인 성격에 관해서는 헤르만 바빙크, 『개혁교의학』, 박태현 옮김(서울: 부흥과개혁사, 2011), 2권 720-723, 3권 282를 참조하라.

21 Cyprian of Carthage, "Whoever is separated from the Church and is joined to an adulteress [a schismatic church] is separated from the promises of the Church, nor will he that forsakes the Church of Christ attain to the rewards of Christ. He is an alien, a worldling, and an enemy. He cannot have God for his Father who has not the Church for his mother"(*The Unity of the Catholic Church* 6, 1st ed. [A.D. 251]).

22 『기독교 강요』, 4.1.1.

23 "어머니 교회"의 개념을 성경적, 교회사적, 선교적 관점에서 논한 글은 한스 마리스, 『우리의 어머니 교회』, 유해무, 양태진 옮김(서울: 성약, 2013), 제3장을 참조하라.

24 "[고라 자손의 시 곧 노래] 그의 터전이 성산에 있음이여. 여호와께서 야곱의 모든 거처보다 시온의 문들을 사랑하시는도다. 하나님의 성이여 너를 가리켜 영광스럽다. 말하는도다 (셀라) 나는 라합과 바벨론이 나를 아는 자 중에 있다 말하리라 보라 블레셋과 두로와 구스여 이것들도 거기서 났다 하리로다. 시온에 대하여 말하기를 이 사람, 저 사람이 거기서 났다고 말하리니 지존자가 친히 시온을 세우리라 하는도다. 여호와께서 민족들을 등록하실 때에는 그 수를 세시며 이 사람이 거기서 났다 하시리로다. (셀라) 노래하는 자와 뛰어 노는 자들이 말하기를 나의 모든 근원이 네게 있다 하리로다"(시 87:1-7).

25 한스 마리스, 『우리의 어머니 교회』, 112에서는 이것을 "구심력적 선교"라고 표현한다. 교회가 밖으로 나아가서 선교하는 것이 아니라, 교회 밖의 사람들이 교회의 아름다움을 보고 들어오는 것이기 때문이다. 마리스는 시편 87편에서 구심력적 선교를 적용하고 있지만, 사실 시편 87편 본문만으로는 구심력적 선교를 정확하게 읽어 내기 힘들다.

26 『기독교 강요』, 4.13.8에서 재인용.

27 칼뱅도 역시 교회가 말씀으로 새 생명을 탄생시키는 기능을 어머니 교회론에서 강조하고 있다.
28 http://www.healthfocus.co.kr/news/articleView.html?idxno=40019; http://www.dailymedi.com/detail.php?number=850200; http://news1.kr/articles/?2584296; https://www.khanews.com/news/articleView.html?idxno=207992(2022.3.18. 최종 접속)
29 정혜신, 『당신이 옳다』(서울: 해냄, 2018).
30 『기독교 강요』, 4.1.1, 4.1.4.
31 같은 책, 4.1.5.
32 니젤, 『칼빈의 신학』, 184.
33 라틴어는 제일 앞에 "우리는 믿습니다"라는 고백이 나오고, 거의 끝부분에 가서 "하나의 거룩하고 보편적이며 사도적인 교회를"이란 부분이 나온다. "Credimus……Et unam, sanctam, catholicam et apostolicam ecclesiam." Schaff, Philip Schaff, *The Creeds of Christendom, with a History and Critical Notes: The Greek and Latin Creeds, with Translations*, vol. 2 (New York: Harper & Brothers, 1890), 57-58.
34 Michael Horton, *The Christian Faith: A Systematic Theology for Pilgrims on the Way* (Grand Rapids, MI: Zondervan, 2011), 845.
35 J. N. D. 켈리, 『고대 기독교 교리사』, 박희석 옮김(고양: 크리스챤다이제스트, 2004), 209와 이 책에 인용된 이레나이우스, 『이단논박』(*Adversus Haereses*), 1.10.2를 참조하라.
36 John M. Frame, *Systematic Theology: An Introduction to Christian Belief* (Phillipsburg, NJ: P&R Publishing, 2013), Kindle Location 26251.
37 켈리, 『고대 기독교 교리사』, 207.
38 불링거의 설교(다섯 번째 설교 묶음[Decades]의 첫 번째 설교), "거룩한 공교회에 관하여"의 앞부분을 참조하라("This Church is usually called catholic, that is to say, universal." 289). 불링거는 이 설교에서 보편교회에 대해서 아주 잘 설명해 놓았다. Ulrich Zwingli and Heinrich Bullinger, *Zwingli and Bullinger: Selected Translations with Introductions and Notes*, trans. G. W. Bromiley, The Library of Christian Classics, v. 24 (Philadelphia, PA: Westminster Press, 1953), 289-292. 이 책의 우리말 번역서인 『츠빙글리와 불링거』, 서원모, 김유준 옮김(서울: 두란노, 2011) 중 불링거의 설교("거룩한 보편적 교회")를 참조하라.
39 클라우니, 『교회』, 60에서는 "오순절은 하나님의 백성을 만든 것이 아니라 그들을 새롭게 하였다"라고 적절하게 설명한다.
40 "너희는 만질 수 있고 불이 붙는 산과 침침함과 흑암과 폭풍과 나팔 소리와 말하는 소리

가 있는 곳에 이른 것이 아니라 그 소리를 듣는 자들은 더 말씀하지 아니하시기를 구하였으니 이는 짐승이라도 그 산에 들어가면 돌로 침을 당하리라 하신 명령을 그들이 견디지 못함이라. 그 보이는 바가 이렇듯 무섭기로 모세도 이르되 내가 심히 두렵고 떨린다 하였느니라. 그러나 너희가 이른 곳은 시온 산과 살아 계신 하나님의 도성인 하늘의 예루살렘과 천만 천사와 하늘에 기록된 장자들의 모임과 교회와 만민의 심판자이신 하나님 및 온전하게 된 의인의 영들과 새 언약의 중보자이신 예수와 및 아벨의 피보다 더 나은 것을 말하는 뿌린 피니라"(히 12:18-24). 이에 대한 실감나는 설명은 R. C. Sproul, *What is the Church?*, Crucial Questions Series 17 (North Mankato, MN: Reformation Trust Publishing, 2013), 41-46에서 읽을 수 있다. 이 책을 포함한 Crucial Questions 시리즈 전체를 아래 주소에서 무료로 다운 받을 수 있다. http://shorturl.at/joxU9 (2022.3.18. 최종 접속)

41 톰 라이트는 바울이 제시한 세계관의 중심 상징은 하나가 된 공동체(united community)라는 결론을 내린다. 톰 라이트, 『예수, 바울, 하나님의 백성: 톰 라이트와 나눈 신학적 대화』, 니콜라스 페린, 리처드 헤이스 편집, 최현만 옮김(평택: 에클레시아북스, 2013), 349-360.

42 유형교회는 다른 말로 '가시적 교회' 곧, '보이는 교회'라고 번역하기도 한다.

43 『웨스트민스터 대교리문답』, 62, 63문답.

44 무형교회의 회원들만이 구원을 받는다(『웨스트민스터 대교리문답』, 61문답). 무형교회는 다른 말로 '비가시적 교회' 곧, '보이지 않는 교회'라고 번역하기도 한다.

45 다음 구절들을 참조하라. "그런즉 믿음으로 말미암은 자들은 아브라함의 자손인 줄 알지어다"(갈 3:7). "너희가 그리스도의 것이면 곧 아브라함의 자손이요 약속대로 유업을 이을 자니라"(갈 3:29).

46 『기독교 강요』, 4.1.7.

47 『웨스트민스터 대교리문답』, 25.1.

48 "거룩"이 하나님과 연관하여 나타날 때 그것은 하나님의 "영예나 영광"과 거의 동의어로 쓰이지만, "거룩"이 피조물과 연관되어 사용될 때는 그것은 "구분됨"의 개념을 포함한다. David P. Wright, *Holiness*: *Old Testament*, ed. David Noel Freedman, The Anchor Yale Bible Dictionary (New York: Doubleday, 1992), 237-38을 보라. 다음 구절들을 보라. "여호와여, 신 중에 주와 같은 자가 누구니이까 주와 같이 거룩함으로 영광스러우며 찬송할 만한 위엄이 있으며 기이한 일을 행하는 자가 누구니이까"(출 15:11). "주여 누가 주의 이름을 두려워하지 아니하며 영화롭게 하지 아니하오리이까 오직 주만 거룩하시니이다. 주의 의로우신 일이 나타났으매 만국이 와서 주께 경배하리이다 하더라"(계 15:4).

49 이와 관련하여 다음 구절들을 보라. 왕하 19:22; 사 5:19; 41:16; 43:3, 14; 47:4; 49:7; 54:5; 60:9; 렘 50:29; 겔 39:7. 특히 다음 구절들이 중요하다. "버러지 같은 너 야곱아, 너희 이스라엘 사람들아, 두려워하지 말라. 나 여호와가 말하노니 내가 너를 도울 것이라. 네 구속자는 이스라엘의 거룩한 이이니라"(사 41:14). "대저 나는 여호와 네 하나님이요 이스라엘의 거룩한 이요 네 구원자임이라. 내가 애굽을 너의 속량물로 구스와 스바를 너를 대신하여 주었노라"(사 43:3).

50 Thomas C. Oden, *Classic Christianity: A Systematic Theology* (New York: HarperOne, 1992), 63; 사 6:1-10; 43:10-17; 벧전 1:12-16; 계 4:8; John of Damascus, *Orthodox Faith* I, 14.

51 "그러므로 하늘에 계신 너희 아버지의 온전하심과 같이 너희도 온전하라"(마 5:48). "오직 너희를 부르신 거룩한 이처럼 너희도 모든 행실에 거룩한 자가 되라. 기록되었으되 내가 거룩하니 너희도 거룩할지어다 하셨느니라"(벧전 1:15-16).

52 이러한 교회의 존재와 사명에 관해서는 존 스토트, 『한 백성』, 정지영 옮김(서울: 아바서원, 2012)을 참조하라.

53 필립 얀시, 『내가 알지 못했던 예수』, 김성녀 옮김(서울: IVP, 2012)의 제12장 "승천" 부분을 참조하라.

54 『하이델베르크 교리문답』 제46문답의 "우리의 유익을 위하여 하늘에 계시며"라는 부분에서 인용된 성경 구절은 다음과 같다. "누가 정죄하리요 죽으실 뿐 아니라 다시 살아나신 이는 그리스도 예수시니 그는 하나님 우편에 계신 자요 우리를 위하여 간구하시는 자시니라"(롬 8:34). "내리셨던 그가 곧 모든 하늘 위에 오르신 자니 이는 만물을 충만하게 하려 하심이라"(엡 4:10). "그러므로 너희가 그리스도와 함께 다시 살리심을 받았으면 위의 것을 찾으라 거기는 그리스도께서 하나님 우편에 앉아 계시느니라"(골 3:1). "그러므로 우리에게 큰 대제사장이 계시니 승천하신 이 곧 하나님의 아들 예수시라. 우리가 믿는 도리를 굳게 잡을지어다"(히 4:14). "예수는 영원히 계시므로 그 제사장 직분도 갈리지 아니하느니라. 그러므로 자기를 힘입어 하나님께 나아가는 자들을 온전히 구원하실 수 있으니 이는 그가 항상 살아 계셔서 그들을 위하여 간구하심이라"(히 7:24-25). "그리스도께서는 참 것의 그림자인 손으로 만든 성소에 들어가지 아니하시고 바로 그 하늘에 들어가사 이제 우리를 위하여 하나님 앞에 나타나시고"(히 9:24).

55 『기독교 강요』, 4.2.3. 빌헬름 니젤은 그리스도께서 그의 말씀 안에서 구주와 주로서 인정되며 높임을 받을 경우에만 그리스도의 참 교회가 있다고 주장하여 칼뱅의 기독론적 교회

론을 강하게 역설했다. 이런 주장은 칼뱅의 중요한 가르침들을 기독론으로 집중시켜 설명하려고 했던 바르트 학파의 영향을 감안해야 한다. 하지만 칼뱅의 교회론이 기독론과 긴밀한 연결성을 갖고 있다는 것은 올바른 주장이다.

56 『기독교 강요』, 4.15.6.

57 토마스 슈라이너, 『BECNT 베이커 신약 성경 주석, 로마서』, 배용덕 옮김(서울: 부흥과개혁사, 2012), 380.

58 조엘 비키, 마크 존스, 『청교도 신학의 모든 것』, 김귀탁 옮김(서울: 부흥과개혁사, 2015), 556.

59 우병훈, 『예정과 언약으로 읽는 그리스도의 구원』(서울: SFC, 2013), 제4장의 질문 9번에 나오는 자세한 논의를 참조하라.

60 왜 하나님은 인간이 타락하도록 놔두셨을까? 인간의 타락에는 일정 부분 하나님의 책임도 있는 것이 아닐까? 이렇게 최초의 인간의 타락에 대한 하나님의 책임을 묻는 질문 앞에서 하나님을 정당화하고 설명하는 작업을 "신정론"(神正論, theodicy)이라고 한다. 교부들과 개혁주의자들의 다양한 신정론과 에드워즈의 신정론을 비교하고 있는 아래의 논문을 참조하라. B. Hoon Woo, "Is God the Author of Sin?—Jonathan Edwards's Theodicy", *Puritan Reformed Journal* 6, no.1 (2014): 98-123. 이 논문은 아래 사이트에서 확인할 수 있다. https://calvinseminary.academia.edu/HoonWoo

61 Jonathan Edwards, *Wisdom Displayed in Salvation*, The Works of President Edwards, vol. IV (New York: Robert Carter & Bros., 1881), 154-55. John Kearney, "Jonathan Edwards' Account of Adam's First Sin," *Scottish Bulletin of Evangelical Theology* 15 (1997), 141에서 재인용.

62 『기독교 강요』, 3.1.1; 4.17.12.

63 같은 책, 4.17.12와 롬 8:9에 대한 칼뱅의 주석을 참조하라.

64 같은 책, 4.1.2; 니젤, 『칼빈의 신학』, 187. 특히 다음을 보라. 『기독교 강요』, 4.1.5. "Unde sequitur dignos esse qui fame et inedia pereant, quicunque spiritualem animae cibum divinitus sibi per manus Ecclesiae porrectum respuunt(누구든지 교회의 손을 빌어 제공되는 영혼의 신령한 신적인 양식을 거부하는 자는 배고픔과 굶주림으로 죽고 마는 것이 당연하다)".

65 톰 라이트의 말인데, "한 치라도 주님의 소유"라고 했던 아브라함 카이퍼의 말과 유사하다. 마크 A. 놀, 『그리스도와 지성』, 박규태 옮김(서울: IVP, 2015), 51에서 재인용.

66 "그리스도 예수의 종 바울과 디모데는 그리스도 예수 안에서 빌립보에 사는 모든 성도와

또한 감독들과 집사들에게 편지하노니 하나님 우리 아버지와 주 예수 그리스도로부터 은혜와 평강이 너희에게 있을지어다"(빌 1:1-2). 한스 큉은 초대 교회에 세속적 의미에서 "직무"라는 개념은 없었지만, 그리스도께서 말씀하신 의미에서 직분자, 섬기는 자, 봉사자의 개념은 있었다고 지적한다. 그리고 이러한 교회의 직분이 결코 수직적 체계가 아니었던 까닭은 섬기는 직무에 대한 그리스도의 모범에 근거한다고 적절하게 지적했다. Hans Küng, *Kleine Geschichte der katholischen Kirche* (Berlin: Berliner Taschenbuch Verlags, 2002), 29-30 (I.4. Die Urkirche - keine Hierarchie).

67 『기독교 강요』, 4.3.1.

68 칼뱅 주석, 갈라디아서 4:19, *CO*, 50:235.

69 칼뱅 주석, 로마서 12:6, *CO*, 49:238; 칼뱅 주석, 에베소서 4:7, *CO*, 51:192.

70 교사 직분에 대한 내용은 칼뱅 생애 후기로 갈수록 약화되는 경향이 있다. 1541년과 1561년의 교회 헌법에서 칼뱅은 네 가지 형태로 직분을 나눴다. 이는 목사(pastores), 교사(doctores), 장로(presbyteri), 집사(diaconi)다(오토 베버, 『칼빈의 교회관』, 65). 그러나 나중에 칼뱅은 목사직 안에 교사직을 포함함으로써, 최종적으로 삼중의 직분론을 전개했다(『기독교 강요』, 4.4.1 참조). 이는 제네바 대학의 설립과 연관이 있지 않을까 생각해 볼 수 있다. 교사 직분을 교회에서 학교로 옮긴 것이다. 그리고 성경에 나오는 직분은 "교회"의 직분이기 때문에, 교사 직분을 교회 안의 직분으로 국한시킨다면 목사직에 포함시킬 수 있다고 생각했을 것이라고 추측해 볼 수 있다.

71 칼뱅 주석, 사도행전 5:29, *Corpus Reformatorum*, 48:109; 칼뱅 주석, 신명기 18:17, *Corpus Reformatorum*, 24:274.

72 대안 공동체로서의 교회의 모습에 관해서는 아래 글을 참조하라. 케빈 밴후저, 『들음과 행함』, 박세혁 옮김(서울: 복있는사람, 2020), 제2장.

73 어떤 이들은 디모데전서가 바울 이후에 기록된 것이라고 하지만, 그렇게 말할 수 있는 증거는 거의 없다. 우리는 전통대로 디모데전후서 모두 바울의 서신으로 봐야 한다. 그리고 디모데전서뿐 아니라, 이미 중기 바울 서신으로 볼 수 있는 빌립보서(60년대 초반에 기록)에 이미 감독과 집사에 대한 언급이 나온다. 바울은 선교 사역을 하면서 아주 일찍부터 감독과 집사를 세웠을 것으로 추정해 볼 수 있다. "그리스도 예수의 종 바울과 디모데는 그리스도 예수 안에서 빌립보에 사는 모든 성도와 또한 감독들과 집사들에게 편지하노니 하나님 우리 아버지와 주 예수 그리스도로부터 은혜와 평강이 너희에게 있을지어다"(빌 1:1-2).

74 니젤, 『칼빈의 신학』, 199. 칼뱅은 목사직의 임무에 설교뿐 아니라 양무리를 치는 것까지

포함한다. *Corpus Reformatorum*, 10b:154.

75 『기독교 강요』, 4.1.5; 칼뱅 주석, 갈라디아서 4:19 참조.

76 칼뱅 설교, 신명기 4:27-31, *CO*, 26:197.

77 『기독교 강요』, 4.3.4.

78 "목사가 있는 곳에 교회가 있다"(Ubi pastor, ibi ecclesia)라는 말은 목사가 교회의 전부라는 뜻이 아니라, 교회가 세워지는 데 있어서 목사의 말씀과 성례 사역이 그만큼 중요하다는 뜻이다. 종교개혁자들과 그들의 후예들은 목사직뿐 아니라 다른 직분들도 매우 중요하게 여겼다.

79 『기독교 강요』, 4.3.1.

80 "그러므로 믿음은 들음에서 나며 들음은 그리스도의 말씀으로 말미암았느니라"(롬 10:17). 같은 책, 4.8.9에 나오는 설명과 로마서 10:17에 대한 칼뱅의 주석을 보라.

81 Scott. M. Manetsch, *Calvin's Company of Pastors: Pastoral Care and the Emerging Reformed Church, 1536-1609* (New York: Oxford University, 2012), 146.

82 P. Barth, "Calvins Verstädnis der Kirche," in *Zwischen den Zeiten* 3 (1930): 216-33 중에 특히 219를 보라.

83 『기독교 강요』, 4.1.5.

84 같은 책, 4.3.1.

85 칼뱅 주석, 이사야 50:10 참조.

86 클라우니, 『교회』, 84.

87 책보다 설교 한 편이 더 다양한 청중에게 다가가기가 쉽다. 월터 옹은 이런 측면에서 "소리는 다른 어떤 것보다도 살아 있는 존재들의 집단을 연합시킨다"라고 말했다. Walter J. Ong, *The Presence of the Word* (Albany, NY: Global Academic Publishing, 2000), 122. 이런 측면에서 마이클 호튼은 혼자서 성경을 읽는 것보다 설교가 훨씬 우위에 있으며, 설교에 비하면 개인의 성경 읽기는 부차적이라고 주장한다. 마이클 호튼, 『언약적 관점에서 본 개혁주의 조직신학』, 이용중 옮김(서울: 부흥과 개혁사, 2011), 94-95.

88 진리의 영이신 성령님은 교회 안에 거하시며, 특별히 목사의 설교와 가르치는 사역을 통해서 성경의 진리가 드러나도록 하신다. 아래의 "성령 하나님의 성전인 교회"의 "성령과 성경" 부분을 참조하라.

89 "그가 어떤 사람은 사도로, 어떤 사람은 선지자로, 어떤 사람은 복음 전하는 자로, 어떤 사람은 목사와 교사로 삼으셨으니 이는 성도를 온전하게 하여 봉사의 일을 하게 하며 그리

스도의 몸을 세우려 하심이라 우리가 다 하나님의 아들을 믿는 것과 아는 일에 하나가 되어 온전한 사람을 이루어 그리스도의 장성한 분량이 충만한 데까지 이르리니 이는 우리가 이제부터 어린 아이가 되지 아니하여 사람의 속임수와 간사한 유혹에 빠져 온갖 교훈의 풍조에 밀려 요동하지 않게 하려 함이라"(엡 4:11-14).

90 한 가지 주의할 점은 예배에서 설교의 중요성만 너무 강조하면, 성례를 소홀히 할 수도 있다는 사실이다. 말씀과 성찬의 조화가 중요하다. 초대 교회에서부터 성례는 예배의 핵심 요소였다. 종교개혁자들 역시 성례를 예배의 중요한 부분으로 인정했다. 그렇다고 해서, "성찬 없는 예배는 예배가 아니다"라고 말할 수 없다. 성찬이 없어도 말씀을 믿음으로써 그리스도의 살과 피를 먹고 마시는 사람은 구원을 받기 때문이다. 성찬은 말씀에서 받은 것을 강화시키고 확증하는 역할을 할 뿐이다. 그렇기에 성찬 없는 예배가 영적 토르소(torso; 목, 팔, 다리를 없애고 몸통만 남겨 놓은 작품)인 것은 아니다. 종교개혁의 확신에 의하면 성찬 없이 말씀만 있는 예배도 완전한 예배다. 그럼에도 불구하고 성찬을 자주 시행함으로써 은혜의 방편을 더욱 누리는 것은 초대 교회와 종교개혁 신학이 가르치는 아름다운 전통이다. 바빙크, 『개혁교의학』, 4권 681, 685(#546); 한스-마르틴 바르트, 『마르틴 루터의 신학』, 정병식, 홍지훈 옮김(서울: 대한기독교서회, 2015), 517.

91 *Corpus Reformatorum*, 21:303, 413, 417 참조.

92 Wilhelm Pauck, *The Heritage of the Reformation* (Boston: Beacon Press, 1950), 133.

93 칼뱅 주석, 시편 12:5, *CO*, 31:129. "Neque enim satis foret, Deum apud se statuere quid facturus sit in salutem nostram, nisi recta nos et nominatim compellet, nam inde nobis spes salutis affulget, quum Deus voce sua ostendit se nobis fore propitium(실로 하나님이 우리들을 직접 이름 불러 모으시지 않으신다면, 우리의 구원 속에 하나님이 역사하셔서 무엇을 하실지 결정하기에 불충분할 것이다. 왜냐하면 하나님께서 자신의 목소리로 우리에게 자신이 특별히 와닿도록 보여주셔야지 바로 거기에 구원의 희망이 우리에게 비춰 오기 때문이다)". 따라서 우리는 목사들의 말씀 선포가 적실성이 있어야 하며, 성경 공부도 개인의 체험을 깊이 있게 만져 줄 수 있어야 함을 배운다. 현대 교회에서 개별 심방이나 목회적 경험과 체험적 묵상이 기초가 되지 않은 설교자들의 설교가 가지는 무차별성과 무적용성을 칼뱅은 이미 지적했다. "평신도 설교"에 관해 여러 가지 이야기가 있지만, 설교는 다만 성경 지식으로 되는 것이 아니라 목회적 돌봄의 책무를 가진 사람이 해야 정당한 것임을 기억해야 한다. 그것이 없는 설교로 성도들이 온전히 양육되기는 힘들기 때문이다. 설교는 은사를 가진 자가 개인적으로 그리고 교회적으로 특별하게 부르심을 받고 해야 하며, 목회를 하는 자만이 제대로 설

94 칼뱅 주석, 시편 95:8, *CO*, 32:33.
95 유해무, "한국교회와 개혁신학",「개혁신학과 교회」13 (2002): 146-168 중 168.
96 『기독교 강요』, 4.3.6.
97 *Corpus Reformatorum*, 27:688; 11:121;『기독교 강요』4.3.1-2에서 "목사는 몸인 신자들을 서로 붙들고 있는 '최고의 머리'"라고 말한다. 칼뱅 주석, 디도서 1:5; 그레이 크램톤, 『칼빈의 신학』, 박일민 옮김(서울: 그리심, 2003), 124.
98 칼뱅 주석, 신명기 18:17, *Corpus Reformatorum*, 28:274.
99 "누가 주의 마음을 알아서 주를 가르치겠느냐 그러나 우리가 그리스도의 마음을 가졌느니라"(고전 2:16).
100 "믿음으로 말미암아 그리스도께서 너희 마음에 계시게 하시옵고 너희가 사랑 가운데서 뿌리가 박히고 터가 굳어져서 능히 모든 성도와 함께 지식에 넘치는 그리스도의 사랑을 알고 그 너비와 길이와 높이와 깊이가 어떠함을 깨달아 하나님의 모든 충만하신 것으로 너희에게 충만하게 하시기를 구하노라"(엡 3:17-19).
101 "너희 안에 이 마음을 품으라 곧 그리스도 예수의 마음이니 그는 근본 하나님의 본체시나 하나님과 동등됨을 취할 것으로 여기지 아니하시고 오히려 자기를 비워 종의 형체를 가지사 사람들과 같이 되셨고 사람의 모양으로 나타나사 자기를 낮추시고 죽기까지 복종하셨으니 곧 십자가에 죽으심이라"(빌 2:5-8).
102 "너희 마음에 그리스도를 주로 삼아 거룩하게 하고 너희 속에 있는 소망에 관한 이유를 묻는 자에게는 대답할 것을 항상 준비하되 온유와 두려움으로 하고 선한 양심을 가지라. 이는 그리스도 안에 있는 너희의 선행을 욕하는 자들로 그 비방하는 일에 부끄러움을 당하게 하려 함이라"(벧전 3:15-16).
103 "그리스도께서 이미 육체의 고난을 받으셨으니 너희도 같은 마음으로 갑옷을 삼으라. 이는 육체의 고난을 받은 자는 죄를 그쳤음이니"(벧전 4:1).
104 "Vivendo, immo moriendo et damnando fit theologus, non intelligendo, legendo aut speculando" (WA 5, 163:28, *Operationes in Psalmos*, 1518-1521). 실제로 루터의 말과 같이 독서와 연구, 심지어 기도만으로는 달성할 수 없는 거룩의 영역이 있는 것 같다. 그 영역은 오로지 삶의 고난을 말씀과 기도로 이겨 낼 때 발견할 수 있는 영역일 것이다. 이 글에서 바이마르 루터 전집 시리즈는 WA로, 영어판 루터 전집은 LW로 약칭한다.
105 "하나님의 비가시성을 피조물에 대한 인식을 통해 보는 자가 아니라, 고난과 십자가에 대

한 인식을 통해 하나님의 기시성과 그 이후에 따르는 것들을 이해하는 자가 신학자라고 불릴 수 있다"(WA 1,354,17-20 직역).

106 "Ubi officium ibi ecclesia(직분이 있는 곳에 교회가 있다)"는 말로부터 "Ubi caetani, ibi ecclesia(회중이 있는 곳에 교회가 있다)"는 말이 성립될 수 있다. 바울이 말하는 교회론에서 직분자를 세우지 않는 교회는 생각하기 힘들기 때문이다.

107 Gregory of Nazianzus, *Oration on Holy Baptism*, 40,41 (Patrologia Graeca, 36:417).

108 1세기 교회의 침례/세례의 모습에 관해서는 이 글의 마지막에 실린 질의응답 코너를 참조하라.

109 아우구스티누스, 『삼위일체론』, 김종흡 옮김(서울: 크리스챤다이제스트, 1993), 제9권 1-2장 참조.

110 고대 로마 도시의 그리스도인들에 대한 깊은 연구는 P. Lampe, *Die stadtrömischen Christen in den ersten beiden Jahrhunderten*: *Untersuchungen zur Socialgeschichte* (2d ed. WUNT 2,18; Tübingen: Mohr, 1989)와 P. Lampe, "The Roman Christians of Romans 16," in Karl P. Donfried, ed. *The Romans Debate* (2d ed. Peabody, MA: Hendrickson, 1991)를 참조하라. 더글라스 J. 무, 『NICNT 로마서』, 손주철 옮김(서울: 솔로몬, 2012), 1226-1227에 간략하게 정리되어 있다.

111 존 스토트, 『로마서 강해』, 정옥배 옮김(서울: IVP, 1996), 530.

112 성도의 삶이 가지는 공적 책임성에 관해서는 송용원, 『칼뱅과 공동선』(서울: IVP, 2019)을 참조하라.

113 이런 점에서 우리는 너무 쉽게 "가나안 성도"가 되려고 해선 안 된다. 이에 대해서는 부록의 질문을 참조하라.

114 아우구스티누스, 『고백록』, 1,5,5.

115 Bonhoeffer, "Unser Sinn ist in Jesus(우리의 의미는 예수 안에 있다)." in *Widerstand und Ergebung*([저항과 복종], Munich: Kaiser, 1951), 196-97에서 의역.

116 아우구스티누스, 『신국론』, 19,14; 우병훈, "아우구스티누스의 『신국론』에 나타난 사랑의 갈등," 「한국개혁신학」 70 (2021): 197.

117 Gordon D. Fee, *The First Epistle to the Corinthians*, The New International Commentary on the New Testament (Grand Rapids: Eerdmans, 1987), 609, 613.

118 *Theologians on the Christian Life*: *The Church* (Crossway, 2014), 제4장의 서문에서 재인용. 이 책은 아마존에서 킨들 버전으로 무료로 다운 받을 수 있다(2022.3.18 기준).

119 이런 사람들을 구약성경은 통칭하여 '가난한 자들'이라고 표현하곤 한다. 이에 대한 보다 자세한 분석은 본서의 제4장에서 집사직을 다룰 때 설명할 것이다.

120 Nicholas Wolterstorff, *Justice in Love*, Emory University Studies in Law and Religion (Grand Rapids, MI: Eerdmans, 2011); 니콜라스 월터스토프, 『정의와 평화가 입맞출 때까지』, 홍병룡 옮김(서울: IVP, 2007); 니콜라스 월터스토프, 『사랑과 정의』, 홍병룡 옮김(서울: IVP, 2017).

121 Henry Stob, "The Dialectic of Love and Justice," in *Ethical Reflections*: Essays on Moral Themes (Grand Rapids: Eerdmans, 1978), 140.

122 C. S. 루이스, 『영광의 무게』, 홍종락 옮김(서울: 홍성사, 2008), 33-34에서 발췌. 이해를 돕기 위해 인용문의 첫째 문단 끝부분을 약간 수정했다.

123 J. 캄파이스, 『교회사가 비춰주는 종말론과 정경』, 허순길 옮김(서울: 영문, 1992)을 참조하라.

124 John M. Frame, *The Doctrine of God*, Theology of Lordship (Phillipsburg, NJ: P&R Pub., 2002), 277.

125 구속 역사를 구약은 성부의 시대, 신약은 성자의 시대, 교회 시대는 성령의 시대라고 구분하는 것은 너무나 단순하고도 위험한 구분이다. 성부, 성자, 성령은 언제나 외적으로 함께 사역하시기 때문이다. 하지만 이런 주의 사항을 기억하면서, 주도적으로 드러나는 위격이 구약에는 성부였고, 신약에서는 성자였고, 교회 시대는 성령이시라고 하는 것은 그리 틀린 말이 아니다.

126 이레나이우스, 『이단논박』(*Adversus Haereses*), 3.24.1; 켈리, 『고대 기독교 교리사』, 209에서 재인용(각주 27). 영어 번역을 좀 더 길게 인용하면 아래와 같다. Irenaeus of Lyons, "Irenæus against Heresies," in *The Apostolic Fathers with Justin Martyr and Irenaeus*, ed. Alexander Roberts, James Donaldson, and A. Cleveland Coxe, vol. 1, The Ante-Nicene Fathers (Buffalo, NY: Christian Literature Company, 1885), 458: "For where the Church is, there is the Spirit of God; and where the Spirit of God is, there is the Church, and every kind of grace; but the Spirit is truth. Those, therefore, who do not partake of Him, are neither nourished into life from the mother's breasts, nor do they enjoy that most limpid fountain which issues from the body of Christ; but they dig for themselves broken cisterns [Jer 2:13] out of earthly trenches, and drink putrid water out of the mire, fleeing from the faith of the Church lest they be convicted; and rejecting the Spirit, that they may not be instructed."

127 그리스도 중심의 신학자라는 별명과 함께 칼뱅은 성령님의 신학자로서 또한 알려져 있다. 『기독교 강요』 제1권에는 성경의 저자로서 성령님의 역할이 강조되어 있다. 성령님의 내적 증거로 우리는 성경이 하나님의 말씀이라고 확신할 수 있다. 제2권은 삼위일체 안에서 성령님의 신성과 지위를 설명하고 있다. 제3권은 거의 전부가 성령론이다. 성령께서 인간 내부에서 활동하시는 주관적인 측면을 다루고 있다. 제4권에서는 성령님의 외적인 사역을 중점으로 설명한다. 이와 같이 성령론은 칼뱅 신학의 중심에 면면히 흐르고 있다. B. B. Warfield, "John Calvin the Theologian," in *Calvin and Augustine* (Philadelphia: Presbyterian and Reformed Publishing Company, 1956), 487.

128 초기 교회에서도 성령대항론자들이 있었고, 심지어 종교개혁기와 그 후속 시기인 16-17세기에도 역시 성령의 신성을 부인하는 자들이 있었다.

129 이에 대한 자세한 설명은 존 오웬의 주석이 좋다. John Owen, *An Exposition of the Epistle to the Hebrews*, ed. W. H. Goold, vol. 23, Works of John Owen (Edinburgh: Johnstone and Hunter, 1854), 304. 오웬은 "성령은 그리스도의 신성만큼이나 영원하신 성령이시다"라고 주장한다.

130 바실리우스, 『성령론』(*De Spiritu Sancto*) 참조.

131 렐리오 소치니(Lelio Sozzini, 1525-62)와 그의 조카 파우스투스 소치니(1539-1604)는 폴란드와 리투아니아에 그 근거지를 두고서 삼위일체를 부인하는 "합리적 신앙"을 전파하기 시작했다. 소치니파는 폴란드의 라코프에서 라코프 신앙고백(*the Racovian Catechism*, 1605)을 작성하고, 독일과 네덜란드로 퍼져 나갔으며, 한때 200개의 교회가 있을 만큼 위력적이었지만 유럽의 모든 나라에서 추방당했다. 영국에서는 존 헤일스와 윌리엄 칠리워스, 존 비들 등을 중심으로 소치니파가 전파되었다. 소치니파의 주장은 아래와 같다. (1) 물질은 하나님과 동일하다. 하나님 역시 공간에 있어 제한적이고, 미래 사건에 대해 예지(豫知)를 가질 수 없다. (2) 그리스도는 인간이며 따라서 영원 전부터 존재하신 분이 아니다. (3) 성령은 단지 하나님의 능력이며 위격적인 독립성을 가지지 않는다. Robert Letham, "John Owen's Doctrine of the Trinity in Its Catholic Context," in *The Ashgate Research Companion to John Owen's Theology*, eds. Kelly M. Kapic and Mark Jones (Farnham, Surrey, England ;Burlington, VT: Ashgate, 2012), 185-86의 각주 2번.

132 존 오웬의 신학에서 삼위 하나님의 사역의 일치성과 연합성에 대해서는 아래 논문을 보라. Tyler R. Wittman, "The End of the Incarnation: John Owen, Trinitarian Agency and Christology," *International Journal of Systematic Theology* 15, no. 3 (2013): 284-300.

133 예를 들어 다음과 같은 구절들을 보라. "모든 기도와 간구를 하되 항상 성령 안에서 기도하고 이를 위하여 깨어 구하기를 항상 힘쓰며 여러 성도를 위하여 구하라"(엡 6:18). "사랑하는 자들아 너희는 너희의 지극히 거룩한 믿음 위에 자신을 세우며 성령으로 기도하며"(유 1:20).

134 이는 종교개혁 신학도 강조한 것이다. 교회를 삼위 하나님의 전으로 본 칼뱅은 하나님의 천상적 하나님의 성소는 지상에 있다고 말했다. 칼뱅 주석, 요한복음 2:16, CO, 47:45. "Est enim coeleste in terra Dei sacrarium(하나님의 천상적 성소는 지상에 있다)." 칼뱅 주석, Hand. 9:31, CO, 48:215. "quia ecclesia templum est ac domus Dei, et singuli etiam fideles templa sunt(교회는 하나님의 성전 혹은 집이다. 그리고 신자 개개인이 성전들이 된다)."

135 클라우니, 『교회』, 59.

136 Augustine, *In Johannis evangelium tractatus*, 45,12 (MPL 35:1725). Augustine of Hippo, "Lectures or Tractates on the Gospel according to St. John," in *St. Augustin on Homilies on the Gospel of John, Homilies on the First Epistle of John, Soliloquies*, ed. Philip Schaff, trans. John Gibb and James Innes, vol. 7, A Select Library of the Nicene and Post-Nicene Fathers of the Christian Church, First Series (New York: Christian Literature Company, 1888), 254: "According, then, to this divine foreknowledge and predestination, how many sheep are outside, how many wolves within!"

137 이하 논의는 Dae-Woo Hwang, *Het Mystieke Lichaam van Christus - De ecclesiologie van Martin Bucer en Johannes Calvijn*, Apeldoorn 2002, 178-197 참조.

138 『기독교 강요』, 4.3.2.

139 베버, 『칼빈의 교회관』, 69.

140 『기독교 강요』, 2.3.2.

141 Cyprian, "Salus extra ecclesiam non est," Letters 17,21 (Corpus Scriptorum Ecclesiasticorum Latinorum 3. ii. 795). Cyprian of Carthage, "The Epistles of Cyprian," in *Fathers of the Third Century*: Hippolytus, Cyprian, Novatian, Appendix, ed. Alexander Roberts, James Donaldson, and A. Cleveland Coxe, trans. Robert Ernest Wallis, vol. 5, The Ante-Nicene Fathers (Buffalo, NY: Christian Literature Company, 1886), 384: "But if not even the baptism of a public confession and blood can profit a heretic to salvation, because there is no salvation out of the Church, how much less shall it be of advantage to him, if in a hiding-place and a cave of robbers, stained with the contagion of adulterous water, he

has not only not put off his old sins, but rather heaped up still newer and greater ones!"

142 "예수께서 대답하여 이르시되 너희가 이 성전을 헐라. 내가 사흘 동안에 일으키리라. 유대인들이 이르되 이 성전은 사십육 년 동안에 지었거늘 네가 삼 일 동안에 일으키겠느냐 하더라. 그러나 예수는 성전된 자기 육체를 가리켜 말씀하신 것이라"(요 2:19-21).

143 "너희는 너희가 하나님의 성전인 것과 하나님의 성령이 너희 안에 계시는 것을 알지 못하느냐"(고전 3:16).

144 "귀 있는 자는 성령이 교회들에게 하시는 말씀을 들을지어다. 이기는 그에게는 내가 하나님의 낙원에 있는 생명나무의 열매를 주어 먹게 하리라"(계 2:7). "귀 있는 자는 성령이 교회들에게 하시는 말씀을 들을지어다. 이기는 자는 둘째 사망의 해를 받지 아니하리라"(계 2:11). "귀 있는 자는 성령이 교회들에게 하시는 말씀을 들을지어다. 이기는 그에게는 내가 감추었던 만나를 주고 또 흰 돌을 줄 터인데 그 돌 위에 새 이름을 기록한 것이 있나니 받는 자 밖에는 그 이름을 알 사람이 없느니라"(계 2:17). "귀 있는 자는 성령이 교회들에게 하시는 말씀을 들을지어다"(계 2:29). "귀 있는 자는 성령이 교회들에게 하시는 말씀을 들을지어다"(계 3:6). "귀 있는 자는 성령이 교회들에게 하시는 말씀을 들을지어다"(계 3:13). "귀 있는 자는 성령이 교회들에게 하시는 말씀을 들을지어다"(계 3:22).

145 두 본문 고린도전서 3:16-17과 6:19의 강조점의 차이에 대한 간략한 설명으로 다음 책을 참조하라. 최낙재, 『그리스도와 하나님의 나라 2』(서울: 성약, 2011), 189-190. 고린도전서 주석으로는 다음의 책들을 참조하라. 앤토니 C. 티슬턴, 『고린도전서』, 권연경 옮김(서울: SFC, 2011); Gordon D Fee, *The First Epistle to the Corinthians*, The New International Commentary on the New Testament (Grand Rapids, MI: Eerdmans, 1987).

146 "마치 청년이 처녀와 결혼함 같이 네 아들들이 너를 취하겠고 신랑이 신부를 기뻐함 같이 네 하나님이 너를 기뻐하시리라"(사 62:5). "신부를 취하는 자는 신랑이나 서서 신랑의 음성을 듣는 친구가 크게 기뻐하나니 나는 이러한 기쁨으로 충만하였노라"(요 3:29). "성령과 신부가 말씀하시기를 오라 하시는도다. 듣는 자도 오라 할 것이요 목마른 자도 올 것이요 또 원하는 자는 값없이 생명수를 받으라 하시더라"(계 22:17).

147 "내가 아버지께 구하겠으니 그가 또 다른 보혜사를 너희에게 주사 영원토록 너희와 함께 있게 하리니 그는 진리의 영이라 세상은 능히 그를 받지 못하나니 이는 그를 보지도 못하고 알지도 못함이라. 그러나 너희는 그를 아나니 그는 너희와 함께 거하심이요 또 너희 속에 계시겠음이라"(요 14:16-17). (여기서 진리의 영이신 성령께서 "너희" 속에 거한다고 했을 때, 그것은 교회 안에 임재하시는 것을 가리킨다.)

148 로마 가톨릭에서는 "가르치는 교회"의 개념을 가지고 있다. 그것은 오직 성직자들만이 성경을 제대로 이해하고 해석하고 가르칠 수 있다는 생각이다. 이것은 일반 성도들에게 임재하시는 성령님의 사역을 왜곡시키는 것이라 볼 수 있다.

149 위에서 "성자 예수님의 몸인 교회"에서 "목사직의 의미와 사명" 부분을 참조하라.

150 "모든 진리는 성령 하나님의 진리다"라는 말을 아브라함 카이퍼가 했다고 많이 알려져 있지만, 아우구스티누스가 『그리스도교 교양』, II.75에서 했던 말이다. 같은 제목의 책도 있다. Arthur F. Holmes, *All Truth Is God's Truth* (Grand Rapids: Eerdmans, 1977).

151 『기독교 강요』, 4.14.16. "idque per Spiritum sanctum, qui nos facit Christi ipsius participes(그것은 우리를 그리스도 자신의 참여자들이 되게 하시는 성령님을 통하여 가능하다)."

152 클라우니, 『교회』, 59.

153 『기독교 강요』, 3.2.8. "Fides in Christi notitia sita est. Christus nisi cum Spiritus sui sanctificaione cognosci nequit(신앙은 그리스도를 아는 것에 놓여 있다. 그리스도는 그분의 성령과 성화와 함께 하지 않고서는 알려지지 않는다)."

154 로날드 월레스, 『칼빈의 기독교 생활원리』, 나용화 옮김(서울: CLC, 1988), 248. 이하 논의에서 이 책 245-311을 많이 참조했다.

155 칼뱅 주석, 고린도후서 13:14. *CO*, 50:156. 13절. "Deus non singulis seorsum largitur spiritum, sed pro gratiae mensura cuique distribuit, ut ecclesiae membra vicissim inter se communicando unitatem foveant(하나님은 개인에게 따로따로 성령을 허락하시지 않고 오히려 은혜의 분량을 따라 각자에게 성령을 주시는데, 이는 교회의 지체들이 상호 간에 번갈아 참여함으로써 연합을 유지하도록 하기 위함이다)." 따라서 판넨베르크가 "칼뱅에게 성화론은 일차적으로 공동체가 아니라 개인 안에서 이루어지는 중생의 한 과정이다"라고 한 것은 칼뱅이 중세의 교회주의적 성화론을 탈피하고 극복한다고 본 점에서는 동의할 수 있지만, 좀 지나친 표현이다. 이런 표현은 『기독교 강요』 III권과 IV권의 관계성을 제대로 보지 못하게 하는 견해가 될 수 있으므로 제한적으로 수용해야 한다. Wolfhart Pannenberg, *Christian Spirituality* (Philadelphia: Westminster John Knox Press, 1983), 57; Wolfhart Pannenberg, *Christliche Spiritualität, Theologische Aspekte* (Göttingen: Brill Deutschland GmbH, 1986), 67. 칼뱅이 교회를 개인의 신앙과 성화를 위한 외적 수단으로 이해한다는 설도 우리는 받아들일 수 없다. 교회를 개인 성화의 수단으로 삼기보다는, 개인 성화가 오직 교회로 말미암는다고 본 것이다. 박영돈, "교회론의 성령론적 차원", 「개혁신학과 교회」 9 (1999): 226-246을 참조하라.

156 『기독교 강요』, 4.1.7. 7. "Quemadmodum ergo nobis invisibilem, solius Dei oculis conspicuam Ecclesiam credere necesse est, ita hanc, quae respectu hominum Ecclesia dicitur, observare eiusque communionem colere iubemur(따라서 우리 눈에는 보이지 않고 오직 하나님의 눈에만 보이는 교회를 믿어야 할 필요가 있기는 하지만, 또한 인간들의 관점에서 교회라고 불리는 이 교회를 주목하고 그것과의 교제를 증진시키도록 우리는 명령 받는다)."

157 이런 사실은 "바실리우스의 수도원 운동"이나 "베네딕트 수도규칙"과 같은 동방 교회와 서방 교회의 수도원 전통에서 충분히 확인할 수 있는 사실이다.

158 클라우니, 『교회』, 95.

159 *Corpus Reformatorum*, 51:203.

160 같은 책, 49:500; 51:192.

161 『기독교 강요』, 4.1.5.

162 같은 책, 4.1.3.

163 월레스, 『칼빈의 기독교 생활원리』, 249.

164 칼뱅 주석 고전 12:12, *CO*, 49:501. 성경본문 고전 12:12. "Quemadmodum enim corpus unum est, et membra habet multa: omnia autem membra corporis unius quum multa sint, corpus autem est unum: ita et Christus(실로 많은 지체들을 가졌으나 몸은 하나인 것처럼, 한 몸의 모든 지체들은 많아도 몸은 하나입니다. 그리스도가 그렇기 때문입니다)." "Hic vero fideles hortatur ut mutua donorum collatione inter se cohaereant(여기서 바울은 진정 충심으로 성도들이 선물들의 상호적 분배를 통해 서로 간에 붙어 있도록 권고한다)."

165 스프로울의 언약적 식사에 대한 짧으면서도 좋은 글은 읽어 보라. R. C. Sproul, "The Covenant Meal," http://www.ligonier.org/learn/devotionals/covenant-meal/ 아래 논문도 참조할 수 있다. Walter T. McCree, "The Covenant Meal in the Old Testament," *Journal of Biblical Literature* 45, no. 1/2 (January 1, 1926): 120-28.

166 몇 가지 예를 들자면, 미시간주 그랜드 래피즈에 있는 뉴 시티 펠로우십 교회(New City Fellowship)는 마이카 에드먼드슨(Mika Edmondson) 목사가 개척한 교회로 지속적으로 성장하는 교회인데 주일 점심 식사를 제공하여 성도들 사이의 교제를 증진시키고 새로운 멤버들이 교회에 보다 쉽게 정착하도록 돕고 있다. 뉴저지 몬트빌에 있는 트리니티 침례교회(Trinity Baptist Church)는 알버트 마틴(Albert N. Martin) 목사가 40년 넘게 시무한 교회인데, 이 교회 역시 주일에 모든 성도가 각자의 식사를 가져와서 함께 식탁 교제를 하고 있다. 그 외에도 미시간주 그랜드 래피즈에 소재한 갈보리 교회(Calvary Church), 마스 힐 바이블 교

회(Mars Hill Bible Church)와 에이다에 소재한 에이다 바이블 교회(Ada Bible Church) 역시 대형 교회이지만, 매 예배 이후에 쿠키와 도너츠와 커피 등의 간식을 제공하여 성도들 사이의 교제를 증진하고 있다.

167 칼뱅 설교, 에베소서 1:3-4, *CO*, 51:270. "Car ce sont choses coniointes et inseparables, que Dieu nous ait eleus, et que maintenant il nous appelle à saincteté(하나님이 우리를 선택하셨으리라는 것과 지금 그가 우리를 거룩한 데로 부르시는 것은 상호 연관되며, 분리불가능하다)." 칼뱅 설교, 에베소서 1:4-6, *CO*, 51:270. 칼뱅 설교, 요한복음 13:18, *CO*, 47:311.

168 칼뱅 설교, 에베소서 1:3-4, *CO*, 51:265. 칼뱅 주석, 시편 105:26, *CO*, 32:110.

169 『기독교 강요』, 4.1.20. 7. "Dico autem aedificari primum oportere, non quod Ecclesia sine peccatorum remissione ulla esse queat: sed quia misericordiam suam Dominus non promisit nisi in sanctorum communione(그러나 나는 교회가 먼저 세워져야 한다고 말한다. 죄 사함이 없이 어떤 교회도 있을 수 없다고 말하려는 게 아니라, 성도들의 교통 속에서가 아니면 하나님은 당신의 자비를 보내시지 않기 때문이다)."

170 칼뱅 주석, 요한일서 2:15, *CO*, 55:318.

171 칼뱅 주석, 베드로전서 3:21, *CO*, 55:267-8. 칼뱅 주석, 창세기 7:17, *CO*, 23:133.

172 칼뱅 주석, 시편 16:3, *CO*, 31:151.

173 칼뱅 주석, 시편 106, *CO*, 32:117.

174 칼뱅 주석, 히브리서 10:24, *CO*, 55:132. 본문 24. "Et consideremus nos mutuo in aemulationem charitatis et bonorum operum(우리가 사랑과 선행에 있어 경쟁하도록 서로 살핍시다)."

175 칼뱅 설교, 에베소서 4:15,16, *CO*, 51:583.

176 교회 활동의 구심력적 측면과 원심력적 측면에 대한 내용은 향상교회의 김석홍 목사와 나눈 대화에서 아이디어를 얻었다(2020.1.20.).

177 칼뱅 설교, 디모데전서 2:5-6, *CO*, 53:161-2.

178 칼뱅 주석, 시편 16:3, *CO*, 31:151.

179 크리스토퍼 라이트, 『하나님의 선교』, 정옥배, 한화룡 옮김(서울: IVP, 2010) 참조.

180 "하나님이 그들에게 복을 주시며 하나님이 그들에게 이르시되 생육하고 번성하여 땅에 충만하라. 땅을 정복하라. 바다의 물고기와 하늘의 새와 땅에 움직이는 모든 생물을 다스리라 하시니라"(창 1:28).

181 "여호와께서 아브람에게 이르시되 너는 너의 고향과 친척과 아버지의 집을 떠나 내가 네

게 보여 줄 땅으로 가라. 내가 너로 큰 민족을 이루고 네게 복을 주어 네 이름을 창대하게 하리니 너는 복이 될지라. 너를 축복하는 자에게는 내가 복을 내리고 너를 저주하는 자에게는 내가 저주하리니 땅의 모든 족속이 너로 말미암아 복을 얻을 것이라 하신지라" (창 12:1-3).

182 "세계가 다 내게 속하였나니 너희가 내 말을 잘 듣고 내 언약을 지키면 너희는 모든 민족 중에서 내 소유가 되겠고 너희가 내게 대하여 제사장 나라가 되며 거룩한 백성이 되리라. 너는 이 말을 이스라엘 자손에게 전할지니라"(출 19:5-6).

183 칼뱅 주석, 시편 26:12, *CO*, 31:270.

184 칼뱅 설교, 디모데전서 6:12-14, *CO*, 53:603.

185 이런 뜻에서 개혁파 신학자 코케이우스는 "신약의 교회는 살아 계신 하나님의 교회다(딤전 3:15)"라고 말했다. 그는 교회가 살아 계신 하나님의 교회가 되는 것은 먼저 살아 계신 하나님께서 주님의 백성을 방문하실 때이며(시 82:1), 또한 하나님의 말씀이 그들 속에 머물며 그들이 하나님의 의지를 실천하길 원할 때라고 말했다. 이것은 세상 사람들이 누릴 수 없는 일이다(요 5:38). Johannes Cocceius, *Summa Theologiae Ex Scripturis Repetita* (Leiden: Elseviriorum, 1662), cap. 74, §49 [=Johannes Cocceius, *Opera Omnia Theologica* (Amsterdam: Ex officina Johannis a Someren, 1701), p. 347]

186 칼뱅 주석, 마태복음 10:32, *CO*, 45:291.

187 칼뱅 주석, 고린도후서 8:21, *CO*, 50:105.

188 칼뱅 설교, 창세기 14:13-16, *CO*, 23:643.

189 칼뱅은 성도를 가리켜 "평생 학생"이라고 했다(『기독교 강요』, 4.1.4). 마리스, 『우리의 어머니 교회』, 199.

190 헤르만 바빙크, 『개혁교의학』, 박태현 옮김(서울: 부흥과개혁사, 2011), 제2권 721; 유해무, 『개혁교의학』(서울: 크리스챤 다이제스트, 1997), 235.

2장. 영광스러운 직분

1 "These officers and gifts are the joint and distinct work of all three persons. They conspire and have a distinct hand in framing them for the church, as well as in the great work of our salvation. Father, Son, and Holy Ghost meet in the making and ordaining officers, and each person distinctly contributes something." Thomas Goodwin, *The Works of Thomas Goodwin*, vol. 11 (Edinburgh: James Nichol, 1865), 309-310. 토마스 굿윈은 웨스트민스터 신앙고백서가 작성되는 과정에 큰 영향을 끼친 청교도 신학자다. 하지만 그 자신은 장로교가 아니라 독립파(Independence) 곧 회중교회에 속해 있었다.

2 히브리어 명사형으로 "기름 부음 받은 자"는 "마쉬아흐"다. 시편 105:15에는 선지자들을 가리켜 이 명사를 적용했다. 그리고 레위기 4:3, 5, 16에 보면 제사장을 가리켜 이 명사형을 사용했다. 하지만 이 명사형이 가장 많이 사용되는 경우는 "왕"이다. 시편 18:50, 132:10 등을 보면, 특별히 다윗 왕가의 왕과 관련하여 "기름 부음 받은 자"라는 명사형이 사용된다. 그 외에도 제왕 시편이라고 불리는 시편들(시편 2, 18, 20, 21, 45, 72, 89, 101, 110, 132, 144)에서 "기름 부음 받은 자"는 왕을 가리킨다. 그럼에도 불구하고, "기름 부음 받은 자"가 왕뿐 아니라, 제사장과 선지자에도 해당된다고 보는 견해는 틀리지 않다. Marinus de Jonge, "Messiah," ed. David Noel Freedman, *The Anchor Yale Bible Dictionary* (New York: Doubleday, 1992), 779-780을 참조하라.

3 이하의 내용은 우병훈, 『기독교 윤리학』(서울: 복있는사람, 2019), 34-49의 내용을 많이 가져왔지만 직분론에 맞게 수정했다.

4 "율법을 따라 거의 모든 물건이 피로써 정결하게 되나니 피흘림이 없은즉 사함이 없느니라. 그러므로 하늘에 있는 것들의 모형은 이런 것들로써 정결하게 할 필요가 있었으나 하늘에 있는 그것들은 이런 것들보다 더 좋은 제물로 할지니라. 그리스도께서는 참 것의 그림자인 손으로 만든 성소에 들어가지 아니하시고 바로 그 하늘에 들어가사 이제 우리를 위하여 하나님 앞에 나타나시고 대제사장이 해마다 다른 것의 피로써 성소에 들어가는 것 같이 자주 자기를 드리려고 아니하실지니 그리하면 그가 세상을 창조한 때부터 자주 고난을 받았어야 할 것이로되 이제 자기를 단번에 제물로 드려 죄를 없이 하시려고 세상 끝에 나타나셨느니라. 한번 죽는 것은 사람에게 정해진 것이요 그 후에는 심판이 있으리니 이와 같이 그리스도도 많은 사람의 죄를 담당하시려고 단번에 드리신 바 되셨고 구원에 이르게 하기 위하여 죄와 상관 없이 자기를 바라는 자들에게 두 번째 나타나시리라"(히 9:22-28).

5   하이델베르크 교리문답 제13문답을 보라. 문: 우리가 스스로 하나님의 의를 만족시킬 수 있습니까? 답: 결코 그렇지 않습니다. 오히려 우리는 날마다 우리의 죄책(罪責)을 증가시킬 뿐입니다.

6   "하물며 영원하신 성령으로 말미암아 흠 없는 자기를 하나님께 드린 그리스도의 피가 어찌 너희 양심을 죽은 행실에서 깨끗하게 하고 살아 계신 하나님을 섬기게 하지 못하겠느냐"(히 9:14).

7   "이 예수를 하나님이 그의 피로써 믿음으로 말미암는 화목 제물로 세우셨으니 이는 하나님께서 길이 참으시는 중에 전에 지은 죄를 간과하심으로 자기의 의로우심을 나타내려 하심이니"(롬 3:25). "그는 우리 죄를 위한 화목 제물이니 우리만 위할 뿐 아니요 온 세상의 죄를 위하심이라"(요일 2:2). "사랑은 여기 있으니 우리가 하나님을 사랑한 것이 아니요 하나님이 우리를 사랑하사 우리 죄를 속하기 위하여 화목 제물로 그 아들을 보내셨음이라"(요일 4:10).

8   리처드 헤이스, 『예수 그리스도의 믿음』, 최현만 옮김 (평택: 에클레시아북스, 2013)을 참조하라. 한편, 중세에는 "그리스도께서 신앙(fides)을 가졌다"라는 식으로 말하지 않았다. James Samuel Preus, *From Shadow to Promise: Old Testament Interpretation from Augustine to the Young Luther* (Cambridge, MA: Belknap Press, 1969), 226-233; J. S. Preus, "Old Testament promissio and Luther's New Hermeneutic," *Harvard Theological Review* 60 (1967), 145-61; Heiko Augustinus Oberman, "Wir Sein Pettler. Hoc Est Verum. Covenant and Grace in the Theology of the Middle Ages and Reformation," in *The Reformation: Roots and Ramifications*, trans. Andrew Colin Gow (Grand Rapids, MI: Eerdmans, 1994), 91-115에서 특히 110을 참조하라.

9   비키, 존스, 『청교도 신학의 모든 것』, 411-412 참조. 요한계시록 5:6, 7, 8, 12, 13; 6:1, 16; 7:9, 10, 14, 17; 12:11; 13:8, 11; 14:1, 4, 10; 15:3; 17:14; 19:7, 9; 21:9, 14, 22, 23, 27; 22:1, 3에 "어린 양"이란 표현이 나온다. 특히 다음 구절들을 중심으로 살펴보라. "내가 또 보니 보좌와 네 생물과 장로들 사이에 한 어린 양이 서 있는데 일찍이 죽임을 당한 것 같더라. 그에게 일곱 뿔과 일곱 눈이 있으니 이 눈들은 온 땅에 보내심을 받은 하나님의 일곱 영이더라"(계 5:6). "이는 보좌 가운데에 계신 어린 양이 그들의 목자가 되사 생명수 샘으로 인도하시고 하나님께서 그들의 눈에서 모든 눈물을 씻어 주실 것임이라"(계 7:17). "성 안에서 내가 성전을 보지 못하였으니 이는 주 하나님 곧 전능하신 이와 및 어린 양이 그 성전이심이라"(계 21:22). "그 성은 해나 달의 비침이 쓸 데 없으니 이는 하나님의 영광

이 비치고 어린 양이 그 등불이 되심이라"(계 21:23). "무엇이든지 속된 것이나 가증한 일 또는 거짓말하는 자는 결코 그리로 들어가지 못하되 오직 어린 양의 생명책에 기록된 자들만 들어가리라"(계 21:27). "또 그가 수정 같이 맑은 생명수의 강을 내게 보이니 하나님과 및 어린 양의 보좌로부터 나와서"(계 22:1). "다시 저주가 없으며 하나님과 그 어린 양의 보좌가 그 가운데에 있으리니 그의 종들이 그를 섬기며"(계 22:3). 한편, 클라스 스킬더는 요한계시록에서 그리스도께서 "어린 양"으로 불리는 장면을 주석하면서, 이 땅에서의 기억이 어떤 식으로든 보존될 것을 추정한다. Klaas Schilder, *Heaven, What Is It?* (Eerdmans, MI: Eerdmans, 1950)를 참조하라.

10 "증언하기를 네가 영원히 멜기세덱의 반차를 따르는 제사장이라 하였도다"(히 7:17).

11 "인자가 온 것은 섬김을 받으려 함이 아니라 도리어 섬기려 하고 자기 목숨을 많은 사람의 대속물로 주려 함이니라"(마 20:28). "인자가 온 것은 섬김을 받으려 함이 아니라 도리어 섬기려 하고 자기 목숨을 많은 사람의 대속물로 주려 함이니라"(막 10:45).

12 "오히려 자기를 '비워'(헬라어-에케노센) 종의 형체를 가지사 사람들과 같이 되셨고"(빌 2:7).

13 한글 개정 성경에서 14절과 15절에 대칭적으로 걸리는 "카아쉐르-켄"의 구문을 살리지 못한 것이 아쉽다. "그가 이러이러 하였던 것처럼, 그렇게 저러저러 하리라"하는 대칭구조다.

14 히브리어 사전 HALOT(#5791)에서는 14절에 나오는 "상하다(미쉬하트)"라는 단어를 "비인간적으로 일그러진(inhumanly deformed)"이라고 해석한다.

15 여기서 히브리어 "러로쉬"라는 부분은 "머리로서"라는 뜻이다. 만물의 머리로서 높으신 주님을 고백하는 것이다.

16 하나님 혹은 그리스도가 만물의 머리가 되신다는 것은 만물의 통치자인 것을 뜻하지, 만물과 연속선상에 있음을 뜻하지는 않는다.

17 "오직 사랑 안에서 참된 것을 하여 범사에 그에게까지 자랄지라 그는 머리니 곧 그리스도라"(엡 4:15). "이는 남편이 아내의 머리 됨이 그리스도께서 교회의 머리 됨과 같음이니 그가 바로 몸의 구주시니라"(엡 5:23). "그는 몸인 교회의 머리시라 그가 근본이시요 죽은 자들 가운데서 먼저 나신 이시니 이는 친히 만물의 으뜸이 되려 하심이요"(골 1:18). "머리를 붙들지 아니하는지라. 온 몸이 머리로 말미암아 마디와 힘줄로 공급함을 받고 연합하여 하나님이 자라게 하시므로 자라느니라"(골 2:19). 특별히 요한계시록에는 머리에 대한 표현이 많이 나온다. 요한계시록 1:14; 4:4; 9:7-8, 17, 19; 10:1; 12:1-3; 13:1, 3; 14:14; 17:3, 7, 9; 18:19; 19:12 등을 보라.

18 Frank Thielman, *Ephesians*, Baker Exegetical Commentary on the New Testament (Grand

Rapids, MI: Baker Academic, 2010), 110: "God has used this power for the advantage of the company of believers, a group that Paul now calls 'the church.'"

19 이것은 매우 신비로운 가르침이다. David E. Garland, *1 Corinthians*, Baker Exegetical Commentary on the New Testament (Grand Rapids, MI: Baker Academic, 2003), 201-202에 나오는 자세한 논의를 참조하라. 갈랜드는 단 7:22; 유 1:14-15; 마 19:28; 눅 22:30; 계 2:26-27; 22:5; 딤후 2:12 등을 관련 구절로 제시하고 해설한다.

20 다음 구절도 역시 같은 맥락에서 해석해야 한다. "그 후에는 마지막이니 그가 모든 통치와 모든 권세와 능력을 멸하시고 나라를 아버지 하나님께 바칠 때라"(고전 15:24). Roy E. Ciampa and Brian S. Rosner, *The First Letter to the Corinthians*, The Pillar New Testament Commentary (Grand Rapids, MI: Eerdmans, 2010), 765-767을 참조하라. 비키, 존스, 『청교도 신학의 모든 것』, 411-412도 참조하라.

21 특히 마태복음은 구약의 예언서의 다양한 성취를 아주 잘 묘사해 준다. 또한 누가복음에서도 예수님은 그것을 가르치셨다. "또 이르시되 내가 너희와 함께 있을 때에 너희에게 말한 바 곧 모세의 율법과 선지자의 글과 시편에 나를 가리켜 기록된 모든 것이 이루어져야 하리라 한 말이 이것이라 하시고"(눅 24:44).

22 "네 하나님 여호와께서 너희 가운데 네 형제 중에서 너를 위하여 나와 같은 선지자 하나를 일으키시리니 너희는 그의 말을 들을지니라"(신 18:15).

23 "사람의 모양으로 나타나사 자기를 낮추시고 죽기까지 복종하셨으니 곧 십자가에 죽으심이라"(빌 2:8).

24 중세의 신학자 아벨라르두스(1079-1142)는 바로 이러한 사랑의 감화를 강조했다. Peter Abailard, "Exposition of the Epistle to the Romans (Excerpt from the Second Book)," in *A Scholastic Miscellany: Anselm to Ockham*, ed. Eugene R. Fairweather (Philadelphia: Westminster, 1961), 283. 하지만 그의 견해가 펠라기우스주의는 아니라는 사실을 아래 논문에서 강조한다. Thomas Williams, "Sin, Grace, and Redemption in Abelard" in Jeffrey Brower and Kevin Guilfoy, eds., *The Cambridge Companion to Abelard* (Cambridge, UK; New York: Cambridge University Press, 2004), 258-278. 다음 웹사이트에서 볼 수 있다. http://shell.cas.usf.edu/~thomasw/abelard.htm

25 비키, 존스, 『청교도 신학의 모든 것』, 405, 411-412도 참조하라.

26 "그는 보이지 아니하는 하나님의 형상이시요 모든 피조물보다 먼저 나신 이시니"(골 1:15).

27 "오직 그리스도는 죄를 위하여 한 영원한 제사를 드리시고 하나님 우편에 앉으사 그 후에

자기 원수들을 자기 발등상이 되게 하실 때까지 기다리시나니 그가 거룩하게 된 자들을 한 번의 제사로 영원히 온전하게 하셨느니라"(히 10:12-14).

28 『하이델베르크 교리문답』과 『웨스트민스터 소교리문답』은 성약출판사 홈페이지에서 인용. 성구에 있어서는 성약에서 제시하는 것과 다른 구절들을 넣기도 했다.

29 리처드 멀러, 『칼빈 이후 개혁신학』, 한병수 옮김(서울: 부흥과개혁사, 2011), 43.

30 Ronald Feenstra, "The Atonement and The Offices of Christ", *Theological Forum*, Vol. XXV, No. 3 (1997). 이하의 내용은 핀스트라의 견해를 요약한 것이다.

31 『하이델베르크 요리문답』, 독립개신교회 교육위원회 옮김(서울: 성약, 2004)에서 인용.

32 하나님의 백성이 제사장이라는 구절들은 다음과 같다. 이에 대한 논의는 그레고리 비일, 『성전 신학』, 강성열 옮김(서울: 새물결플러스, 2014), 544-549를 보라. "너희가 내게 대하여 제사장 나라가 되며 거룩한 백성이 되리라 너는 이 말을 이스라엘 자손에게 전할지니라"(출 19:6). "그러나 너희는 택하신 족속이요 왕 같은 제사장들이요 거룩한 나라요 그의 소유가 된 백성이니 이는 너희를 어두운 데서 불러 내어 그의 기이한 빛에 들어가게 하신 이의 아름다운 덕을 선포하게 하려 하심이라"(벧전 2:9). "그의 아버지 하나님을 위하여 우리를 나라와 제사장으로 삼으신 그에게 영광과 능력이 세세토록 있기를 원하노라. 아멘"(계 1:6). "그들로 우리 하나님 앞에서 나라와 제사장들을 삼으셨으니 그들이 땅에서 왕 노릇 하리로다 하더라"(계 5:10). "이 첫째 부활에 참여하는 자들은 복이 있고 거룩하도다 둘째 사망이 그들을 다스리는 권세가 없고 도리어 그들이 하나님과 그리스도의 제사장이 되어 천 년 동안 그리스도와 더불어 왕 노릇 하리라"(계 20:6).

33 신자가 제사장으로서 기도의 직무에 충실해야 하는 것에 관해서는 비일, 『성전 신학』, 544-545를 참조하라.

34 이에 관해서는 다음의 졸고를 참조하라. B. Hoon Woo, "Pilgrim's Progress in Society-Augustine's Political Thought in The City of God," *Political Theology* 16.5 (2015): 421-441.

35 칼뱅은 특별히 말씀을 전하는 목사는 정치가들을 도와서 죄를 짓는 사람이 점점 적어지도록 힘써야 한다고 했다. 칼뱅은 이 일을 위해서 목사와 정치가들이 서로 방해하지 않고 서로가 연결되어 도와야 한다고 주장했다(『기독교 강요』, 4.11.3). 물론 칼뱅의 말은 기독교 사회였던 제네바 시와 유럽의 여러 도시의 상황을 염두에 두고 이해해야 한다. 하지만 오늘날 정치와 종교, 국가와 교회가 구분되어야 한다고 해서 서로 분리될 수는 없다는 사실을 알아야 한다. 정치 영역은 그리스도인의 삶의 중요한 부분이므로, 목사들은 교인들이 정치

적으로 의무감과 책임감을 가지고, 성경적 가치관에 따라서 정치적 판단을 하도록 도와야 한다. 특별히 칼뱅이 말했듯이, 세상에 범죄를 막는 일에 교회는 정치가들과 협력할 필요가 있다.

36 성도들은 왕으로서 그리스도와 함께 다스릴 것이다. "또 내가 보좌들을 보니 거기에 앉은 자들이 있어 심판하는 권세를 받았더라 또 내가 보니 예수를 증언함과 하나님의 말씀 때문에 목 베임을 당한 자들의 영혼들과 또 짐승과 그의 우상에게 경배하지 아니하고 그들의 이마와 손에 그의 표를 받지 아니한 자들이 살아서 그리스도와 더불어 천 년 동안 왕 노릇 하니"(계 20:4). 다음 구절에서는 왕적 직무와 제사장적 직무가 함께 나타난다. "그러나 너희는 택하신 족속이요 왕 같은 제사장들이요 거룩한 나라요 그의 소유가 된 백성이니 이는 너희를 어두운 데서 불러 내어 그의 기이한 빛에 들어가게 하신 이의 아름다운 덕을 선포하게 하려 하심이라"(벧전 2:9). "이 첫째 부활에 참여하는 자들은 복이 있고 거룩하도다 둘째 사망이 그들을 다스리는 권세가 없고 도리어 그들이 하나님과 그리스도의 제사장이 되어 천 년 동안 그리스도와 더불어 왕 노릇 하리라"(계 20:6).

37 Jerome, *Commentary on Isaiah* IV (Isa. 19:18) (MPL 24. 185, 191); 칼뱅, 『기독교 강요』, 4.4.1.

38 오토 베버, 『칼빈의 교회관』, 65.

39 빌렘 판 엇 스페이커르, 『칼빈의 생애와 신학』, 박태현 옮김(서울: 부흥과개혁사, 2009), 131. 스페이커르는 "교회관에 있어서, 칼뱅은 전적으로 부서와 외콜람파디우스의 발자취를 따랐다"고 말한다(앞 책, 130).

40 『기독교 강요』, 4.4.1.

41 대한예수교장로회 고신총회, 『헌법 해설』(2014), 160.

42 카이퍼와 바빙크의 견해가 그러했다. 대한예수교장로회 고신총회, 『헌법 해설』(2014), 160.

43 코넬리스 반 담, 『성경에서 가르치는 장로』, 김헌수, 양태진 옮김(서울: 성약, 2012), 20. 이 책은 장로직뿐 아니라, 직분에 대한 성경적 이해를 아주 잘 설명하고 있다.

44 반 담, 『성경에서 가르치는 장로』, 15. 이하에서 이 책과 함께 다음 책을 두루 참조하면서 장로, 집사, 권사의 직분에 관해 설명하겠다. 김헌수, 코넬리스 반 담, 윈스턴 후이징아, 『성경에서 가르치는 집사와 장로』(서울: 성약, 2013); 알렉산더 스트라우크, 『성경에서 말하는 집사』, 조성훈 옮김(고양: 전도출판사, 2003[1997]), 84.

45 바빙크, 『개혁교의학』, 제4권 400-401.

46 "장로들은 왕과 선지자와 제사장들처럼 백성의 지도자로서 선한 목자이신 여호와의 어떠하심을 나타낼 의무가 있었다." 반 담, 『성경에서 가르치는 장로』, 31. 때로 개혁주의 신학은, 목사는 선지자직에, 장로는 왕직에, 집사는 제사장직에 비유하곤 했다. Abraham Kuyper, On the Church, ed. Jordan J. Ballor et al., trans. Harry Van Dyke et al., Abraham Kuyper Collected Works in Public Theology (Bellingham, WA: Lexham Press; Acton Institute, 2016), 제2장; 바빙크, 『개혁교의학』, 제4권 제55, 56장. 그러나 교회의 모든 직분자가 제사장, 왕, 선지자로서 그 일을 수행하는 것으로 봄이 바람직하다.

47 우병훈, 『처음 만나는 루터』(서울: IVP, 2017), 184-200; 우병훈, "루터의 소명론 및 직업윤리와 그 현대적 의의," 「한국개혁신학」 57(2018): 72-132을 참조하라.

48 『기독교 강요』, 4.3.10.

49 은사와 교회의 속성인 사도성, 보편성, 통일성, 거룩성을 연결시켜 잘 설명한 글로는 다음의 논문이 있다. 이신열, "교회의 속성에 대한 개혁신학적 이해: 은사를 중심으로," 「개혁논총」 34(2015): 153-183. 아울러 교회의 본질과 속성에 대한 심도 있는 논의로는 아래의 글을 보라. 김재성, "교회의 본질과 속성," 「신학정론」 22.2(2004): 511-556.

50 『기독교 강요』, 4.3.11.

51 John Murray, "Office in the Church," in Collected Writings of John Murray, 4 vols. (Edinburgh: Banner of Truth Trust, 1976-82), 2:358. 반 담, 『성경에서 가르치는 장로』, 16에서 재인용.

52 역사적으로 권사직은 집사직과 비슷한 맥락에서 파악되기도 했고, 장로직과 집사직이 함께 섞여 있는 직분으로 이해되기도 했다. 미국 교회의 역사에서 권사직(senior deacon/deaconess)은 장로직과 집사직을 병행한 직분으로 이해되었다. 대한예수교장로회 고신총회, 『헌법 해설』(2014), 252-253; De Gier, De Dordtse kerkorde, 142. 여성도들의 역할이 매우 중요한 현대 교회에서는 권사직을 잘 규정하고 세워 가는 것이 아주 필요한 일이다.

53 바빙크, 『개혁교의학』, 제4권 400.

54 "맨 나중에 만삭되지 못하여 난 자 같은 내게도 보이셨느니라. 나는 사도 중에 가장 작은 자라 나는 하나님의 교회를 박해하였으므로 사도라 칭함 받기를 감당하지 못할 자니라"(고전 15:8-9).

55 "또 우리 주의 오래 참으심이 구원이 될 줄로 여기라 우리가 사랑하는 형제 바울도 그 받은 지혜대로 너희에게 이같이 썼고 또 그 모든 편지에도 이런 일에 관하여 말하였으되 그 중에 알기 어려운 것이 더러 있으니 무식한 자들과 굳세지 못한 자들이 다른 성경과 같이

그것도 억지로 풀다가 스스로 멸망에 이르느니라"(벧후 3:15-16).

56 클라우니, 『교회』, 89에서 "복음 없이 교회의 '사도성'은 있을 수 없다"라고 단언한다.

57 칼뱅은 처음에는 목사, 교사, 장로, 집사의 4직분을 제안했으나, 나중에는 목사직 안에 교사직을 포함함으로써 최종적으로 목사, 장로, 집사의 3직분으로 정했다(오토 베버, 『칼빈의 교회관』, 65; 스페이커르, 『칼빈의 생애와 사상』, 130-31).

58 바빙크, 『개혁교의학』, 4:409-10. 『디다케』, 15를 근거로 바빙크는 "감독들이 참 복음 전도자와 선지자와 교사가 되었다"라고 적고 있다. 바빙크, 『개혁교의학』, 4:410.

59 권사직(senior deacon/deaconess)은 미국 교회의 전통에 따르면, 집사직과 장로직의 일부를 겸한 직분으로 볼 수 있다. 위의 "교회 직분 종류의 한정성"에 나오는 설명 참조.

60 이 부분은 특별히 중요하다. 많은 구약 주석가가 신명기나 예언서들을 '적용'하면서 '성도들의 교회 생활을 통하지 않고 바로 사회생활에 적용하는 성급함'을 보여주는데 이는 성경의 전체적 가르침을 충분히 고려하지 않은 것이다. 성경은 언제나 이런 가르침들이 교회에서 직분자들을 중심으로 충분히 실천되고 난 다음에, 언약 공동체인 교회를 통하여 사회 속에서 드러나도록 하는 순서를 지키고 있다.

61 『기독교 강요』, 4.3.14.

62 신호섭, 『교회다운 교회』(군포: 다함, 2021), 163; 성희찬, "찰스 하지와 제임스 쏜웰의 장로직을 둘러싼 논쟁", 「개혁정론」(2022.3.8.), http://reformedjr.com/board02/469323 (2022.3.12. 최종 접속); 김효남, "종교개혁과 교회직분의 개혁: 개혁과 신학을 중심으로," 「성경과 신학」 85 (2018): 35-69.

3장. 장로직

1 반 담, 『성경에서 가르치는 장로』, 17-18.

2 "너희의 각 지파에서 지혜와 지식이 있는 인정 받는 자들을 택하라. 내가 그들을 세워 너희 수령을 삼으리라 한즉 너희가 내게 대답하여 이르기를 당신의 말씀대로 하는 것이 좋다 하기에 내가 너희 지파의 수령으로 지혜가 있고 인정 받는 자들을 취하여 너희의 수령을 삼되 곧 각 지파를 따라 천부장과 백부장과 오십부장과 십부장과 조장을 삼고 내가 그 때에 너희의 재판장들에게 명하여 이르기를 너희가 너희의 형제 중에서 송사를 들을 때에 쌍방간에 공정히 판결할 것이며 그들 중에 있는 타국인에게도 그리 할 것이라"(신 1:13-16).

3 헬라어로 "카티스테미(임명하다), 케이로토네오(선출하다)"라는 단어들이 사용되었다.

4   가룟 유다를 대신할 사도를 뽑는 과정에서 제비뽑기를 한 예가 있다. 하지만 그것은 사도직의 특수성 때문에 최종적 판단을 주님께서 직접하신다는 의미에서 그렇게 한 것이다. 사도는 주님께서 단독 권한으로 세우셨기 때문이다. 하지만 장로직, 집사직 등은 그렇게 한 예가 없다. 직분자들의 선출에 교회 회중이 참여했다. "그들이 두 사람을 내세우니 하나는 바사바라고도 하고 별명은 유스도라고 하는 요셉이요 하나는 맛디아라. 그들이 기도하여 이르되 뭇 사람의 마음을 아시는 주여 이 두 사람 중에 누가 주님께 택하신 바 되어 봉사와 및 사도의 직무를 대신할 자인지를 보이시옵소서 유다는 이 직무를 버리고 제 곳으로 갔나이다 하고 제비 뽑아 맛디아를 얻으니 그가 열한 사도의 수에 들어가니라"(행 1:23-26).

5   이에 관해서는 김헌수, "하나님의 찾아오심과 장로의 심방", 『성경에서 가르치는 집사와 장로』, 274-281에서 잘 분석하고 있다.

6   고대 근동 지방의 여러 국가에서 장로들이 판단하는 일은 흔했다. 당시에는 오늘날과 같은 사법 제도가 없었기 때문에 사람들 사이의 분쟁은 일차적으로 가정의 지도자가 맡았고, 보다 큰 사건은 부족이나 씨족의 지도자가 맡았다. 그리고 나중에 왕정이 결성된 다음에는, 가장이나 부족장이 쉽게 판단할 수 없는 어려운 문제나 사안이 아주 중요한 사건은 왕이 직접 판결했다(왕상 3:16-28의 솔로몬의 재판). 고대 지중해 연안 국가와 사회에서의 재판 과정과 정의의 실현 문제에 관해서는 아래 졸고와 그에 실린 참고 문헌들을 참조하라. 우병훈, "헤시오도스의 디케(DIKH) 개념과 고대 근동의 정의 개념 비교 연구", 「서양고전학연구」 24 (2005): 1-29.

7   반 담, 『성경에서 가르치는 장로』, 20.

8   대한예수교장로회 고신총회, 『헌법 해설』(2014), 219. 구약 시대와 제2성전기의 장로직의 발전에 관해서는 허순길, 『잘 다스리는 장로』(서울: 영문, 2007), 11-28을 참조하라.

9   오웬은 이렇게 가르치는 장로와 다스리는 장로의 구분이 디모데전서 5:17에 나온다고 보았다. 그는 단언하여 말하기를, 편견 없고 이성적인 사람이라면, 이 본문이 두 종류의 장로, 곧 말씀을 맡은 장로와 그렇지 않은 장로로 나눠지는 것을 가르쳐 줌을 알 것이라고 말했다(Owen, *True Nature of a Gospel Church*, in Works, 16:135). 이러한 구분에 대한 토론은 아래 책을 참조하라. Joel R. Beeke and Mark Jones, *A Puritan Theology: Doctrine for Life* (Grand Rapids, MI: Reformation Heritage Books, 2012), 649-650.

10   참고로, 여기서 "하나님이 자기 피로 사신 교회"라는 말을 들을 때, "어떻게 하나님께서 피를 흘리셨다고 말할 수 있는가?"하는 질문이 생길 수 있다. 이에 대해서, 토마스 굿윈은 예수 그리스도의 인격(person) 안에서 인성과 신성이 하나로 연합되므로, 인성이 겪은 일이

신성도 겪은 일처럼 표현되고 있다고 설명한다. "And both natures being one in person, what the one is said to do or suffer, the other is said to do and suffer; and therefore his blood is called 'the blood of God.'" Thomas Goodwin, *The Works of Thomas Goodwin*, vol. 5 (Edinburgh: James Nichol, 1863), 105. 이런 설명 방식은 교회사에서 존 칼뱅, 존 오웬, 아이작 암브로스 등이 채택한 방식이다. 칼뱅, 『기독교 강요』, 2.14.1-2; Owen, *Works*, I, The Person of Christ, 234-35; Isaac Ambrose, *Looking Unto Jesus a View of the Everlasting Gospel* (London, 1658), 285. 이에 대한 설명은 아래 책을 참고하라. Mark Jones, *Why Heaven Kissed Earth: The Christology of the Puritan Reformed Orthodox Theologian, Thomas Goodwin (1600-1680)* (Göttingen: Vandenhoeck & Ruprecht, 2010), 165.

11 사도행전 4:1-5; 15:1-6의 본문으로 "이스라엘의 장로와 새 언약의 장로"의 차이를 설명한 아래의 설교를 참조하라. 우병훈, 『구속사적 설교』(군포: 다함, 2022), 151-171.

12 Horst Balz and Gerhard Schneider eds., *Exegetical Dictionary of the New Testament*, 3 vols. (이하에서 EDNT로 축약; Grand Rapids, MI: Eerdmans, 1990), "presbyteros" 항목 참조. Walter Bauer and Frederick William Danker et al. eds., *A Greek-English Lexicon of the New Testament and other Early Christian Literature* (Chicago, IL: The University of Chicago Press, 2000), "presbyteros" 항목 참조.

13 우병훈, 『구속사적 설교』, 171.

14 Horst Robert Balz and Gerhard Schneider, *Exegetical Dictionary of the New Testament* (Grand Rapids, MI: Eerdmans, 1990), 35-36("ἐπίσκοπος")를 보라.

15 바빙크, 『개혁교의학』, 제4권 402-403.

16 물론 이런 목자로서 감독의 의미가 헬라어 "에피스코포스"라는 단어가 처음 형성될 때부터 들어있던 것은 아닐 것이다. 어원을 가지고 시대착오적으로 해석하는 위험성에 대해서는 D. A. 카슨, 『성경 해석의 오류』, 박대영 옮김(서울: 성서유니온선교회, 2002), "단어 연구의 오류" 편을 참조하라.

17 이어령 박사의 "양치기의 리더십"이라는 글에 나오듯이, 목자의 역할은 '인도자', '관리자', '동행자'의 역할이 모두가 되어야 할 것이지만, 그중에서도 양 무리의 한 가운데 위치하여 함께 소통의 지팡이 노릇을 하는 '동행자'의 역할이 가장 중요하다고 볼 수 있다("이어령의 80초 생각나누기 - 양치기의 리더십"이라는 글은 인터넷에서 쉽게 찾을 수 있다.)

18 "여러분은 자기를 위하여 또는 온 양 떼를 위하여 삼가라. 성령이 그들 가운데 여러분을

감독자로 삼고 하나님이 자기 피로 사신 교회를 보살피게 하셨느니라"(행 20:28).

19 이에 대해서는 김헌수, "하나님의 찾아오심과 장로의 심방", 『성경에서 가르치는 집사와 장로』, 274-281에서 잘 지적하고 있다.

20 론 니콜라스 외 지음, 『소그룹 운동과 교회 성장』, 신재구 옮김(서울: IVP, 1992), 34에도 역시 당회가 하나의 소그룹이라면 그 안에는 경건회가 필수적으로 들어 있어야 한다고 말한다.

21 스트라우크, 『성경에서 말하는 집사』, 70-71.

22 "콘시스토리움"에 대해서는 헤르만 셀더하위스 편집, 『칼빈 핸드북』, 김귀탁 옮김(서울: 부흥과개혁사, 2013), 52, 87, 97-107을 참조하라. 참고로, 베른에는 이미 콘시스토리움이 있었기에, 칼뱅이 처음으로 콘시스토리움을 설치한 것은 아니다(앞 책, 97).

23 윌리엄 네피, "칼뱅의 제네바 이차 체류," 같은 책, 제4장(특히 100-107)을 보라.

24 정요한, 『칼뱅은 정말 제네바의 학살자인가?』(서울: 세움북스, 2018)을 참조하라.

25 예를 들어 고신총회 교회정치 제65조에서는 장로의 자격을 아래와 같이 규정하고 있다. "장로는 다음의 자격을 구비해야 한다. 1) 40세 이상 65세 이하의 남자 세례교인으로 무흠하게 7년을 경과한 자. 2) 신앙과 행위가 복음적이고 본이 되는 자. 3) 상당한 식견과 통솔력이 있는 자. 4) 공적, 사적 생활에 부끄러울 것이 없는 자. 5) 자기 집을 잘 다스리는 자. 6) 성품이 원만하며 덕망이 있는 자(딤전3:1-7). 7) 본 교회에 등록한 후 3년 이상 경과된 자."

26 목회 서신에 대한 주해로 다음 저서를 참조하시기 바란다. 황원하, 『목회서신주해』(평택: 교회와성경, 2014).

27 "미쁘다 모든 사람이 받을 만한 이 말이여 그리스도 예수께서 죄인을 구원하시려고 세상에 임하셨다 하였도다 죄인 중에 내가 괴수니라"(딤전 1:15). "미쁘다 이 말이여, 곧 사람이 감독의 직분을 얻으려 함은 선한 일을 사모하는 것이라 함이로다"(딤전 3:1). "크도다 경건의 비밀이여, 그렇지 않다 하는 이 없도다. 그는 육신으로 나타난 바 되시고 영으로 의롭다 하심을 받으시고 천사들에게 보이시고 만국에서 전파되시고 세상에서 믿은 바 되시고 영광 가운데서 올려지셨느니라"(딤전 3:16). "미쁘다 이 말이여 모든 사람들이 받을 만하도다"(딤전 4:9). "미쁘다 이 말이여 우리가 주와 함께 죽었으면 또한 함께 살 것이요"(딤후 2:11).

28 에베소의 나쁜 리더들에 관해서는 Thomas D. Lea and Hayne P. Griffin, *1, 2 Timothy, Titus*, vol. 34, The New American Commentary (Nashville: Broadman & Holman Publishers, 1992), 105, 108.을 참조하라.

29 바울의 목회서신의 주석에는 아래와 같은 주석이 좋다. William D. Mounce, *Pastoral Epistles*, Word Biblical Commentary (Dallas: Word, Incorporated, 2000); George W. Knight, *The Pastoral Epistles: A Commentary on the Greek Text*, New International Greek Testament Commentary (Grand Rapids: Eerdmans, 1992); Philip H. Towner, *The Letters to Timothy and Titus*, The New International Commentary on the New Testament (Grand Rapids: Eerdmans, 2006); John R. W. Stott, *Guard the Truth*: The Message of 1 Timothy & Titus, The Bible Speaks Today (Downers Grove: InterVarsity Press, 1996); I. Howard Marshall, *Pastoral Epistles*, International Critical Commentary (Edinburgh: T&T Clark, 1999).

30 예수님을 믿은 이후에 공적 죄를 저질렀는데 회개하고 나서, 이후에 또다시 같은 죄를 저지른 사람은 장로로 세우지 않는 것이 좋다. 특별히 성적인 범죄와 관련해서는 이러한 "이진아웃제"를 시행하는 것이 바람직해 보인다(고려신학대학원 목회상담학, 하재성 교수의 주장). 두 번 이상 그러한 죄를 저지른 것은 아무래도 성향상 그렇다는 것을 나타내기 때문이다.

31 홈페이지는 다음과 같다. www.calvarygr.com.

32 바울이 결혼을 했는지, 안 했는지, 결혼 이후에 이혼을 했는지에 관해서는 의견이 분분하다. 하지만 그가 사역할 때 독신이었다는 것은 분명하며, 비록 독신이었지만 가르치는 장로의 역할을 충실히 했다고 볼 수 있다. 아래 논문에 바울과 베드로의 아내에 대한 교부들의 토론이 나온다. David L. Eastman, "'Epiphanius' and Patristic Debates on the Marital Status of Peter and Paul," *Vigiliae Christianae* 67 (2013), 499-516.

33 하지만 두 번, 세 번 이혼 경력이 있는 사람은 교회의 직분을 부여하지 않는 것이 건덕(健德)상 좋을 것이다.

34 아리스토텔레스의 철학(습관의 중요성)과 아퀴나스의 신학(기독교적 덕의 함양)에 영향을 받은 덕의 신학을 주장하는 이들이라든지, 오순절주의자들(회심이나 제2축복 강조) 가운데서는 이러한 즉각적 변화와 점진적 변화 사이의 조화를 찾지 못하는 경우가 많다. 하지만 성령님은 즉각적 변화를 일으키시기도 하시고, 점진적 변화를 이뤄 가시기도 한다. 그래서 개혁과 윤리학자들은 신명 윤리, 덕 윤리, 자연법 윤리 등을 두루 발전시켰다.

35 이것은 교회 생활뿐 아니라, 사회를 바라보는 안목이나 정치적 견해도 역시 포함한다.

36 참고로, 거짓 예언자들의 특징은 "돈을 요구한다는 것"이다(『디다케』, 제3부 11장 6절). 일반 나그네의 경우에도, 사흘 이상 머물면서 일하지 않고 먹고 마시기만을 원한다면 "그리스도를 팔아먹는 자"(크리스템포로스, christemporos)로 여기고 조심하도록 명령하고 있다. 정

양모 역주, 『디다케-열 두 사도들의 가르침』(왜관: 분도출판사, 1993), 81, 87 참조.

37 구약성경은 많은 곳에서 나그네 대접을 잘하라고 권면한다. "너는 이방 나그네를 압제하지 말며 그들을 학대하지 말라. 너희도 애굽 땅에서 나그네였음이라"(출 22:21). "너는 이방 나그네를 압제하지 말라. 너희가 애굽 땅에서 나그네 되었었은즉 나그네의 사정을 아느니라"(출 23:9). "고아와 과부를 위하여 정의를 행하시며 나그네를 사랑하여 그에게 떡과 옷을 주시나니"(신 10:18). "너희는 나그네를 사랑하라 전에 너희도 애굽 땅에서 나그네 되었음이니라"(신 10:19). "네가 밭에서 곡식을 벨 때에 그 한 뭇을 밭에 잊어버렸거든 다시 가서 가져오지 말고 나그네와 고아와 과부를 위하여 남겨두라. 그리하면 네 하나님 여호와께서 네 손으로 하는 모든 일에 복을 내리시리라"(신 24:19). 신약에서도 대표적으로 마태복음 25장에 나오는 최후 심판에 대한 말씀에서 예수님은 "나그네 대접"을 양과 염소를 나누는 조건 중 하나로 들고 있다. 성경은 여러 곳에서 성도들을 "나그네"라고 규정하고 있다. "이 사람들은 다 믿음을 따라 죽었으며 약속을 받지 못하였으되 그것들을 멀리서 보고 환영하며 또 땅에서는 외국인과 나그네임을 증언하였으니"(히 11:13). "예수 그리스도의 사도 베드로는 본도, 갈라디아, 갑바도기아, 아시아와 비두니아에 흩어진 나그네"(벧전 1:1). "외모로 보시지 않고 각 사람의 행위대로 심판하시는 이를 너희가 아버지라 부른즉 너희가 나그네로 있을 때를 두려움으로 지내라"(벧전 1:17). "사랑하는 자들아, 거류민과 나그네 같은 너희를 권하노니 영혼을 거슬러 싸우는 육체의 정욕을 제어하라"(벧전 2:11).

38 마 13:33; 눅 13:20-21에 나오는 하나님 나라의 도래에 대한 비유에서 예수님은 동일한 22리터의 밀가루를 언급한다. 그리하여 사라의 이야기를 간접적으로 암시한다.

39 다음 잠언의 말씀들은 장로직의 그러한 영광을 상징한다. "백발은 영화의 면류관이라 공의로운 길에서 얻으리라"(잠 16:31). "젊은 자의 영화는 그의 힘이요 늙은 자의 아름다움은 백발이니라"(잠 20:29).

40 BDAG, EDNT 사전을 참조하라.

41 이 구절을 주석하면서 개혁파 신학자 코케이우스는 "야웨의 참된 성전은 교회이다"라고 말했다. 그는 또한 이 구절을 스가랴 6:12-13과 연결시킨다. Johannes Cocceius, *Summa Theologiae Ex Scripturis Repetita* (Leiden: Elseviriorum, 1662), cap. 74, §47 [=Johannes Cocceius, *Opera Omnia Theologica* (Amsterdam: Ex officina Johannis a Someren, 1701), p. 347].

42 라틴어로는 보다 간단하게 "copia dicendi forma vivendi"다(『그리스도교 교양』, 제4권, XXIX, 62).

43 *Theological Dictionary of the New Testament*에서 이 단어를 찾으면 중간태(middle) 형태에서는 "앞서서 가다"는 의미를 기본적으로 가진다고 나온다.

44 교만이 가지는 영적 해악에 대해서 성경적으로, 그리고 신학사적으로 잘 정리해 놓은 설교가 있다. 듀크 대학 역사신학 교수였던 데이빗 스타인메츠의 설교다. David C. Steinmetz, "Pride among the Deadly Sins: Genesis 3:1-7, Romans 12:1-3" 스타인메츠는 교만이 모든 죄의 근원이 된다는 것을 바울보다도 아우구스티누스가 더욱 분명하게 지적하였다고 주장한다. 또한 루터는 교만보다는 불신앙을 더욱 근원적인 죄로 여겼다고 스타인메츠는 덧붙인다. https://bit.ly/3mfyDRZ (2022.3.18. 최종접속)

45 그 일곱 가지는 교만, 시기, 분노, 나태, 탐욕, 탐식, 정욕이다. 자세한 설명은 신원하, 『죽음에 이르는 7가지 죄』(서울: IVP, 2020)를 참조하라. 이 책은 2012년판에 '허영'의 항목을 더하여 새롭게 낸 개정판이다.

46 한스-마르틴 바르트, 『마르틴 루터의 신학』, 530-531.

47 칼뱅 주석, 사도행전 2:42, *CO*, 48:57.

48 Richard A. Muller, *Dictionary of Latin and Greek Theological Terms*: Drawn Principally from Protestant Scholastic Theology (Grand Rapids, MI: Baker Academic, 2017), 234-235.

49 한스-마르틴 바르트, 『마르틴 루터의 신학』, 530.

50 헤르만 셀더하위스 편집, 『칼빈 핸드북』, 김귀탁 옮김(서울: 부흥과개혁사, 2013), 309(빌렘 발커의 견해), 643(게오르그 플라스거의 견해). 칼뱅은 이 점에 있어서 아우크스부르크 신앙고백 제7조를 따른다. 또한 칼뱅은 목사의 역할이 설교와 성례의 거행이라고 말했다(칼뱅, 『기독교 강요』, 4.3.6).

51 Bavinck, *Reformed Dogmatics*, 4:314(#494). "The pure administration of the Word also includes the application of ecclesiastical discipline."

52 『기독교 강요』, 제4권 12장.

53 셀더하위스 편집, 『칼빈 핸드북』, 672(귄터 하스의 견해).

54 『제1 스코틀랜드 신앙고백서』(1560), 제18장; 『벨직 신앙고백서』 제29조를 보라. 또한 아래 책들을 참조하라. Heinrich Heppe, *Reformed Dogmatics*, ed. Ernst Bizer, trans. G. T. Thomson (Eugene, OR: Wipf & Stock, 2007), 665-70; L. Berkhof, *Systematic Theology* (Grand Rapids, MI: Eerdmans, 1938), 576-78; Michael Horton, *The Christian Faith*: A Systematic Theology for Pilgrims on the Way (Grand Rapids, MI: Zondervan, 2011), 746. 이상의 내용은 존 칼빈, 『기독교 강요』, 총4권, 문병호 옮김(서울: 생명의말씀사, 2020),

4:60n52을 참고하여, 수정하고 보충했다.

55 『제1 스코틀랜드 신앙고백서』(1560), 제18장: "The notes therefore of the trew Kirk of God we beleeve, confesse, and avow to be, first, the trew preaching of the Worde of God, into the quhilk God hes revealed himselfe unto us, as the writings of the Prophets and Apostles dois declair. Secundly, the right administration of the Sacraments of Christ Jesus, quhilk man be annexed unto the word and promise of God, to seale and confirme the same in our hearts. Last, Ecclesiastical discipline uprightlie ministred, as Goddis Worde prescribes, whereby vice is repressed, and vertew nurished." Philip Schaff, *The Creeds of Christendom, with a History and Critical Notes: The Evangelical Protestant Creeds, with Translations*, vol. 3 (New York: Harper & Brothers, 1882), 461–62.

56 Schaff, *The Creeds of Christendom*, 3:420. "The marks by which the true Church is known are these: If the pure doctrine of the gospel is preached therein; if she maintains the pure administration of the sacraments as instituted by Christ; if church discipline is exercised in punishing of sin; in short, if all things are managed according to the pure Word of God, all things contrary thereto rejected, and Jesus Christ acknowledged as the only Head of the Church. Hereby the true Church may certainly be known, from which no man has a right to separate himself."

57 바빙크, 『개혁교의학』, 4: 369(#494); Bavinck, *Reformed Dogmatics*, 4:312-14(#494).

58 칼뱅 주석, 히브리서 5:4 주석.

59 같은 책, 12:4 주석.

60 같은 책, 12:7 주석.

61 셀더하위스 편집, 『칼빈 핸드북』, 672-73(귄터 하스의 견해).

62 칼뱅 주석, 히브리서 12:7 주석.

63 *CO*, 10:118(1561년 교회법[Les ordonnances ecclesiastiques]).

64 『헌법 해설』, 228.

65 보다 구체적이고 자세한 질문들은 김헌수, 코넬리스 반 담, 윈스턴 후이징아, 『성경에서 가르치는 집사와 장로』, 331-334을 보라. 필자는 이 질문들 중에서 특별히 중요한 것을 뽑아서 다른 식으로 표현해 보았다.

66 설교와 관련하여 장로가 목사를 도울 수 있는 점들에 관해서는 반 담, 『성경에서 가르치는 장로』, 224-227을 참조하라.

4장. 집사직

1. 스트라우크, 『성경에서 말하는 집사』, 84.
2. 러쉬두니와 같은 학자는 레위인들이 구약의 집사들이었다고 주장한다. 하지만 근거가 충분해 보이지는 않는다. R. J. Rushdoony, "Government and the Diaconate," *Chalcedon Report* (January 1995), 28. 이에 반대하여, 반 담은 "구약 어디에서도 집사에 대한 이야기는 찾아볼 수 없습니다. 우리가 오늘날 알고 있는 집사의 직분과 관련하여서는 구약에서 그 직접적인 선례나 혹은 전신으로 볼 수 있는 예를 찾을 수 없습니다"라고 말한다. 김헌수, 코넬리스 반 담, 윈스턴 후이징아, 『성경에서 가르치는 집사와 장로』, 39.
3. 칼뱅, 『기독교 강요』, 4.4.5.
4. 김헌수, 코넬리스 반 담, 윈스턴 후이징아, 『성경에서 가르치는 집사와 장로』, 17, 27(반 담).
5. 반 담의 아주 자세한 분석을 참조하라. 같은 책, 40-51.
6. 같은 책, 63(반 담).
7. 같은 책, 65-67(반 담).
8. 같은 책, 92(김헌수).
9. 같은 책, 67(반 담).
10. 토머스 굿윈에 따르면, 사도들은 처음에 목사, 교사, 장로, 집사의 직무를 다 수행하는 권세를 가졌다. Thomas Goodwin, *The Works of Thomas Goodwin*, vol. 11 (Edinburgh: James Nichol, 1865), 512.
11. 톰 라이트, 『마침내 임한 하나님 나라』와 그가 2013년 11월 21일 칼빈 칼리지에서 행한 "선교적 관점에서 신약 읽기"라는 강의를 보면, 교회는 재정적 파산한 채무자들을 구제해 주어야 하며, 영국 성공회가 정부로 하여금 파산한 사람들을 돕도록 계속 촉구했다는 내용이 나온다.
12. 아우구스티누스의 정치 신학이 말하는 교회의 사회적 역할에 대해서는 아래 졸고를 참조하라. B. Hoon Woo, "Pilgrim's Progress in Society- Augustine's Political Thought in The City of God," *Political Theology* 16.5 (2015): 421-441. 아우구스티누스는 『신국론』에서 그리스도인의 가장 본질적 측면을 "순례자" 개념으로 규정했다. 그는 교회 역시 순례자 공동체로 보았다. 성도가 가난한 자들에게 재물을 나눠 주고, 천상 도성을 위해 재물을 사용하며, 자발적 가난을 실천하는 이유도 순례자의 발걸음이 보다 가볍게 되고, 오직 하나님만을 자신의 부요로 삼기 위함이다(『신국론』 1.29; 19.17; 5.18). 아우구스티누스에게 구

원의 대상은 사람이지 어떤 정치 체제가 아니다. 따라서 그는 사회 변혁의 도구로서 종교를 주장하는 것(라인홀드 니버)이 아니라, 종교인의 사회적 의무를 주장하는 것(리처드 니버)이라고 볼 수 있다. 아우구스티누스는 천상의 도성에 속한 성도들이 지상 도성에서 네 가지 사회적 의무를 다한다고 주장한다. 첫째, 사랑의 의무: 성도는 이웃을 자기 몸과 같이 사랑한다. 그리고 이웃들이 하나님과 다른 이웃들을 사랑하도록 권면한다. 성도는 하나님 사랑을 기준으로 하여 세상의 모든 것을 얼마나 어떻게 사랑해야 할지, 사랑의 질서를 잡아 간다. 둘째, 평화의 의무: 성도는 평화를 추구하기 위해 지상 도성과 협력한다. 아우구스티누스는 평화의 종류를 10가지로 나눈다. 그에게 지상 도성이 주는 평화는 한계적이지만, 평화는 모든 사람의 염원이자 삶의 기본 조건이므로 성도들 역시 그것을 증진시킬 의무가 있다고 주장한다. 셋째, 정의의 의무: 아우구스티누스는 플라톤, 아리스토텔레스, 키케로가 주장했던 분배 정의를 가장 기초적인 요소로 보았다. 하지만 그는 정의가 가지는 종교적 의미를 간파했고, 참된 예배는 사회의 그릇된 우상을 타파함으로써 정의를 증진시키는 급진적 요소를 가진다고 주장한다. 넷째, 기도의 의무: 인간의 죄성으로 인해 지상적 정의와 평화는 모두 불완전하다. 성도의 기도는 바로 이러한 측면을 인정하면서 자신과 이웃의 죄 용서를 위해 기도한다. 순례자들이 드리는 국가와 사회와 이웃과 자신을 위한 기도에서 화해와 소망의 싹이 움튼다.

13 학자들은 바울이 빌립보서를 60-62년경에 썼다고 추정한다. 따라서 어떤 사람들(예를 들어 마르틴 디벨리우스)이 잘못 주장하듯이, 집사 제도는 바울이 죽고 나서 생긴 2세기의 산물이 아니다. 직분제는 바울의 선교 초기부터 있었다. 존 스토트는 "누가는 첫 번째 선교 여행부터 모든 교회에 장로들을 임명하는 것이 바울의 정책이었다고 말한다(행 14:23)"라고 적절하게 지적했다. 존 스토트, 『디모데후서 강해(BST 시리즈)』, 정옥배 옮김(서울: IVP, 2008), 17. 참고로, 빌립보서의 연대를 60-62년경으로 잡는 것은 고든 피의 견해다. 물론 고든 피 역시 다른 견해들이 많다는 것을 인정한다. Gordon D. Fee, *Paul's Letter to the Philippians*, The New International Commentary on the New Testament (Grand Rapids, MI: Eerdmans, 1995), 34: "The questions of "where" and "when" have been assumed throughout the Introduction (and the commentary) to refer to his Roman imprisonment in the early 60s CE (between 60 and 62); but since many reject this tradition (in favor of either Caesarea or Ephesus), a few words are needed regarding this matter." 피터 오브라이언도 (비록 단정 짓지는 않는 것처럼 보이지만) 고든 피와 같은 견해를 가진다. Peter Thomas O'Brien, *The Epistle to the Philippians: A Commentary on the Greek Text*, New

International Greek Testament Commentary (Grand Rapids, MI: Eerdmans, 1991), 26. 사도 바울은 13개의 서신서를 썼다. 그중에서 로마서(56년경), 고린도전서(55년경), 고린도후서(56년경), 갈라디아서(48년경)를 바울의 핵심 가르침을 담고 있기에 주요서신이라고 부른다. 또한 에베소서(62년경), 빌립보서(60-62년경), 골로새서(62년경), 빌레몬서(62년경)를 바울이 로마 감옥에 갇혀서 쓴 편지이기 때문에 옥중서신이라고 부른다. 데살로니가전서(51년경), 데살로니가후서(52년경)는 종말론적 서신이라고 하는데, 말 그대로 종말론을 다루기 때문이다. 디모데전서(64년경), 디모데후서(65년경), 디도서(65년경)는 바울의 제자들이며 목회자들인 디모데와 디도에게 보낸 목회서신이다. 이에 대해서는 아래 책들을 참조하라. 고든 D. 피, 더글라스 스튜어트 공저,『책별로 성경을 어떻게 읽을 것인가?』, 길성남 옮김(서울: 성서유니온선교회, 2016); D. A. 카슨, 더글러스 무, 앤드류 나셀리,『손에 잡히는 신약 개론』, 안세광 옮김(서울: IVP, 2015); 송영목,『신약의 키』(서울: 생명의양식, 2015).

14 스트라우크,『성경에서 말하는 집사』, 65.
15 이 세 번째 해석은 권기현 목사의 "방언"에 대한 강의에서 들었다(2015.2.23., 포항대흥교회).
16 이런 점들을 고려한다면, "초대 교회로 돌아가자"는 운동은 "우리의 재산을 다 팔아서 가난한 자들에게 나눠 주자"라는 것과 같은 말이 될 수 없다는 것은 분명하다. "초대 교회로 돌아가자"는 구호 자체를 조심해야 한다. 왜냐하면 초대 교회라고 해서 문제가 없는 것이 아니었기 때문이다. 무엇보다 초대 교회에서 일어난 일들은 구원 역사의 특정한 시점에서 생긴 특별한 하나님의 섭리라고 봐야지 오늘날 우리가 무작정 따라할 수 있는 것으로 생각할 수는 없다. 그러므로, 재산을 팔아서 가난한 자들을 도왔던 초대 교회의 모습은 오늘날 집사직을 통해 (또는 그 외의 교회의 광범위한 구제 사역을 통해서) 현대 교회에 적용할 수 있다.
17 Darrell L. Bock, Acts, BECNT (Grand Rapids: Baker Academic, 2007), 258.
18 김헌수는 "헬라파 사람들의 불평이 정당한 것이 아니었"다고 하고(93), "헬라파 과부들의 '불평'은 '기도'와는 다른 자세이고 정당하지 않은 것"이라고 말한다(96). 하지만 그들의 의사 표현 방식이 부적절한 면이 있었을지는 몰라도, 그들의 요구는 정당한 것이었다. 사도행전 6:1에 쓰인 "공기스모스"라는 단어는 "투덜대다, 불평하다, 불만족을 드러내다"라는 뜻이다. 김헌수, 코넬리스 반 담, 윈스턴 후이징아,『성경에서 가르치는 집사와 장로』, 93, 96.
19 같은 책, 61(김헌수). 이 본문에서 또 한 가지 얻을 수 있는 교훈은, 집사직을 세울 적에는 교회의 다양한 사람을 두루 살필 수 있도록 해야 한다는 점이다. 교회의 직분자들이 교인

들 일부만 돌보거나 살핀다면, 반드시 문제가 생길 것이다. 교회에서는 직분의 측면에 있어서도 파당이 없어야 한다.

20 사도행전 21:8에서 "일곱 집사 중 하나인 전도자 빌립"이라는 말이 나오지만, 이것은 한글개역과 개정판에서 첨가한 말이다. 직역하면, "일곱 [사람] 가운데 한 사람인 전도자 빌립"이 된다. 이 일곱 사람을 "집사"라고 부르기를 거절하는 학자들은 켈리와 콘첼만과 브루스가 있다. J. N. D. Kelly, *The Pastoral Epistles*, 80-81; H. Conzelmann, *Acts of the Apostles*, Hermenia (Philadelphia: Fortress Press, 1987), 44; F. F. Bruce, *The Book of the Acts*, NICNT (Grand Rapids: Eerdmans, 1988), 122. 반면에, 바르트와 판넨베르크는 사도행전 6장의 직분을 집사직으로 본다. Karl Barth, *Church Dogmatics*, IV/3.2, p. 890(§72); 볼프하르트 판넨베르크, 『기독교 윤리의 기초』, 오성현 옮김(서울: 한들, 2015), 163.

21 김헌수, 코넬리스 반 담, 윈스턴 후이징아, 『성경에서 가르치는 집사와 장로』, 94-95(김헌수). 참고로, 칼 바르트도 역시 물질적이고 경제적인 위험에 처한 자들을 돕는 집사직의 기원을 사도행전 6장에서 찾을 수 있다고 말한다. Karl Barth, *Church Dogmatics*, IV/3.2, p. 890(§72). 한편, 바르트는 집사직의 시행에 있어서 특별히 기억해야 할 세 가지 주의 사항을 말한다. 요약하자면 다음과 같다. 첫째, 교회가 사회, 경제, 정치적 조건들을 변화시키려는 노력을 병행하지 않는다면 교회의 집사직은 곧 한계에 부딪힐 것이다. 집사들이 개별적으로 사회의 큰 문제를 다 해결할 수 없지만, 모든 교회의 집사들이 하는 사역을 통해서 하나님은 이 사회를 변화시키신다. 둘째, 세속 정부가 복지 정책을 펼칠지라도 여전히 교회의 집사직은 필요하다. 왜냐하면 집사직은 목회적 돌봄과 함께 가는 것이기 때문이다. 세속 정부가 물질적인 부분에 도움을 줄 수는 있어도 영적인 문제를 돕지는 못한다. 집사직은 그 두 가지를 함께 도와준다. 셋째, 집사직을 망각한 교회는 더 이상 교회가 아니다. 집사직의 구제와 돌봄 사역은 교회가 교회 되도록 하는 핵심 사역 중 하나이기 때문이다. Barth, *Church Dogmatics*, IV/3.2, pp. 892-895(§72 The Holy Spirit and the Sending of the Christian Community). 위와 같은 바르트의 집사직론은 매우 적절하며 통찰력을 주는 것이라 평가할 수 있다. 그리고 판넨베르크는 "디아코니아"라는 단어가 가진 좁은 의미(집사직과 교회의 자선활동)과 넓은 의미(봉사와 섬김)를 모두 간직해야 한다고 적절하게 주장한다. 판넨베르크, 『기독교 윤리의 기초』, 163. 한편, 적어도 바르트는 "장로직"에 대해서는 『교회교의학』을 비롯해서 다른 작품들에서 깊이 있게 서술하지 않은 것 같다. *Church Dogmatics*, III/4, 202, 243(§54 Freedom in Fellowship) 등에서 언급하고 있지만, 교회의 직분론적 측면에서 언급하는 것이 아니라, 남녀의 관계, 젊은 사람과 나이 든 사람과의 관계

의 측면에서 언급할 뿐이다. 이것은 아마도, 장로직분을 제대로 회복시키지 못했던 루터파와의 영향을 받은 것이 아닌가 예상된다.

22 이에 대해 김헌수는 아주 탁월한 비교 분석을 하고 있다. 김헌수, 코넬리스 반 담, 윈스턴 후이징아, 『성경에서 가르치는 집사와 장로』, 96-97.

23 이레나이우스, 『이단논박』(Adversus Haereses), 3.12.10("스데반은 사도들에 의해 첫 집사로 선출되었다"), 1.26.3.

24 『기독교 강요』, 4.4.6과 4.4.8.

25 같은 책, 4.4.7.

26 한 예로, 고신총회 교회정치 제76조에서는 집사의 자격을 규정하고 있다. 집사는 다음의 자격을 구비해야 한다. 1) 35세 이상 65세 이하의 남자 세례교인으로 무흠하게 5년을 경과한 자. 2) 좋은 명성과 진실한 믿음과 지혜와 분별력이 있는 자. 3) 행위가 복음적이고 생활에 모범이 되는 자(딤전3:8-13). 4) 본 교회에 등록한 후 2년 이상 경과된 자.

27 하도례 선교사는 한국 교회에 집사가 너무 많은 것을 한탄했다. 김헌수, 코넬리스 반 담, 윈스턴 후이징아, 『성경에서 가르치는 집사와 장로』, 85-86(김헌수).

28 Knight, *The Pastoral Epistles*, 168.

29 Küng, *Kleine Geschichte der katholischen Kirch*, 29 참조.

30 김헌수, 코넬리스 반 담, 윈스턴 후이징아, 『성경에서 가르치는 집사와 장로』, 101(김헌수).

31 "큰 집에는 금 그릇과 은 그릇뿐 아니라 나무 그릇과 질그릇도 있어 귀하게 쓰는 것도 있고 천하게 쓰는 것도 있나니 그러므로 누구든지 이런 것에서 자기를 깨끗하게 하면 귀히 쓰는 그릇이 되어 거룩하고 주인의 쓰심에 합당하며 모든 선한 일에 준비함이 되리라"(딤후2:20-21).

32 EDNT의 "semnotēs" 항목을 보라.

33 "끝으로 형제들아 무엇에든지 참되며 무엇에든지 경건하며 무엇에든지 옳으며 무엇에든지 정결하며 무엇에든지 사랑 받을 만하며 무엇에든지 칭찬 받을 만하며 무슨 덕이 있든지 무슨 기림이 있든지 이것들을 생각하라"(빌 4:8).

34 김헌수, 코넬리스 반 담, 윈스턴 후이징아, 『성경에서 가르치는 집사와 장로』, 104(김헌수).

35 중독에 대한 책들은 아래의 책들이 있다. 문해룡, 『P폐나목(PC방 폐인이었던 나는 목사다)』(서울: 나침반, 2015); 해리 셤버그, 『거짓된 친밀감』, 윤종석 옮김(서울: 두란노, 2012); 데니스 프레드릭, 『달콤한 포르노그래피』, 김진선 옮김(서울: 디모데, 2011); 리사 터커스트, 『하나님, 그만 먹고 싶어요』, 김진선 옮김(서울: 대성, 2011); 김상철, 『중독』(서울: 누가, 2014). 그

외에도 총신대학교 출판부에서 나오는 "중독"에 대한 시리즈들을 참조하라.

36 "예수께서 이르시되 네 마음을 다하고 목숨을 다하고 뜻을 다하여 주 너의 하나님을 사랑하라 하셨으니 이것이 크고 첫째 되는 계명이요 둘째도 그와 같으니 네 이웃을 네 자신 같이 사랑하라 하셨으니 이 두 계명이 온 율법과 선지자의 강령이니라"(마 22:37-40).

37 술 중독을 이기기 위해서는 혼자서는 힘들다. 가족들과 친구들과 목회자들의 도움을 받아야 한다. 그리고 전문가의 상담을 받는 것이 좋다.

38 Knight, *The Pastoral Epistles*, 169.

39 헤르만 바빙크, 『개혁과 윤리학』, 박문재 옮김(서울: 부흥과개혁사, 2021), 제5장 참조.

40 D.A. 카슨, 리처드 S. 헤스, T. D. 알렉산더, 더글라스 J. 무 편집, 『성경신학 스터디 바이블』, 박세혁, 원광연, 이용중 옮김(서울: 복있는사람, 2021), 2418.

41 많은 종교개혁자가 믿음을 '믿는 행위(fides quae)'와 '믿는 바의 내용(fides qua)'으로 구분했다.

42 롬 16:25[이문]; 고전 2:1, 7; 4:1; 15:51; 엡 1:9; 3:3, 4, 9; 6:19; 골 1:26, 27; 2:2; 4:3; 딤전 3:9, 16. 바울은 이 단어를 고전 13:2; 14:2; 엡 5:32; 살후 2:7에서도 쓰지만, 앞의 경우들에서와 같이 분명한 전문적 의미로 쓰지는 않는다. 마 13:11=막 4:11=눅 8:10; 계 1:20; 10:7; 17:5, 7도 참조하라. 더글라스 J. 무, 『NICNT 로마서』, 손주철 옮김(서울: 솔로몬, 2011), 961.

43 이런 해석에 대한 힌트는 권기현 목사의 "방언"에 대한 강의에서 얻었다(2015.2.23., 포항대흥교회). 권기현, 『방언이란 무엇인가』(하양: R&F, 2016), 85을 보라.

44 Everett Ferguson, *Baptism in the Early Church*: History, Theology, and Liturgy in the First Five Centuries (Grand Rapids, MI: Eerdmans, 2009), 7; Lars Hartman, *Into the Name of the Lord Jesus*: Baptism in the Early Church (Edinburgh: T & T Clark, 1997), 142 참조.

45 니콜라스 월터스토프, 『경이로운 세상에서: 월터스토프 회고록』, 홍종락 옮김(서울: 복있는사람, 2020).

46 2022년 2월 26일에 세상을 떠난 이어령 전 문화부 장관이 쓴『딸에게 보내는 굿나잇 키스』(서울: 열림원, 2021)를 보면, 바쁘다는 핑계로 어린 딸에게 굿나잇 키스도 제대로 못해줬던 자신을 돌아보며 한탄하는 장면이 감동적으로 서술되어 있다.

47 "이 말이 미쁘도다 원하건대 너는 이 여러 것에 대하여 굳세게 말하라 이는 하나님을 믿는 자들로 하여금 조심하여 선한 일을 힘쓰게 하려 함이라 이것은 아름다우며 사람들에게 유익하니라"(딛 3:8). 이 구절에서 선한 일을 "힘쓰게 하려 함이라"(프로이스타스타이)는 부분

에서 동일한 단어가 사용되었다.
48 『기독교 강요』, 4.3.9.

5장. 권사직

1 Polycarp, *Epistle to the Philippians*, trans. J. B. Lightfoot, Apostolic Fathers I (MacMillan, 1891), 4.3; 6.1. 존 스토트, 『디모데전서·디도서 강해(BST시리즈)』, 김현회 옮김(서울: IVP, 1998), 181에서 재인용.
2 존 스토트, 『디모데전서·디도서 강해(BST시리즈)』, 180.
3 같은 책, 184.
4 서리집사와 권찰도 마찬가지로 헌법적 직분으로 분류된다. 자세한 내용은 다음 책을 참조하라. 신호섭, 『교회다운 교회』(군포: 다함, 2021), 184-86.
5 대한예수교장로회 고신총회, 『헌법 해설』(2014), 252-253(고신총회 교회정치 제85조; De Gier, *De Dordtse kerkorde*, 142.
6 조선예수교장로회 총회 1922년 교회정치 13:5를 참조.
7 김헌수는 이 본문의 여인들이 "여집사"는 아니고, "집사의 아내"나 "집사의 지도 아래에서 봉사하는 여인"으로 이해한다. 김헌수, 코넬리스 반 담, 윈스턴 후이징아, 『성경에서 가르치는 집사와 장로』, 109-116. 칼뱅은 "감독의 부인과 집사의 부인"을 말한다고 한다. Calvin, *The Second Epistle of Paul the Apostle to the Corinthians and the Epistles to Timothy, Titus and Philemon*, 229(참고로, 칼뱅은 이 주석을 1556년에 썼는데, 부인 이들레트와 사별한 지 몇 년이 지난 뒤다).
8 2014년 1월 3일 미국의 텔레비전 뉴스.
9 EDNT, BDAG의 "νηφάλιος" 항목 참조.
10 "이는 네 속에 거짓이 없는 믿음이 있음을 생각함이라. 이 믿음은 먼저 네 외조모 로이스와 네 어머니 유니게 속에 있더니 네 속에도 있는 줄을 확신하노라"(딤후 1:5).
11 마틴 루터 킹의 사상과 활동에 미친 가정적인 영향에 대해서는 아래 책을 참조하라. Mika Edmondson, *The Power of Unearned Suffering: The Roots and Implications of Martin Luther King, Jr.'s Theodicy* (Lanham, MD: Lexington Books, 2016), 제1장.
12 Philip H. Towner, *The Letters to Timothy and Titus*, The New International Commentary on the New Testament (Grand Rapids, MI: Eerdmans, 2006), 273-274.

13　George W. Knight, *The Pastoral Epistles: A Commentary on the Greek Text*, New International Greek Testament Commentary (Grand Rapids, MI: Eerdmans, 1992), 181.

14　칼뱅 주석, 이사야 44:3, *CO*, 37:106.

15　Towner, *The Letters to Timothy and Titus*, 274-75.

16　Knight, *The Pastoral Epistles*, 181-82.

17　Towner, *The Letters to Timothy and Titus*, 276: "It expresses a very strongly missiological interpretation of Christian existence that draws its meaning from a Christology that stresses the humanity of Christ."

18　Francis Brown, Samuel Rolles Driver, and Charles Augustus Briggs, *Enhanced Brown-Driver-Briggs Hebrew and English Lexicon* (Oxford: Clarendon Press, 1977), 339.

19　R. Laird Harris, "698(חָסַד)," ed. R. Laird Harris, Gleason L. Archer Jr., and Bruce K. Waltke, *Theological Wordbook of the Old Testament* (Chicago: Moody Press, 1999), 307.

20　Henry George Liddell et al., *A Greek-English Lexicon* (Oxford: Clarendon Press, 1996), 731; 존 스토트, 『BST 디모데전서, 디도서 강해』, 김현회 옮김(서울: IVP, 2010), 158.

21　칼뱅, 『기독교 강요』, 1.2.1.

22　같은 책, 1.2.1.

23　Matthew Poole, *Annotations upon the Holy Bible*, vol. 3 (New York: Robert Carter and Brothers, 1853), 690.

24　Towner, *The Letters to Timothy and Titus*, 280-81. 여기서 타우너는 16절의 "육신으로"와 "영으로"를 그리스도의 사역의 두 단계로 설명한다.

25　Ibid, 283-84; Knight, *The Pastoral Epistles*, 186.

나가는 말: 삼위일체 하나님의 가족, 교회

1　『기독교 강요』, 4.1.13.

2　한스-마르틴 바르트, 『마르틴 루터의 신학』, 407.

3　WA 56,486,7: "proficere, hoc est semper a novo incipere." 루터는 "발전한다는 것은 항상 시작하는 것 외에 다른 것이 아니다(proficere est nihil aliud, nisi semper incipere)."라고도 했다(WA 56,239,26). 이런 의미에서 한스-마르틴 바르트는 그리스도인이 된다는 것은 계속해서 초심을 갖는 것이라고 말한다(『마르틴 루터의 신학』, 390).

4   WA 56,486,10.

질의응답

1   『헌법 해설』, 230을 참조하라.
2   같은 책, 223.
3   이에 대해서는 다음의 책들이 잘 소개하고 있다. 카렐 데던스, 『예배, 하나님만을 향하게 하라』, 김철규 옮김(서울: SFC, 2014); 안재경, 『예배, 교회의 얼굴』(여수: 그라티아, 2014); Abraham Kuyper, *Our Worship*, ed. John D. Witvliet and Harry Boonstra, trans. Harry Boonstra et al., The Calvin Institute of Christian Worship Liturgical Studies (Grand Rapids, MI: Eerdmans, 2009).
4   K. Deddens, *Fulfil Your Ministry* (Winnipeg: Premier Printing Ltd, 1990), 64.
5   판 도른, 『예배의 아름다움』, 안재경 옮김(서울: SFC, 1994)을 참조했다.
6   성찬은 자주 시행함이 바람직하다. 물론 "성찬 없는 예배는 예배가 아니다"라는 주장은 지나친 주장이며, 종교개혁의 정신과 맞지 않다. 바빙크가 잘 지적한 바와 같이, 종교개혁자들은 성찬도 말씀에 종속되는 것으로 보았으며, 성찬의 기능은 말씀에 인을 치는 것으로 여겼기 때문이다. 루터파 신학자 한스-마르틴 바르트는 성찬 없는 예배가 영적 토르소(torso)인 것은 아니며, 종교개혁의 가르침에 따르면 성찬 없이 말씀만 있는 예배도 완전한 예배라고 적절하게 주장했다. 하지만 오늘날 대부분의 개신교회는 성찬을 너무 무시하는 경향이 있다. 따라서 성찬을 더 자주 시행함으로써 은혜의 방편을 더욱 누리도록 돕는 것이 좋은 일이다. 바빙크, 『개혁교의학』, 681, 685(#546); 한스-마르틴 바르트, 『마르틴 루터의 신학』, 517.
7   스페이커르, 『칼빈의 생애와 사상』, 94, 110, 142.
8   미국에서 시편으로 교회를 이끌어 가는 목회자가 있다. 케빈 아담스(Kevin Adams)라는 목사다. 그는 칼빈신학교 출신이고 캘리포니아 사크라멘토에 있는 그래나이트 스프링스 교회(Granite Springs Church)에서 사역하는데 예배, 시편, 세례를 가지고 40인종이 넘는 사람들을 대상으로 목회를 잘 감당하고 있다. 그는 예배를 아주 중요하게 생각하는데, 예배를 통해서 전도하고, 예배를 통해서 신앙 변화(faith formation)를 유도하고, 예배를 통해서 기독교 세계관을 전달하고자 노력한다. 그리하여 부족할 것이 없는 현대인들에게 진정으로 감화를 주고 변화를 일으키는 예배를 추구하고 있다. 또한 그는 시편을 아주 중요하게 생

각하며 성도들에게 열심히 시편을 외우고 부르며 적용하게 한다. 시편에는 성도에게 필요한 모든 중요한 가르침이 전부 나오기 때문이다. 그래나이트 스프링스 교회에서는 세례를 줄 때 세례의 의미에 대한 교육을 아주 잘 시킨다. 세례식이 있을 때 이미 세례를 받은 회중도 역시 과거에 세례를 받았을 때의 마음을 새롭게 가질 수 있도록 돕는다. 한마디로 말해서, 아담스 목사는 예배, 시편, 침례(세례)를 통해서 목회를 이끌어 간다. 그가 낸 책이 *150: Finding Your Story in the Psalms*라는 책이다. 그의 목회 이야기를 시편 한 편, 한 편에 담아서 낸 것이다. 또한 앞으로 세례에 대한 책도 출간한다고 한다.

9 이하 후스토 L. 곤잘레스,『초대 교회사』, 엄성옥 옮김(서울: 은성, 2012), 161-162; 페르디난트 한,『원시 기독교 예배사』, 진연섭 옮김(서울: 대한기독교서회, 1988) 등을 두루 참조했다.

10 보다 자세한 내용은 다음의 글을 참조하라. 우병훈, "초대 교회 신자들의 삶과 그 교훈,"「교리학당」(부산: 개혁주의학술원, 2016), 190-208.

11 곤잘레스,『초대 교회사』, 158.

12 한,『원시 기독교 예배사』, 56.

13 "새 하늘과 새 땅"을 신천신지, 또는 신천지라고 부른다. "신천지"라는 이름을 이단이 가져가서 문제이지만, 원래는 완성된 천국을 가리키는 표현이다. 한편, "새 예루살렘"(계 3:12, 21:2)은 교회를 가리킨다.

14 상, 상급, 보상에 대한 대표적인 본문들은 다음과 같다. "나로 말미암아 너희를 욕하고 박해하고 거짓으로 너희를 거슬러 모든 악한 말을 할 때에는 너희에게 복이 있나니 기뻐하고 즐거워하라 하늘에서 너희의 상이 큼이라 너희 전에 있던 선지자들도 이같이 박해하였느니라"(마 5:11-12). "만일 누구든지 금이나 은이나 보석이나 나무나 풀이나 짚으로 이 터 위에 세우면 각 사람의 공적이 나타날 터인데 그 날이 공적을 밝히리니 이는 불로 나타내고 그 불이 각 사람의 공적이 어떠한 것을 시험할 것임이라. 만일 누구든지 그 위에 세운 공적이 그대로 있으면 상을 받고 누구든지 그 공적이 불타면 해를 받으리니 그러나 자신은 구원을 받되 불 가운데서 받은 것 같으리라"(고전 3:12-15). "믿음이 없이는 하나님을 기쁘시게 하지 못하나니 하나님께 나아가는 자는 반드시 그가 계신 것과 또한 그가 자기를 찾는 자들에게 상 주시는 이심을 믿어야 할지니라"(히 11:6). "보라 내가 속히 오리니 내가 줄 상이 내게 있어 각 사람에게 그가 행한 대로 갚아 주리라"(계 22:12).

15 *Corpus Reformatorum* XXVI, 481.『칼빈의 신명기 강해 1』, 곽홍석 옮김(서울: 서로사랑, 2009)에 나온 번역을 참조하라.

16 이것은 신칼빈주의가 제시하는 개혁주의 세계관에서, 이 땅에서 성도들이 최선을 다하여

이뤄낸 문화적 업적들을 하나님께서 새 하늘과 새 땅에서도 정화하여 반영시키시는 것과 연관해서 생각해 볼 수도 있다.

17 "이 후에 여호와의 말씀이 환상 중에 아브람에게 임하여 이르시되 아브람아 두려워하지 말라 나는 네 방패요 너의 지극히 큰 상급이니라"(창 15:1).

18 총공회(백영희파) 측에서 이런 주장을 한다.

19 김헌수, 코넬리스 반 담, 윈스턴 후이징아, 『성경에서 가르치는 집사와 장로』, 331-342 참조.

20 당회에 참석하지 못하고, 개교회에서 장로로 봉직하지 않음을 뜻할 것이다.

21 아마도 장로라는 명칭이 유효함을 뜻할 것이다. 지금도 그렇지만 당시의 우리나라는 공적 자리에서는 서양인들처럼 이름을 부르는 사회가 아니라, 존칭과 직함을 부르는 것이 일반적 관습이었으므로 그런 규정이 생겼을 것이다.

22 『헌법 해설』, 235.

23 3분의 2 이상이 "찬성하면" 연임한다는 것이 아니라, 3분의 2 이상이 "반대하지 않으면" 연임한다는 규정임을 기억해야 한다.

24 H. Bouwman, *Gereformeerde Kerkrecht* (I) (Kampen, 1928), 601-602;『헌법 해설』, 236.

25 도르트교회정치(1619) 제27조에서는 "장로들과 집사들은 2년을 봉사하며, 교회의 상황과 유익이 달리 요구하지 않을 경우 매년 2분의 1은 교체되며 나머지는 그 직을 계속 수행할 것이다"라고 적고 있다. De Gier, *De Dordtse Kerkorde*, 148.『헌법 해설』, 236에서 재인용.

26 Barbara Brown Taylor, *Leaving Church*: A Memoir of Faith (New York: HarperOne, 2009). 2013년 11월 29일, 이 책을 소개해 준 미국 칼빈신학교 동문인 카일 브룩스(Kyle Brooks)에게 감사를 전한다.

27 Ibid., 222.

28 Ibid., 218.

29 Ibid., 214.

성구 색인

창세기
1장 79
1:27 179
1:28 239
7:17 239
12장 79
12:1-3 240
14장 80
14:13-16 240
15:1 216, 266
18장 138
18:4 138
18:6 138

출애굽기
3:16 112
6:7 17
13:21-22 200
14:24 200
15:11 225
19장 79
19:5-6 240
19:6 96, 245
20장 210
22:21 138, 253
22:22 164
22:24 164
23:3 165
23:9 253
23:11 164
30:15 164
33:9 200

레위기
4:3 241
4:5 241
4:16 241
10:9 195
14:21-22 164
19:10 164
23:22 164
25:23-28 165

민수기
6:24-26 210
18:21-32 164

신명기
1:13-16 112, 248
4:27-31 229
5장 210
10:14 20
10:18 164, 253
10:19 253
12:12 164
12:18-19 164
14:29 164
15장 164
15:3 164
15:4 164
16:19 165
18:15 93, 244
18:17 228, 231
18:18 94
23:20 164
24:14 164
24:17-21 164
24:19 253
32:6 205
32:9 17
32:10 17

여호수아
3:10 200
24:1 112

사사기
8:14 112

사무엘하
22:7 68

열왕기상
8:1 112
8:27-52 68
12:22 142

열왕기하
19:4 200
19:16 200
19:22 225
54:5 226
60:9 226

역대상
29:11 89

역대하
6장 68
6:12 68
6:12-42 68
6:22 68
6:24 68
6:27 68
6:28 68
6:33 68
6:41 68
6:42 69

에스더
3:13 142
8:12 142

시편
2편 241
2:6 93
2:6-9 94
10:2 164
12:5 230
16:3 239, 239
18편 241
18:6 68
18:50 241
20편 241
21편 241
23편 115
26:12 240
42:2 200
45편 241
45:7 93
72:1-14 165
72편 165, 241
80:1 17
82:3 165
85:5 142
87:1-7 223
87:4 25

성구 색인   267

87:5 25	이사야	예레미야	스가랴
87:6 25	3:14 164	31:10 17	2:8 17
89편 241	5:19 225	36:8 68	9:9 93
95:8 231	6:1-10 226	50:29 226	
101편 241	6:3 29		마태복음
105:15 241	9:6-7 94	에스겔	5:9 143
105:26 239	14:32 164	16:49 165	5:11-12 265
106편 239	26:5-6 164	16:53 223	5:24 87
109:16 164	37:4 200	18:16-18 164	5:32 134
110편 241	37:17 200	22:29 164	5:48 30
110:1-2 94	41:14 226	34:2 17	6:2 150
110:3 94	41:16 225	39:7 226	6:5 150
110:4 93	43:1 222		6:16 150
124:8 210	43:3 225, 226, 263	다니엘	8:14-17 166
132편 241	43:10-17 226	3:42 142	10:21 44
132:10 241	43:14 225	6:20 200	10:24-25 44
135:2 221	47:4 225	7:22 244	10:32 240
144편 241	49:7 225		10:32-33 95
	50:10 40	호세아	11:27 93
잠언	52:14 88	1:10 200	12:28 94
10:1 26	52:14-15 88		13:11 261
15:20 26	52:15 88	요엘	13:33 253
16:18 149	53장 88, 94	2:28 95	16:17 206
16:31 253	53:5-12 166		19:28 90, 244
17:25 26	55:4 93	아모스	20:25-28 166
20:29 253	59:21 95	2:6-7 164	20:28 243
31:10-31 196	61:1 93	2:7 164	21:5 93
	62:5 236	8:4-6 164	21:28-30 175
아가	65:17 215		22:37-40 175
4:8-12 25	66:22 215	미가	25장 56
		4:11 223	25:36-36 57

25:37-39 57
25:40 57
28:18 93
28:18-20 94
28:19 206

마가복음
1:8 206
2:16-17 55
3:31-35 169
4:11 261
4:26-29 70
10:45 243

누가복음
1:32-33 94
1:33 93
3:21-22 93
4:18 93
4:18-19 94
4:21 94
8:10 261
11:13 206
13:20-21 253
16:3 145
18:22 166
20:36 17
21:38 68
22:30 244
22:30 90
23:43 214

24:44 244

요한복음
1:1 90
1:12 206
1:12-13 17
1:18 93
2:16 235
2:19-21 236
3:29 17, 25, 236
4:41-42 94
7:2 94
10장 119
10:1-2 116
10:1-6 115
10:1-16 115
10:3 117
10:7-16 115
10:11 17
10:14 17
10:21 17
10:28 93
10:38 46
13:1-20 166
13:18 239
14:10-11 46
14:12 34
14:16 34
14:16-17 236
14:26 34
15:15 93

15:26-27 94
16:13 73
17장 92
17:21 46
18:37 94
19:27 169
20:30-31 94

사도행전
1장 105
1:1-2 94
1:8 94
1:15-26 107
1:21-22 105
1:23-26 249
2:17 95
2:33 94
2:42 151, 254
2:44-45 166
3:22 93
3:22-23 94
4장 168
4:1-5 250
4:32-35 168
5:3-4 65
5:29 228
6장 166, 168, 169, 170, 259
6:1-6 167
8:32-35 94
10:38 93

11:26 95
11:29 167
13:2 107
14:23 112
15:1-6 250
20:28 119, 122, 251
20:29 119
21:8 259

로마서
1:1 21, 103
2:15 177
3:25 242
5:1 143
5:10-11 94
5:19 90
5:21 87
6장 35
6:2 35
6:4 35
6:6 35
6:7 35
6:9 35
6:12 35
6:12-13 96
6:13 35
6:18 35
8:9 227
8:16 17, 206
8:21 17

8:26 66	3:12-15 265	15:9-10 105	1:9-10 93
8:34 93, 94, 226	3:16 236	15:24-26 94	1:10 22
10:10 95	3:16-17 70, 236	15:25 94	1:12 21
10:17 39, 229	3:22 70	15:51 261	1:22 89
11:29 22	4:1 261		1:23 17, 36
12:1 96	6장 71	**고린도후서**	2:14 144
12:5 17	6:15 95	5:17-21 144	2:15 144
12:6 228	6:18 71	5:18 94	2:21-22 70
12:7-8 151	6:19 17, 71, 236	8-9장 167	2:22 17, 74
12:8 183	7:15 134	8:19 112	3:3 261
13장 167	8:21 240	13:14 210, 237	3:4 261
13:1-7 60	9:1-2 105		3:9 261
13:8-10 60	9:18 216	**갈라디아서**	3:10 18
13:10 43	10:29 178	1:15-16 21	3:17-19 42, 231
13:11-14 60	12장 37, 52, 54	3:28 87	4장 37, 38
15:18 79	12:7-11 104	4:19 24, 228, 229	4:7 228
16장 49	12:12 45, 47	4:26 24	4:8-12 34
16:25 261	12:12-27 44, 45	5:16-17 96	4:10 226
	12:13 47, 87, 95	5:22-23 67	4:11 106
고린도전서	12:14 48	6:6 43	4:11-14 41, 230
1:1 103	12:18 51, 52	6:9 44	4:15-16 239
1:3 210	12:18-21 53	6:9-10 167	4:16 36
1:12 70	12:22-25 56	6:16 17	4:30 65
2:1 261	12:27 17		5:18 141
2:7 261	12:28 52, 106	**에베소서**	5:25 180
2:16 42, 231	13장 59	1장 19, 21, 38	5:27 206
3장 69, 70	13:2 261	1:3-4 239	5:29-30 36
3:3-4 70	13:4-8 59	1:4-6 239	5:32 261
3:7 70	14:2 261	1:3-14 19	6:11 96
3:9 17	15:8 105	1:6 21	6:18 235
3:11 70	15:8-9 247	1:9 261	6:19 261

빌립보서
1:1 168
1:1-2 37, 228
2:1 74
2:3 43
2:5-8 43, 231
2:6-8 94
2:7 243
2:8 244
2:10 94
4:8 173, 260

골로새서
1:9 197
1:13 94
1:15 92, 244
1:18 36, 243
1:20 144
1:21-22 94
1:26 261
1:26-27 93
1:27 261
2:2 261
2:10 89
2:15 94
3:1 226
3:9-12 212
3:10 18
3:12 21, 222
4:3 261

데살로니가후서
2:7 261
2:13 21, 222
3:13 44
3:16 44

디모데전서
1:5 177, 178
1:9 177
1:12 52
1:15 128, 177, 251
1:18-19 96
1:19 177
1:19-20 129
2:5-6 239
2:7 52
3장 38, 104, 107, 127, 132, 136, 199
3:1 128, 251
3:1-7 127, 251
3:2 132, 134
3:2-7 130
3:3 140, 176
3:4 180
3:4-5 146
3:5 150
3:6 148, 149
3:7 149

3:8 172, 173, 174, 192
3:8-12 170
3:8-13 171, 260
3:9 172, 173, 177, 261
3:10 172, 179
3:11 179, 180, 191, 192
3:11-13 104, 191
3:12 172, 179
3:14-16 203
3:15 17, 199, 221
3:16 128, 201, 251, 261
4:2 150
4:9 128, 251
4:10 199
5장 187
5:1-16 188
5:3-4 167
5:8 167
5:9 189
5:17 120, 151, 249
5:19-20 120
6:5-10 176
6:12-14 240

디모데후서
1:11 52
2:3 43
2:11 128, 251
2:12 90, 96, 244
2:20-21 260
2:21 43
3:2 144
3:5-7 129
3:16 72
4:5 43

디도서
1장 104, 120, 132
1:1-8 188
1:5 120
1:6 132
1:6-9 127, 131
1:7 134, 135
1:8 136
2장 187
2:2 195
3:8 262

히브리서
1:1-2 94
1:8 90
1:9 93

2:3 94
3:2 17
3:6 17
4:9 17
4:14 226
4:14-15 94
5:4 255
5:5-6 94
5:8-9 91
7:17 87, 243
7:21 93
7:24-25 226
7:25 93, 94
8:6 92
9:12 93
9:14 66, 93
9:22-28 241
9:24 93, 94, 226
9:26-28 94
9:28 93
10:12 93, 94
10:12-14 245
10:14 93
10:21 17
10:24 239
11:6 265
11:13 253
12:4 255
12:7 255
12:18-24 28,

225
12:23 28
13:2 138
13:5 144
13:15 95

야고보서
4:6 149
5:14 120

베드로전서
1:1 253
1:11 94
1:12-16 226
1:15-16 30
1:17 253
2:1 150
2:5 96
2:9 96, 98, 245, 246
2:11 96, 253
2:21 43
2:25 121
3:14 43
3:15 43, 159, 231
3:16 178
3:21 239
4:1 43, 231
4:16 43
5:1 120

5:1-3 119
5:2 17, 176
5:8 96
5:10 96

베드로후서
1:21 72
3:13 215
3:15-16 105, 248

요한일서
2:1 93
2:2 242
2:15 239
2:27 95
3:1-2 17
3:9 17
4:10 242

유다서
1:14-15 244
1:20 235

요한계시록
1:4 210
1:5 89, 210
1:6 96, 245
1:14 243
1:20 261
2:1-7 69

2:7 236
2:8-11 69
2:11 236
2:12-17 69
2:17 236
2:18-29 69
2:26-27 90, 244
2:29 236
3:1-6 69
3:4 212
3:6 236
3:7-13 69
3:12 265
3:13 236
3:14-22 69
3:22 236
4:4 243
4:8 226
5:6 242
5:7 242
5:8 242
5:10 245
5:12 242
5:13 242
6:1 242
6:16 242
7:10 242
7:14 242
7:9 242
7:17 242

9:7-8 243
9:17 243
9:19 243
10:1 243
10:7 261
11:15 90
12장 24
12:1-3 243
12:5 25
12:10-11 93
12:11 242
13:1 243
13:3 243
13:8 242
13:11 242
14:1 242
14:4 242
14:10 242
14:14 243
15:3 242
15:4 225
17:3 243
17:5 261
17:7 243, 261
17:9 243
17:14 242
18:19 243
19:7 242
19:9 242
19:12 243
20:4 246

20:6 245, 246
21:1 215
21:2 18, 25, 265
21:3 17
21:9 17, 25, 242
21:10 18
21:14 242
21:22 242
21:23 242, 243
21:27 242, 243
22:1 242, 243
22:3 90. 242, 243
22:5 90, 96, 244
22:12 265
22:17 236